D1719464

David Grieco

La Macchinazione

Pasolini. La verità sulla morte

Postfazione di Stefano Maccioni

Rizzoli

ISBN 978-88-17-08299-0

Prima edizione: agosto 2015

Realizzazione editoriale: Compos 90, Milano

La Macchinazione

Premessa

È il 1974. Da più di un anno Pasolini sta scrivendo un libro, un libro misterioso, di cui non parla volentieri.

Il libro è misterioso perché lui stesso sembra non sapere ancora che specie di libro sia. Dice che non è un romanzo, e neppure un saggio. Sa soltanto che sarà lunghissimo, migliaia di pagine, e non ha idea di quando riuscirà a finirlo.

«Ma che libro è?» gli chiedo.

«Si intitola *Petrolio*» mi risponde.

«Perché *Petrolio*?» lo incalzo.

«Perché il petrolio ormai è più importante dell'acqua. Senza il petrolio, a quanto pare, non possiamo più vivere» dice lui.

«Di cosa parla questo libro?» insisto io.

«Parla di Cefis» si limita a dire lui.

«Cefis? Eugenio Cefis? Quello dell'Eni, della Montedison?» gli chiedo ancora.

«Proprio lui» aggiunge alzandosi e troncando la conversazione.

Ho provato a saperne di più, ma è andata male.

Ho conosciuto Pier Paolo Pasolini quando ero poco più che un ragazzino, grazie a Lorenza Mazzetti, la compagna di mio padre, che è stata ed è tuttora per me una sorta di «madre elettiva». Lorenza Mazzetti è una donna molto speciale. È stata cresciuta in Toscana insieme alla sorella gemella Paola

dalla famiglia di Albert Einstein, famiglia in parte stermi-
nata dai nazisti il 3 agosto del 1944, come lei stessa racconta
nel suo primo, fulminante romanzo intitolato *Il cielo cade*.
Dopo la guerra, a Londra, Lorenza Mazzetti è diventata poi,
in modo assai rocambolesco, una regista cinematografica
importante, è stata tra i fondatori del Free Cinema, cugino
inglese del Neorealismo Italiano, e ha vinto anche un premio al Festival di Cannes con il suo film *Together*. Tornata in
Italia nel 1959 per vivere con mio padre, Lorenza Mazzetti
ha scelto la letteratura e si è imposta all'attenzione, con i
suoi romanzi, anche nel suo Paese d'origine.

Nel 1960, a Roma, Pasolini bussa alla porta di Lorenza
per chiederle come abbia fatto di preciso a realizzare *Together* senza il becco di un quattrino. In quei giorni, Pier
Paolo Pasolini sta cercando di portare sullo schermo la sceneggiatura di *Accattone*, ma fatica a trovare un produttore.

Molto tempo dopo quell'incontro, io comincio un rapporto tutto mio con Pasolini. Un rapporto che accompagna
la mia adolescenza, la mia crescita e la mia formazione. Non
è facile definire questo rapporto. Pasolini potrebbe essere
per me un padre, un fratello, un maestro di vita, una fonte
d'ispirazione, un mastro artigiano, un collega, un interlocutore umano e politico privilegiato. È un rapporto diffi-
cilmente etichettabile, ma decisivo a farmi diventare, nelle
qualità come nei difetti, la persona che sono. In sostanza,
Pier Paolo Pasolini è stato, anche inconsapevolmente, la mia
guida etica, una guida rigorosa e anticonformista allo stesso
tempo.

Facendo riferimento al *Romanzo delle stragi* («Io so...»), l'e-
ditoriale pubblicato il 14 novembre del 1974 dal «Corriere
della Sera» che rimane senza dubbio il suo epitaffio, anch'io
come Pasolini vorrei dire che so tutto della sua morte, anche
se non ho le prove.

«Io so perché sono un intellettuale» scriveva Pasolini,
«uno scrittore che cerca di seguire tutto ciò che succede, di
conoscere tutto ciò che se ne scrive, di immaginare tutto ciò

che non si sa o che si tace; che coordina fatti anche lontani, che mette insieme i pezzi disorganizzati e frammentari di un intero coerente quadro politico, che ristabilisce la logica là dove sembrano regnare l'arbitrarietà, la follia e il mistero. Tutto ciò fa parte del mio mestiere e dell'istinto del mio mestiere. Credo che sia difficile che il mio "progetto di romanzo" sia sbagliato, che non abbia cioè attinenza con la realtà, e che i suoi riferimenti a fatti e persone reali siano inesatti. Credo inoltre che molti altri intellettuali e romanzieri sappiano ciò che io so in quanto intellettuale e romanziere. Perché la ricostruzione della verità a proposito di ciò che è successo in Italia dopo il '68 non è poi così difficile.»

Da quarant'anni a questa parte, molti intellettuali e romanzieri hanno detto e scritto ciò che sapevano e ciò che intuivano del Caso Pasolini. Il più delle volte, purtroppo, sono stati poco letti e poco ascoltati.

In questo lungo viaggio che sto per iniziare, ho intenzione di portarli tutti con me, sperando che venga finalmente riconosciuto a tutti loro il merito di non essersi mai arresi nell'estenuante ricerca dei mandanti e degli esecutori dell'attentato che ha messo a tacere la voce più alta e più coraggiosa dell'Italia del dopoguerra.

Accanto a me, a bordo di questo libro troverete una persona che idealmente li rappresenta tutti. È l'avvocato Stefano Maccioni, l'unico che è riuscito nel 2009 (insieme alla criminologa Simona Ruffini) a far riaprire l'indagine sulla morte di Pasolini che tanti, troppi, consideravano, forse desideravano chiusa per sempre.

PRIMA PARTE

Come si ammazza un poeta

1

Il giorno dei Morti

Roma, 2 novembre 1975
Ore 7 circa

Come sempre, mi sono addormentato verso le quattro. Non riesco mai ad andare a letto prima. Ho appena compiuto ventiquattro anni ma continuo a vivere come un adolescente. Ho scelto il mestiere ideale per prolungare l'adolescenza. Faccio il giornalista.

Un giornalista comincia a mettersi in moto in tarda mattinata, legge attentamente un discreto numero di giornali e poi si reca ancora intontito al suo, di giornale, per mettersi al lavoro. A mezzogiorno c'è la riunione di redazione e poi tutti a pedalare. Fino a che ora, impossibile prevederlo. Di conseguenza, a poco a poco gli amici si allontanano, non t'invitano più nemmeno a cena e si rassegnano a vederti solo quando gli capiti all'improvviso tra capo e collo perché in tipografia è andato tutto liscio, non ci sono stati imprevisti e sei riuscito ad andartene dal giornale prima di mezzanotte. Loro non possono capire che la vita di un giornale si basa sugli imprevisti. In assenza d'imprevisti, i giornali non li legge più nessuno, rischiano di chiudere e tu di ritrovarti a spasso.

Lavoro a «l'Unità». Da quasi sei anni ormai. Sono il critico cinematografico e il critico musicale (sono riuscito a sfondare il muro di omertà dei quotidiani italiani nei confronti del jazz e della musica rock), ma vengo anche utilizzato come una sorta d'inviato culturale. Grazie al fatto che parlo francese, inglese, un po' di spagnolo e un po' di tedesco, viaggio spesso all'estero, sempre con mezzi di fortuna perché i soldi per le trasferte scarseggiano.

Anche al di fuori de «l'Unità», sto diventando quella che si dice «una firma». Scrivo senza prendere ordini, cerco sempre di essere onesto e sincero, e nonostante le rimostranze di alcuni lettori che protestano quotidianamente chiedendo la mia testa, «l'Unità» non mi ha mai censurato neppure una volta. Com'è facile immaginare, mi trovo spesso costretto a sostenere discussioni infuocate con i dirigenti del giornale ma nonostante la mia giovane età ho la sensazione di essere rispettato molto più di quanto mi aspettassi. Mi sono persino accorto che i miei ventiquattro anni pesano a mio favore. I colleghi più anziani, anche quando esprimono un totale disaccordo per quello che ho scritto, finiscono sempre col chiedersi se il mio punto di vista, così giovanile, così estremo, così diverso dal loro, non possa essere quello giusto per affrontare la questione, la controversia del momento. Nel dubbio, non mi censurano. Dopotutto, sono stati «rivoluzionari» anche loro alla mia età, e molti lo sono stati davvero, durante il fascismo. Se i miei compagni e colleghi non fossero così, molti di loro sarebbero seduti nelle redazioni dei giornali che chiamiamo «borghesi» anziché a «l'Unità». Percepirebbero stipendi più che dignitosi, andrebbero in ferie tutti gli anni, si potrebbero comprare una macchina di lusso, una bella casa, e forse metterebbero al mondo anche dei figli senza stare a pensarci troppo.

Guadagno poco, veramente poco, e non mi basta per vivere con la mia compagna Bruna Durante che dal canto suo si arrangia con lavoretti precari. Per fortuna suo padre ha comprato una casa per noi in un palazzo di recente costruzione in via Mascagni, davanti al Prato della Signora. Mio «suocero» è il professor Faustino Durante. Il medico legale, anzi il *coroner* – come dicono nei film americani – più famoso d'Italia. Ha legato il suo nome alle delicate perizie sui corpi dell'anarchico Pinelli e del dissidente greco Panagulis, riceve quasi ogni giorno minacce di morte da anonimi fascisti, non possiede una scorta ma va in giro munito di revolver.

Nell'Italia del 1975 si parla ancora di fascisti. Ma il nostro è un Paese oggettivamente all'avanguardia in Europa. Abbiamo vinto il referendum e abbiamo ottenuto il divorzio, abbiamo riempito il pianeta di utilitarie, i nostri prodotti sono i migliori del mondo in svariati campi, dal cibo all'abbigliamento, e il Pci, il partito comunista più forte dell'Occidente, si appresta a conquistare il potere mandando finalmente all'opposizione la Democrazia cristiana nonostante il Vaticano, la Nato e la Cia. Alle elezioni regionali, lo scorso giugno, è stato quasi sorpasso. Alle prossime votazioni, quelle politiche, nessuno ci potrà fermare. Sono pronto a scommetterci lo stipendio.

Sto sognando, evidentemente. Del resto, sono pur sempre le 7 del mattino del 2 novembre 1975 e a quest'ora io, senza ombra di dubbio, non posso che trovarmi nel mio letto, sprofondato nel sonno.

Eppure sento qualcuno, sopra di me, che singhiozza e mi scuote le spalle. A differenza di me, Bruna si sveglia sempre all'alba, anche nei giorni di festa. Lei e io viviamo secondo fusi orari completamente diversi.

«Che vuoi, Bruna? Che ora è? E perché piangi?»

Lei continua a piangere. «Non so come dirtelo...» farfuglia.

«Non sai come dirmi cosa? A quest'ora poi... cazzo sono le sette! Si può sapere che succede?!»

«Hanno ammazzato Pasolini» riesce finalmente a mormorare prima di scoppiare di nuovo a piangere.

«Cosa dici? Ti sei appena svegliata? Che cos'è, un incubo?»

«No, l'ho sentito alla radio, mentre facevo la doccia. Dicono che l'hanno trovato morto in uno sterrato a Ostia, all'Idroscalo» mi fa lei.

Mentre Bruna balbetta notizie approssimative, io mi sono già infilato i pantaloni e sto cercando le scarpe.

«Ma dove vai? Aspetta!... Fra poco c'è un altro giornale radio...» mi dice rincorrendomi sul pianerottolo.

Sono già fuori. Ho preso il motorino, che al momento è il nostro unico mezzo di locomozione, e lo sto spingendo verso una discesa perché da fermo non parte più da un pezzo.

Una volta in sella, attraverso Roma ancora deserta e comincio a piangere anch'io mentre il vento mi asciuga scrupolosamente le lacrime. Ripenso all'ultima volta che ho visto Pasolini, un paio di settimane fa, in via della Croce. Ci siamo incontrati per caso, abbiamo preso un caffè da D'Angelo e Paolo mi ha chiesto se mi andava di accompagnarlo a vedere una macchina nuova perché voleva cambiare l'Alfa Gt. Mi sarebbe piaciuto andarci, ma non potevo. Dovevo tornare al giornale.

Mentre attraverso il piazzale del Verano, davanti al cimitero noto montagne di fiori. È il giorno dei Morti. Mi accorgo solo ora che Pasolini è morto il giorno dei Morti. Circostanza surreale. Sono anni che tutti i governi cercano di togliere questa ricorrenza dall'elenco dei giorni festivi. Forse vorrebbero abolire il concetto stesso di morte. Sarà che non vogliamo più festeggiare i morti perché viviamo sempre meglio e sempre più a lungo?

Mi accorgo che questo pensiero potrebbe vagamente somigliare a una tipica osservazione pasoliniana. Mi sono sforzato spesso di ipotizzare cosa avrebbe pensato Paolo davanti a qualunque argomento. Ormai non mi sforzo più. Mi viene naturale. Deve essere successo quel giorno che Pasolini mi prese da parte per rimproverarmi quando leggevo ad alta voce e sguaiatamente deridevo, davanti ad amici comuni, una recensione cinematografica di Alberto Moravia apparsa su «L'Espresso». Il film che Moravia recensiva era il più famoso film porno di tutti i tempi, *Gola profonda*, e lo scrittore ne tesseva le lodi paragonando l'interminabile fellatio praticata da Linda Lovelace all'ossessiva spirale musicale del *Boléro* di Ravel. Insomma, Moravia era riuscito nell'impresa di trattare *Gola profonda* alla stregua di un capolavoro dell'arte cinematografica. Di fronte a tanta audacia, io dissentivo usando tutto il sarcasmo di cui ero capace.

«Sei un idiota, caro David» mi disse Pasolini sottovoce. «Ti senti un critico già affermato e ti permetti di prendere in giro Moravia, senza renderti conto di quanto puoi essere ottuso e conformista, come del resto buona parte dei tuoi colleghi. Voi scrivete sempre, tutti in coro, le stesse cose. Moravia invece pensa sempre con la sua testa e parla sempre con la sua voce. Il giorno in cui riuscirai a farlo anche tu ne riparleremo e forse ti ascolterò con un briciolo di rispetto.»

Mezz'ora dopo arrivo in via Eufrate 9, all'Eur, sotto casa di Pasolini. Mi attacco al citofono, ma la risposta tarda ad arrivare. Improvvisamente, alle mie spalle, odo una voce flautata: «E tu che ci fai qui a quest'ora?...».

Mi volto e vedo Fellini. Federico Fellini. Affacciato al finestrino di un taxi, Fellini mi fissa sorpreso e sorridente. Incontrare Fellini proprio in questo momento è sicuramente la cosa più surreale che mi possa capitare. Lo conosco da anni, credo sia stato proprio Pasolini a farmelo conoscere.

Pasolini deve indubbiamente molto a Fellini.

Fu Fellini a farlo lavorare come sceneggiatore al copione delle *Notti di Cabiria* e a quello della *Dolce vita*, ma soprattutto a fargli conoscere altri registi, come Mauro Bolognini, e a procurargli non poche sceneggiature da scrivere, offrendogli in questo modo la possibilità di guadagnare il denaro sufficiente per uscire dalla miseria in cui Pasolini viveva a Roma negli anni Cinquanta. Poi Fellini divenne produttore quando il vecchio Rizzoli, che aveva paura di perderlo, creò la Federiz prendendolo come socio e sposando i loro nomi nell'intestazione della ditta. Pasolini colse la palla al balzo e propose subito a Fellini la sceneggiatura di *Accattone*, dicendogli che il film questa volta voleva dirigerlo lui. L'aspirante regista fu sottoposto a un vero e proprio provino, e girò due sequenze del film. Fellini, inaspettatamente, rinunciò a produrlo, lasciandosi convincere da Rizzoli, ma soprattutto dal direttore di produzione Clemente Fracassi, che considerava Pasolini troppo timido e sostanzialmente sprovvisto del carisma necessario per diventare regista. Fortunatamente, *Accattone* fu poi realizzato a forza di cambiali da Alfredo Bini, un produttore audace e squattrinato che fece così la sua fortuna e la fortuna di Pasolini. Nonostante questo spiacevole episodio, tuttavia, i rapporti fraterni tra Pasolini e Fellini non vacillarono mai, neppure per un istante.

Io guardo Fellini e non riesco a sorridergli. Gli rispondo come un automa: «Hanno ammazzato Pier Paolo, Federico...».

Il suo faccione sornione collassa in una maschera di panico: «Ma cosa dici?! Oddio santo! Io... io sto andando all'aeroporto, non posso fermarmi!».

Ora sono io che gli sorrido, e gli faccio cenno di ripartire. Mi hanno appena aperto il cancello.

In casa di Pasolini c'è Graziella Chiarcossi, la cugina di Paolo. La madre, Susanna Colussi, è chiusa nella sua stanza, trincerata dietro un mutismo che l'accompagnerà per il resto della sua esistenza. Graziella è sconvolta e smarrita. Mi parla di una telefonata ricevuta nel cuore della notte. Una telefonata di poliziotti o carabinieri che dicevano di aver ritrovato al Tiburtino l'Alfa Gt di Paolo, e sostenevano che probabilmente era stata rubata. Graziella aggiunge che durante la telefonata non c'è stato nessun accenno, da parte loro, alla morte di Pasolini.

Io telefono a Faustino Durante. Il padre della mia compagna non è al corrente della morte di Pasolini. Gli dico quel poco che so e gli propongo di recarci al più presto sul luogo del delitto, all'Idroscalo. Lui accetta. Fissiamo un appuntamento al bivio dell'ippodromo di Tor di Valle sull'Ostiense. Lui mi chiede se è il caso di portare con sé un giovane avvocato, Guido Calvi, con il quale sta lavorando in quel momento. Gli rispondo che non vedo il problema.

Al luogo fissato per l'appuntamento, io non vedo Faustino Durante e lui non vede me. Più tardi, arriviamo all'Idroscalo separatamente. Lui mi ha preceduto. Mentre mi avvicino, mi guida la voce di Faustino che sbraita contro i carabinieri. Il luogo dove hanno trovato il corpo senza vita di Pier Paolo Pasolini è un campetto di calcio allestito alla buona, con quattro assi in bilico che rappresentano le porte, accanto a delle casupole abusive. L'area del delitto non è stata né circoscritta né transennata, sul posto bivacca una folla insensata, il terreno è calpestato da tutti, si notano persino dei ragazzini che si sono messi a giocare a pallone nell'altra metà del campo.

Pasolini giace, coperto da un lenzuolo, in mezzo a quel delirio. Proprio come in un film di Fellini.

Mentre i carabinieri provvedono a isolare la larga porzione di terreno indicata da Faustino Durante, il medico legale si china a raccogliere bastoni e frammenti di legno. A un certo punto, mi viene vicino e mi dice a bruciapelo: «È stata una mattanza». Poi raggiunge il cadavere di Pasolini, solleva il lenzuolo, e si china a esaminare il corpo. Mi fa segno di avvicinarmi. Me ne guardo bene. Sto in piedi per miracolo e non ho nessuna intenzione di guardare da vicino come l'hanno conciato.

Accovacciato accanto a Paolo, Faustino mi parla senza guardarmi: «L'hanno ammazzato con la macchina. Gli sono passati sopra. Più di una volta. Si vedono i segni dei copertoni sovrapposti. Le altre ferite sono tante, ma non sono mortali. Sì, è stata sicuramente la macchina. Se la macchina non gli fosse passata sopra non sarebbe morto. Questo posso dirtelo fin da ora senza timore di sbagliare».

Nel pomeriggio, arrivo al giornale. Aggeo Savioli e Mirella Acconciamessa, che lavorano con me alla sezione Spettacoli de «l'Unità» e mi hanno fatto da balia quando sbarcai qui a diciotto anni, mi dicono subito che ieri sera hanno cenato con Pasolini al ristorante Pommidoro in piazza dei Sanniti a San Lorenzo. Io li guardo interdetto. Aggeo mi spiega che erano andati a cena molto presto, verso le 8, perché si erano presi un giorno di vacanza. Pasolini l'hanno trovato seduto al ristorante, a tavola con Ninetto Davoli, la moglie Patrizia e i loro bambini, Guido e Pier Paolo.

Mirella, china sulla macchina da scrivere, sta scrivendo un pezzo su quell'incontro casuale e fatale. «Pasolini è andato via presto perché aveva un appuntamento» mi dice. «Abbiamo scambiato solo quattro parole. Era teso, preoccupato. Prima di uscire ha detto che Roma ormai non la riconosce più. Anzi no, ha detto precisamente così: "Si vedono tante brutte facce in giro, facce prive di espressione".»

Mirella mi fa: «E tu, non scrivi niente? Stamattina, alla riunione di redazione, abbiamo pensato che il necrologio di Pasolini dovresti scriverlo tu. Ti abbiamo cercato per mare e per terra. Ora ci sta lavorando Aggeo. Ma se vuoi scrivere qualcosa, il menabò è ancora aperto, lo spazio si trova...».

Grazie del pensiero, ma non ho la forza di scrivere niente.

Vado nella stanza delle telescriventi e mi metto a leggere i tanti dispacci di agenzia che stanno arrivando. La descrizione più tremendamente efficace della morte di Pasolini proviene dall'Ansa: «Quando il suo corpo venne ritrovato, Pasolini giaceva disteso bocconi, un braccio sanguinante scostato e l'altro nascosto dal corpo. I capelli impastati di sangue gli ricadevano sulla fronte, escoriata e lacerata. La faccia deformata dal gonfiore era nera di lividi, di ferite. Nerolivide e rosse di sangue anche le braccia, le mani. Le dita della mano sinistra fratturate e tagliate. La mascella sinistra fratturata. Il naso appiattito deviato verso destra. Le orecchie tagliate a metà, e quella sinistra divelta, strappata via. Ferite sulle spalle, sul torace, sui lombi, con il segno degli pneumatici della sua macchina sotto cui era stato schiacciato. Un'orribile lacerazione tra il collo e la nuca. Dieci costole fratturate, fratturato lo sterno. Il fegato lacerato in due punti. Il cuore scoppiato».

Meno male che ho saputo resistere all'invito di Faustino Durante.

2

La confessione di Pelosi

Quella sera a «l'Unità», dalle telescriventi che battono interrottamente le notizie d'agenzia, apprendo finalmente l'identità dell'assassino di Pasolini. Ha appena confessato. Si chiama Giuseppe Pelosi, il suo soprannome è Pino la Rana; nato il 28 giugno del 1958, è minorenne e pare sia uno dei tanti «marchettari» che battono in piazza dei Cinquecento, nei pressi della stazione Termini. Dice che era solo, che Pasolini lo avrebbe caricato in macchina, portato all'Idroscalo e poi aggredito perché il ragazzo aveva rifiutato le sue *avances*. Questo Pelosi avrebbe reagito, avrebbe avuto la meglio al termine di una furiosa colluttazione con Paolo, poi sarebbe salito sull'Alfa Gt e nella fuga lo avrebbe investito senza accorgersene.

Ecco la confessione di Pelosi:

Mi trovavo con gli amici Salvatore, Claudio e Adolfo detto «Lo Sburacchione» perché ha il viso pieno di forungoli, di cui non conosco i cognomi e che però sono in grado di rintracciare, alla stazione Termini verso le ore 22; ci si è avvicinato un signore con gli occhiali sui 35-50 anni, col volto magro, di media statura, a bordo di un'autovettura. Il signore era a bordo dell'auto «Alfa Romeo Gt» sulla quale sono stato poi trovato e arrestato questa mattina.

Sceso dall'auto, venne incontro a un mio amico. In particolare quel signore ha parlato con l'amico Adolfo e ho sentito che gli diceva: «Ci facciamo un giro». Il mio amico rideva e io ho capito che quel signore era un «frocio».

Io mi sono allontanato e sono andato al chiosco-bar di piazza dei Cinquecento all'angolo con piazza Esedra. Dopo pochi minuti quel signore è arrivato in macchina davanti al bar, è sceso dall'auto e mi è venuto incontro. Io mi trovavo sulla porta. Ha fatto anche a me la proposta di fare un giro in macchina dicendo che mi avrebbe fatto un bel regalo. Non mi ha fatto proposte concrete anche se io avevo più o meno capito che cosa volesse da me. [...]

Uscito dal bar, per dieci minuti mi son messo a conversare con Claudio Seminara, e mentre conversavo ho notato un gruppo di tre o quattro ragazzi, tra cui vi era anche uno dei miei tre amici, e del quale non so specificare l'identità, che parlavano con un uomo che se ne stava dentro un'autovettura «Gt» di colore metallizzato. Non ricordo precisamente l'ora in cui ho notato il gruppo di persone conversare con lo sconosciuto che se ne stava dentro la macchina e col quale conversava anche il mio amico.

Fin dalle prime battute, appare chiaro che questo Pelosi Giuseppe non ha mai incontrato Pasolini. Lo descrive come un perfetto sconosciuto. Il ragazzo evidentemente non ha mai neppure visto una foto del celebre regista. E, cosa ancora più strana, nessuno dei suoi amici presenti in piazza dei Cinquecento, che certamente avevano già visto Pasolini in altre occasioni o lo conoscevano di fama, gli rivela la sua identità.

L'uomo mi ha chiesto: «Dove vogliamo andare?». Io gli ho risposto: «Dove vuoi». Infatti la macchina si è avviata in direzione di via Nazionale. Lungo il percorso mi ha interpellato dicendomi: «Che cosa vogliamo fare? Che programmi hai?». Io risposi che avevo fame e volevo mangiare. Al che lui replicò che conosceva una trattoria: anche se era tardi, lui era cliente, e si poteva andare a mangiare anche a quell'ora. [...]

Durante il percorso dalla stazione alla trattoria l'individuo mi ha chiesto se lavoravo e che genere di lavoro facessi. Alla mia risposta che dovevo andare a lavorare il prossimo lunedì in una salumeria, che dovevo alzarmi presto per raggiungere il posto di lavoro da Setteville a La Storta, l'uomo ha ammesso che si trattava di un lavoro faticoso, date le ore scomode di partenza e di arrivo e la distanza da percorrere. Contemporaneamente mi toccava con la mano destra i genitali, e poiché io gli resistevo, respingendo la mano, egli insisteva dicendomi: «Dai, stacci che poi ti darò 20.000 lire, e adesso ti porto anche a mangiare». Io mi trovavo senza una lira e l'ho lasciato fare. [...]
Mi ha portato in una trattoria vicino alla basilica di San Paolo, e precisamente sul raccordo che conduce sul viale Marconi e sullo svincolo per Ostia Lido. Entrati in trattoria mi sono accorto che l'uomo era un buon cliente dato che era ossequiato e salutato dal padrone e dai camerieri e che, anche se era tardi e la trattoria era senza clienti, il gestore si premurò subito a ordinare la mia richiesta di un piatto di spaghetti all'olio e peperoncini e il petto di pollo con una birra. L'uomo non cenò, dicendo che aveva già mangiato e si limitò a bere un bicchiere di birra. Alla fine del pasto l'uomo tirò fuori una banconota da 10.000, che io notai distintamente, però non posso precisare a quanto ammontasse il conto.
Dopo di che siamo risaliti in macchina, dirigendoci sulla via vecchia di Ostia e dopo circa un chilometro ci siamo fermati a un distributore automatico, e precisamente vicino all'Alfa Romeo di San Paolo. Sono sceso anch'io aiutandolo a far benzina, e mentre lui teneva in mano la pompa, io infilavo 4.000 lire nella cassetta della colonnina, che lui mi aveva consegnato.

Perché mai Pasolini, dovendo consumare un frettoloso rapporto sessuale con un ragazzo incontrato per caso nei pressi della stazione, decide di avviarsi verso Ostia, facendo persino rifornimento per il viaggio? Ben sessanta chilometri separano la stazione Termini dall'Idroscalo di Ostia, e

Pasolini conosce come pochi l'hinterland romano. Possibile che non gli sia venuto in mente un luogo più vicino dove appartarsi con Pelosi?

Mentre la macchina si avviava sulla vecchia strada di Ostia, l'uomo mi ha fatto presente che si dirigeva verso Ostia dicendomi che conosceva un posticino dietro un campetto di calcio. Infatti la macchina scantonava per una traversa dirigendosi verso un campetto e poi proseguiva per una stradetta e quindi camminando ancora un poco per un prato si è fermata vicino a una rete di recinzione, con la parte anteriore verso la rete metallica. La zona era completamente al buio e a me era perfettamente sconosciuta. [...]
Quindi l'uomo mi ha proposto di scendere dalla macchina per prendere un poco di aria; al che ho risposto che sentivo freddo ma ho finito per acconsentire. Infatti mi sono diretto verso la rete seguito dall'uomo che improvvisamente mi poneva le mani sul didietro. Preciso però che prima di mettermi le mani sul didietro l'uomo è venuto addosso a me accostandomisi tutto col bacino e ponendo la sua verga sul mio didietro. Io l'ho scansato, e fu a questo punto che lui mi ha messo le mani sul didietro. Ancora una volta gli ho tolto le sue mani dal mio culo.
Allora l'uomo, chinandosi per terra, ha raccolto un paletto ponendolo contro il mio sedere. Ho scansato ancora una volta l'individuo e sono scappato, inseguito però dal medesimo che, approfittando del fatto che sono inciampato, mi si buttava addosso tenendo sempre in mano il paletto e esercitando una certa pressione col paletto sul mio corpo. Ho cercato di liberarmi della pressione afferrando con le mie mani il centro del paletto che lui teneva, peraltro, alle estremità con entrambe le mani. Sono riuscito a respingerlo all'indietro con una forte spinta, facendolo cadere col sedere a terra e approfittando della circostanza sono scappato, scivolando però dopo una breve corsa nel fango, sfavorito dal fatto che le mie scarpe avevano il tacco alto. L'uomo mi ha raggiunto e, mentre stavo per terra, mi ha cominciato a

menare con il paletto alla testa, alle tempie, al ginocchio, e vibrandomi un pugno al naso, mentre mi intimava di non strillare e di fare quello che voleva lui. Ciò nonostante sono riuscito a sollevarmi in ginocchio, ad afferrarlo poi per i capelli per aiutarmi ad alzarmi del tutto e poi gli ho sferrato due calci o due ginocchiate, non ricordo bene, alla faccia o al petto. Malgrado i colpi l'uomo si è ripreso e si è iniziata allora una colluttazione tra noi due: infatti io tenevo con una mano l'estremità del paletto che lui aveva afferrato per l'altra estremità mentre con l'altra mano ci tenevamo stretti, respingendoci reciprocamente. L'uomo riusciva però a liberare il paletto dalla mia mano e fu allora che io gli vibrai due calci sui genitali, mentre lui imperterrito continuava a menare coi paletto come se fosse impazzito. Io strillavo sempre, mentre lui mi diceva «T'ammazzo». Allora mi chinavo per terra, afferrando una tavoletta di forma rettangolare, mentre l'uomo continuava a colpirmi alla spalla con il paletto. Gli vibravo la tavoletta in testa che al primo colpo si è spaccata in due e con il moncone che mi è rimasto in mano l'ho colpito ripetutamente alla nuca e al collo, a casaccio. L'uomo è caduto per terra e sentendolo rantolare sono fuggito dirigendomi verso la macchina sita a una certa distanza, che non so precisare, e terrorizzato per l'accaduto e sanguinante mi ponevo al posto di guida cercando di avviarla.

Il racconto di questa colluttazione è quanto di più fantasioso si possa immaginare. A giudicare dai colpi che dichiara di aver ricevuto da Pasolini, Giuseppe Pelosi dovrebbe essere più morto che vivo; eppure non risulta che sia stato ricoverato in ospedale. Ma non solo: dopo essere stato letteralmente massacrato da Pasolini, Pelosi riesce a ribaltare la situazione e a prendere il sopravvento contro un uomo di cui tutti ricordano la forza e l'agilità.

Il Paolo si era tolto gli occhiali che aveva lasciato in macchina, e nel vederlo in viso mi è sembrato con una faccia da matto tanto che ne ho avuto proprio paura. Io sono scappato in direzione della strada asfaltata sul terreno fangoso mentre il Paolo mi inseguiva. Siccome portavo ai piedi le stesse scarpe con i tacchi alti che ho in questo momento, ho inciampato e sono caduto. A questo punto mi sono sentito addosso il Paolo che si agitava alle mie spalle, io ho capito che voleva ricominciare e mi sono rigirato divincolandomi, e allora il Paolo mi ha colpito alla testa col bastone proprio nel punto dove ho il cerotto e dove mi è stato dato un punto di sutura al pronto soccorso. [...]

Ecco il referto del pestaggio che Pelosi dichiara di aver subito: un punto di sutura al pronto soccorso.

Sembrava che non avesse sentito niente e sembrò non sentire nemmeno due calci nelle palle. Allora gli ho afferrato i capelli, gli ho abbassato la faccia e gli ho dato due calci in faccia. Il Paolo barcollava, ma ha trovato ancora la forza di darmi una bastonata sul naso. Allora non ci ho visto più e con uno dei due pezzi della tavola di cui ho detto prima l'ho colpito di taglio più volte finché non l'ho sentito cadere a terra e rantolare. [...]
Allora sono scappato in direzione della macchina, portando con me i due pezzi di tavola che ho buttato e anche il paletto verde che ho pure buttato vicino alla rete e vicino alla macchina. Subito dopo sono salito in macchina e sono fuggito con quella. Ero stravolto e ho impiegato del tempo per metterla in moto e per accendere le luci.
Nel fuggire non so se sono passato o meno con l'auto sul corpo del Paolo.
Descrivo le manovre che ho fatto con l'auto. L'auto era col muso rivolto alla rete di recinzione e con il culo alla porta di calcio. Ho ingranato la retromarcia e sono passato sotto la porta, e poi ho fatto la conversione curvando a sinistra. [...]
Io non ho investito volontariamente il corpo del Paolo e nemmeno ricordo di esserci passato sopra con l'auto inavvertitamente. Ero sotto shock e non capivo niente.

Ricordo solo che sulla strada alla prima fontanella mi sono fermato per lavarmi e togliermi le macchie di sangue che avevo indosso. [...]

Io cercavo le sigarette, l'accendino e un anello mio: si tratta di un anello d'oro con pietra rossa, a fianco della pietra ci stavano due aquile e tutt'intorno la scritta «United States of America». [...] L'anello è mio, l'ho comprato da uno *steward* che lo ha portato dall'America.

Ripeto che i fatti sono quelli da me narrati e che ho agito per difendermi e che ho colpito duramente quando ho avuto l'impressione che il Paolo mi volesse proprio ammazzare per come si stava comportando. Durante i fatti che ho descritto ero solo, anzi siamo stati sempre solo io e il Paolo dal momento in cui abbiamo lasciato l'osteria fino a quando è successo quello che è successo.[1]

Ora, conoscendo anche solo un po' Pier Paolo Pasolini, non c'è molto in questa confessione che possa apparire convincente. L'unica circostanza oggettiva è la sosta alla trattoria nei pressi della Basilica di San Paolo. È sicuramente la trattoria Al Biondo Tevere di Vincenzo Panzironi e di sua moglie Giuseppina Sardegna. Con Pasolini, e anche con Ninetto Davoli, Sergio Citti e Franco Citti, ci siamo andati insieme qualche volta.

Leggendo il verbale della confessione di Pino Pelosi, mi torna in mente che in vita sua Pier Paolo Pasolini è stato oggetto di una vera e propria persecuzione giudiziaria. A quasi tutte le sue opere, romanzi e film, è stato contestato il reato di oscenità. Eppure, a titolo puramente personale, Pasolini non è mai stato accusato di aver fatto violenza a chicchessia, tantomeno violenza sessuale.

L'unico episodio di violenza a lui attribuito, comparso temporaneamente nella sua fedina penale, riguarda i cosiddetti fatti del Circeo. Un episodio a dir poco surreale. Vale la pena ricordarlo.

Il 18 novembre 1961, Bernardino De Santis, impiegato in un bar-distributore presso San Felice Circeo, viene aggredito da un avventore sconosciuto che porta un cappello nero. Quest'ultimo, dopo aver sorseggiato una Coca-Cola, si mette un paio di guanti neri, inserisce una pallottola d'oro nel tamburo di una pistola e cerca di rapinare l'incasso della giornata. De Santis, che in quel momento si trova da solo nel bar, reagisce colpendo con un coltello la mano del rapinatore, che a quel punto decide di darsi alla fuga agguantando un magro bottino: duemila lire. Il giorno successivo, De Santis vede passare davanti al distributore una Giulietta Ti, pensa di riconoscere nel guidatore l'aggressore del giorno precedente, annota il numero di targa e si reca a sporgere denuncia presso i carabinieri. L'auto appartiene a Pier Paolo Pasolini, e l'uomo che De Santis ha notato al volante è lo scrittore.

In seguito alla denuncia, i carabinieri effettuano invano una perquisizione in casa di Pasolini alla ricerca della pistola con il suggestivo proiettile d'oro.

Nonostante la stravaganza delle accuse, Pasolini viene comunque rinviato a giudizio. Il processo inizia il 31 luglio del 1962 a Latina. Fin dalla vigilia, l'avvocato difensore dello scrittore, il celebre Carnelutti, viene indicato dalla stampa di destra come un possibile amante di Pasolini. L'avvocato del barista, invece, commissiona di sua iniziativa una perizia psichiatrica nei confronti di Pasolini e la affida al professor Aldo Semerari, noto psichiatra legato a doppio filo all'eversione nera e alla Banda della Magliana, al cui servizio redige abitualmente perizie compiacenti per alleviare le pene ai suoi amici pregiudicati.

Senza incontrare né visitare Pasolini, Semerari scrive: «Attraverso la nostra analisi abbiamo messo in evidenza da un lato l'esistenza di una grave anomalia del nucleo istintivo della personalità, dall'altra una condotta grossolanamente incomprensibile. Tenuto conto di quanto sopra appare evidente che nel caso in questione vi è il fondato sospetto che l'atto criminoso commesso dal Pasolini sia espressione di un'infermità di mente che abbia escluso, o quantomeno, scemato grandemente la sua capacità di intendere e di volere.

Ne scaturisce la necessità di sottoporre il soggetto ad accertamenti tecnici al fine di stabilire: a) se l'anomalia sessuale di cui il Pasolini è affetto riveste o meno il carattere della "infermità" prevista dagli artt. 88 e 89 del Codice Penale; b) se tale infermità abbia avuto rilevanza nel determinismo dell'azione delittuosa escludendo o scemando grandemente senza escluderle le capacità d'intendere e di volere del soggetto al momento del fatto; c) se trattasi di persona socialmente pericolosa».[2]

Il legale di Bernardino De Santis chiede alla corte di acquisire agli atti la perizia di Semerari. La corte respinge la richiesta ma la perizia viene comunque citata più volte contro Pasolini durante il dibattimento in aula.

Al termine del processo, lo scrittore subisce la condanna a quindici giorni di reclusione per minaccia a mano armata e ad altri cinque giorni di reclusione con la condizionale per porto abusivo d'arma, nonché a diecimila lire di multa per non aver denunciato l'arma (mai trovata!).

La vicenda va avanti ancora per sei anni. La corte d'appello annulla la sentenza per sopraggiunta amnistia. La cassazione infine pronuncia un verdetto di assoluzione, ma solo per insufficienza di prove.

Ciò che più colpisce leggendo il verbale della confessione di Pino Pelosi è il linguaggio del ragazzo. Pelosi è poco più che analfabeta, dovrebbe essere alquanto scosso dopo aver vissuto un'esperienza del genere, ma descrive con freddezza la sua bestiale colluttazione con Pasolini padroneggiando termini che userebbe un perito balistico. Il suo racconto è contorto, ripetitivo, ma appare tecnicamente piuttosto elaborato, al solo scopo di rendere credibile ciò che credibile non può essere, cioè il fatto che Pelosi, minorenne tutt'altro che robusto, possa essere riuscito a prevalere nella lotta contro Pasolini, cioè un adulto agile, muscoloso, dall'invidiabile forma fisica, e che per giunta lo avrebbe aggredito per primo.

Dove è stata resa questa confessione? Al carcere minorile

di Casal del Marmo, dove Pelosi è stato condotto in piena notte dopo esser stato arrestato alla guida dell'Alfa Gt di Pasolini sul lungomare di Ostia? O alla questura centrale di Roma, dove sarebbe stato tradotto più tardi? E tutte quelle parole così opportunamente scelte e così tendenzialmente articolate sono farina del sacco di Pelosi, oppure ci potrebbe essere lo zampino del suo avvocato difensore, o di qualche inquirente troppo zelante?

Pino Pelosi sostiene che ieri notte era solo.

Già si distinguono attorno a lui numerosi e solerti complici morali, come si può notare dalle dichiarazioni del ragazzo: «C'era la Rai con due telecamere che mi riprendevano mentre tentavo di camminare, ma anche un casino di gente tutt'intorno, e le mamme dei miei amici che mi circondavano con simpatia, questo lo sentivo perché mi guardavano con compassione, qualcuna piangeva, e mi gridavano "Bravo Pino!", "A' Pi', resisti!", "Pino, hai fatto bene"».

Senza contare che amici, parenti e vicini di Pelosi sembrano far parte di una congrega molto, ma molto più numerosa. «È morto un frocio, e allora?» sembra abbia dichiarato un passante intervistato poco fa da un collega che si è lanciato a fare un piccolo sondaggio nelle strade di Roma.

Stasera, al telegiornale, Milo Freni ha intervistato una signora che abita in una casupola dell'Idroscalo e che di cognome fa Lollobrigida. È lei che ha scoperto per prima il cadavere di Pasolini. La donna afferma che in un primo momento le era sembrato «un mucchio di stracci». Dichiara di averlo trovato stamane alle 6.30 nel campetto dell'Idroscalo.

Alle 6.30? Come ha fatto il giornale radio a diramare la notizia alla stessa ora? Le notizie, improvvisamente, viaggiano alla velocità della luce. Non me ne ero mai accorto. E dire che di mestiere faccio il giornalista.

3

Quali fascisti?

La notte dopo l'omicidio, in casa Pasolini si tiene una riunione. Alberto Moravia, forse l'unico vero, grande amico di Pasolini fra gli intellettuali italiani, ha preso le redini della situazione e davanti ai presenti comincia a disegnare la strategia della parte civile nel processo che verrà. Il professor Faustino Durante è già, di fatto, incaricato della perizia medico-legale. Il suo giovane amico Guido Calvi sarà il rappresentante legale e un altro avvocato, Nino Marazzita, conoscente di Moravia, lo affiancherà. Alberto Moravia insiste sul fatto che strategicamente andrebbe chiesta l'assoluzione per Pelosi, tanto per mettere in chiaro subito che nessuno è disposto a credere che sia stato lui a uccidere Pasolini, e oltretutto in quel modo.

In questo momento così drammatico, Alberto Moravia si comporta in tutto e per tutto come se fosse il fratello maggiore di Pier Paolo Pasolini.

Moravia e Pasolini si conoscevano dal 1961. Un'amicizia nata durante un viaggio in India con la scrittrice Elsa Morante, moglie di Moravia. Intrapresero quel viaggio per poi scrivere due distinti reportage, uno per il «Corriere della Sera» firmato da Moravia e l'altro per «Il Giorno» firmato da Pier Paolo Pasolini. Ne nacquero in seguito anche due libri distinti: *Un'idea dell'India* di Moravia e *L'odore dell'India* di Pasolini. Quel viaggio fu il primo di una lunga serie, e quando Moravia si separò da Elsa Morante, ad accompagnarli subentrò Dacia Maraini. Erano viaggi lunghi, intensi. Moravia e Pasolini li affrontavano come due ragazzini alla scoperta del mondo.

Di uno di quei viaggi mi fece un resoconto dettagliato Sergio Citti, che si era recato in Africa con Ninetto Davoli al seguito di Moravia, Pasolini e Dacia Maraini. Sergio mi raccontò che una notte, attraversando la savana su una jeep, i viaggiatori udirono dei canti altissimi e un potente rullio di tamburi. Moravia chiese informazioni all'autista. Quest'ultimo rispose che si trattava di un antico rito propiziatorio di una tribù che viveva in quei paraggi. Pasolini esclamò: «Andiamo a vedere!». L'autista commentò che erano padronissimi di andare, ma lui non li avrebbe accompagnati. Si sarebbe limitato ad aspettarli in macchina.

Contagiati dalla curiosità di Pasolini, tutti accettarono di andare. Mentre si avvicinavano e il volume della musica si faceva quasi assordante, Ninetto Davoli domandò preoccupato a Sergio Citti: «Ma semo sicuri? Nun è che questi poi ce se magnano?...». Beffardo come solo lui sapeva essere, Sergio rispose: «Nun te preoccupa'. Ho letto che da queste parti se magnano solo le persone importanti perché pensano che così diventano importanti pure loro. Noi stamo con Pasolini, con Moravia e con Dacia Maraini. Te pare che adesso questi ce se vengono a magna' proprio a me e a te? Minimo, cominceranno da loro, no?...».

Nel salotto di casa Pasolini, Moravia sta ripetendo ossessivamente, mugugnando come fa lui: «Sono stati i fascisti, non c'è alcun dubbio, sono stati i fascisti...».

Mi chiedo chi siano i fascisti di cui parla Moravia. Forse se lo chiedono tutti ma nessuno osa contraddirlo, tantomeno io.

In quel momento, mi viene in mente mio nonno Ruggero Grieco, fondatore del Partito comunista italiano nel 1921 a Livorno e segretario del partito dal 1934 al 1938, che nell'immediato dopoguerra fu nominato alto commissario all'Epurazione. A lui venne affidato il compito di estirpare tutti i fascisti dagli ingranaggi dello Stato, delle forze armate, della scuola pubblica, cioè da tutti gli ingranaggi principali della società italiana liberata dalla dittatura. Sotto il portone di casa sua in via Pavia, in quei giorni si formò una piccola folla di gente che implorava perdono o giurava e spergiurava di non aver avuto niente a che fare con il fascismo. Ruggero Grieco non tardò ad affermare che sarebbe stata un'impresa quasi impossibile far piazza pulita di tutti i fascisti senza commettere qualche ingiustizia. Mio nonno decise quindi di alzare l'asticella e di epurare soltanto i fascisti che si erano macchiati di veri e propri crimini.

Mi sforzo per cercare di capire chi sarebbero oggi, 2 novembre 1975, questi fascisti evocati da Moravia. A chi allude Alberto? Forse ai vecchi nostalgici mussoliniani del Movimento sociale italiano? O pensa ai servizi segreti deviati e ai vari apparati corrotti che alimentano la strategia della tensione e tramano il colpo di Stato? Oppure ha ancora negli occhi i volti di certi finti capelloni dall'aspetto «di sinistra» ma dalle idee naziste come Merlino, uno dei principali indiziati della strage di piazza Fontana? E che dire della criminalità organizzata e della mafia che non si tirano mai indietro davanti a uno scambio di favori con i potenti di turno? Senza contare poi queste equivoche Brigate rosse che stanno formando un piccolo esercito eversivo mimetizzato nelle fabbriche e nelle università...

Ho imparato da Pasolini a diffidare degli stereotipi. Fu proprio Paolo, del resto, ad accorgersi per primo della pericolosa confusione ideologica che il 1968 aveva generato in Italia. E lo disse ad alta voce in una celebre poesia intitolata *Il Pci ai giovani!!* scritta dopo gli scontri del primo marzo 1968 a Valle Giulia e pubblicata a suo tempo da «L'Espresso».

La poesia cominciava così:

Mi dispiace. La polemica contro
il Pci andava fatta nella prima metà
del decennio passato. Siete in ritardo, cari.
Non ha nessuna importanza se allora non eravate ancora nati:
peggio per voi.
Adesso i giornalisti di tutto il mondo (compresi
quelli delle televisioni)
vi leccano (come ancora si dice nel linguaggio
goliardico) il culo. Io no, cari.
Avete facce di figli di papà.
Vi odio come odio i vostri papà.
Buona razza non mente.
Avete lo stesso occhio cattivo.
Siete pavidi, incerti, disperati
(benissimo!) ma sapete anche come essere
prepotenti, ricattatori, sicuri e sfacciati:
prerogative piccolo-borghesi, cari.
Quando ieri a Valle Giulia avete fatto a botte
coi poliziotti,
io simpatizzavo coi poliziotti.

A quella poesia è legato un episodio importante della mia vita.

Il primo marzo del 1968, mi trovo a Milano in compagnia di Pier Paolo Pasolini, sul set di *Teorema*. A quell'epoca faccio l'attore, senza talento né convinzione, e Pasolini mi ha scelto per interpretare un personaggio secondario. Dopo il primo giorno di riprese, improvvisamente gli chiedo se può tagliarmi la parte: «Senti Paolo, io non voglio fare l'attore, non ne sono capace, appena vedo che ti avvicini con la macchina da presa mi assale il panico. È colpa mia. La devo smettere di far finta di fare l'attore. Domani chiamo la mia agente, Flavia Tolnay, e le dico che smetto una volta per tutte. Come sai, io scrivo soggetti che tu hai anche la pazienza di leggere e amo il cinema più di ogni altra cosa al mondo. Ora ho capito che devo stare dall'altra parte della macchina da presa, dietro, dove stai tu».

Pasolini mi fissa in silenzio. Poi mi dice con tono infastidito: «Ho capito. Ti taglio la parte, ma un'altra posa la devi fare per forza. Quella scena in cui tu e Carlo De Mejo venite rimorchiati da Silvana Mangano non la posso tagliare».

Io lo ringrazio. Lui continua a guardarmi fisso, sempre in silenzio. Poi aggiunge a mezza bocca: «Se vuoi, puoi restare come assistente volontario alla regia. L'albergo e i pasti te li garantisco, ma non credo che ci sarà nessun compenso. Se a te sta bene...».

«Bene?... Benissimo!» rispondo.

Alcune settimane dopo, sul set allestito nella stazione centrale di Milano, ci giunge l'eco dei fatti di Valle Giulia. Fatti senza precedenti. Gli studenti fanno a botte con la polizia e la polizia le busca. Inutile dirlo, troviamo quella notizia esaltante. Ne parliamo per tutto il giorno e naturalmente siamo tutti dalla parte degli studenti. Pier Paolo Pasolini è molto concentrato sulla scena da girare, ma non gli possono sfuggire tutte quelle chiacchiere.

Una settimana dopo, «L'Espresso» pubblica la poesia in cui Pasolini esterna tutto il suo disprezzo per quegli studenti figli di papà e tutta la sua solidarietà verso quei poliziotti figli di proletari del Sud. L'indomani, a colazione, mi presento con la copia de «L'Espresso» sotto il braccio e la poso sul tavolo. Pasolini la nota e mi guarda. Non dice nulla. Intuisce che gli basterà aspettare una manciata di secondi.

Pochi secondi dopo, guardandolo negli occhi, gli faccio: «Scusa se te lo dico, ma che cazzo scrivi?!».

Gli chiedo spiegazioni con tutta l'aggressività e l'incoscienza dei miei sedici anni. Nonostante l'apparenza severa, Pasolini ama discutere alla pari con chiunque, persino con me. Prova a spiegarmi pazientemente il suo punto di vista, ma io non lo lascio parlare, lo interrompo continuamente. Allora lui taglia corto. Mi dice che in fondo sono anch'io un piccolo borghese e che pertanto la mia reazione non lo sorprende.

Sei mesi dopo, all'inizio di settembre, Pasolini mi porta con sé, insieme a Ninetto Davoli, alla Mostra di Venezia dove viene presentato in concorso il film *Teorema*. La Mostra del 1968 è un campo di battaglia, in cui si confondono cineasti, poliziotti, studenti e picchiatori fascisti in nome della contestazione.

Poco più di tre mesi prima, al Festival di Cannes, gli esponenti della Nouvelle Vague e il movimento studentesco del Maggio francese sono riusciti a far sospendere il festival in quanto «manifestazione della cultura borghese ed elitaria». I cineasti italiani intendono fare la stessa cosa a Venezia. In particolar modo, un gruppo di autori aderenti all'Anac (Associazione nazionale autori cinematografici) fra i quali Cesare Zavattini, Citto Maselli, Liliana Cavani, Franco Solinas, Lionello Massobrio, Roberto Faenza e altri contestano precisamente lo statuto della mostra, che risale alla fondazione del festival durante il regime fascista, e chiedono che venga riformato all'istante.

Ma l'Italia non è la Francia, il Lido di Venezia è un'isoletta, la polizia è sull'avviso e da Padova salgono picchiatori fascisti armati di mazze e di megafoni. Tutta un'altra storia. Il direttore della mostra, Luigi Chiarini, ha già dichiarato alla vigilia: «La mostra si svolgerà regolarmente, come gli altri anni. Della riforma dello statuto parleremo a ottobre. Se i contestatori useranno la forza risponderò con la forza».[1]

E così, al primo tentativo di occupazione di una sala, la piccola Sala Pasinetti, i celerini ci portano via di peso e ci scaraventano in strada, lasciandoci in pasto ai fascisti che ci danno il benvenuto a pugni e a calci. I picchiatori non risparmiano nessuno, nemmeno Cesare Zavattini, che, per quanto sia un uomo indomabile, è pur sempre un signore di una certa età, anche un tantino sovrappeso.

Pur avendo un film iscritto al concorso, Pasolini si dichiara pubblicamente contro il festival, e soprattutto contro la gazzarra fascista che la polizia sfacciatamente tollera. Quando entra in Sala Grande per la presentazione di *Teorema*, Paolo si fa dare un microfono e annuncia che non intende assistere alla proiezione: «Il film è in concorso per decisione del produttore e purtroppo io non posso impedirlo. Tuttavia, mi dissocio da questa decisione e chiedo a tutti coloro che comprendono le ragioni della nostra contestazione verso questa mostra del cinema ancora così impregnata di fascismo di uscire con me dalla sala, adesso».

L'indomani, alcuni degli autori sul piede di guerra, in particolare Cesare Zavattini, Citto Maselli e Lionello Massobrio, cominciano a guardarsi intorno in cerca di appoggio e solidarietà. Si recano a Porto Marghera, a far visita ai portuali in sciopero da mesi, ma vengono accolti con lanci di bulloni al grido di: «Fora i cinematografari! Andate a lavorare!». Massobrio propone allora di organizzare un incontro con il gotha del movimento studentesco internazionale, che in quel momento si trova riunito a Ca' Foscari e annovera fra i presenti tutti i leader della contestazione più famosi: Daniel Cohn-Bendit, Franco Piperno, Rudi Dutschke, Oreste Scalzone.

All'ora di pranzo, Zavattini mi confida che l'appuntamento è fissato alle nove di sera, all'imbarcadero del Lido. Da lì prenderemo tutti il vaporetto per recarci a Ca' Foscari a incontrare gli studenti. Zavattini mi congeda con una raccomandazione: «Non portare Pasolini, per carità di dio. Dopo quello che ha scritto su "L'Espresso", capirai bene che andare con lui dagli studenti sarebbe un suicidio».

Nel pomeriggio, io riesco a seminare Paolo e Ninetto. Alle nove in punto, arrivo da solo all'imbarcadero.

Improvvisamente, Paolo e Ninetto si materializzano accanto a me.

«Dove vai?» mi chiede Pasolini.

«Pensavo di andare a Venezia, dopotutto non ci sono mai stato» rispondo io cercando di apparire spontaneo.

«Ma sì, annamo a Venezia. Che ce stamo a fa' qua?» aggiunge allegro Ninetto.

Le facce degli altri congiurati che ci vedono salire sul vaporetto non hanno bisogno di parole. Cesare Zavattini, se potesse, mi mangerebbe vivo. Io mi giustifico alzando le sopracciglia, ma Pasolini mi guarda e se ne accorge, ho la sensazione che capisca tutto, e probabilmente sa anche dove stiamo andando e perché.

Scendiamo tutti alla stessa fermata e ci incamminiamo in

silenzio verso Ca' Foscari, in un deserto irreale, come fossimo una comitiva di turisti smarriti.

L'unico che chiede delucidazioni sul programma della serata è Ninetto: «Ma dov'è che annamo? Io ciò 'na fame... Me raccomanno, trovamo un ristorante bono, dove nun ce avvelenano, mica come al Lido...».

Arrivati a Ca' Foscari, Cesare Zavattini ci fa segno di aspettare e s'infila in una porticina. Pochi minuti dopo, eccolo di ritorno. Ci invita a entrare.

Ci inoltriamo quindi in un corridoio stretto, lungo e buio. Siamo costretti a camminare in fila indiana. Io sono l'ultimo. Davanti a me c'è Ninetto, e davanti a Ninetto c'è Pasolini. In fondo al corridoio, s'indovina la struttura in legno massiccio di un'antica facoltà universitaria e si avverte la presenza di parecchia gente.

I primi rappresentanti di questa buffa delegazione del cinema italiano vengono accolti da un applauso fragoroso. Ma non appena appare il volto inconfondibile di Pier Paolo Pasolini scoppia il finimondo. In un istante, gli applausi si trasformano in «buuuh!» di disapprovazione, volano libri pesanti ad altezza d'uomo e piove di tutto. Ninetto viene centrato da uno sputo in piena faccia, e lui, gridando «A' fijo de 'na mignotta! Che fai, sputi?! Mo te faccio vede io!...», tenta di arrampicarsi sui banchi per saltare addosso a quel lama. Tutti scandiscono in coro: «Fuori! Fuori!». Io prendo la palla al balzo, trascino via Ninetto e usciamo tutti insieme caracollando nel corridoio dal quale siamo entrati.

Una volta fuori, Cesare Zavattini sbotta e se la prende con me, senza nemmeno degnare di uno sguardo Pasolini. Paolo lo interrompe dicendogli che vorrebbe incontrare quegli studenti per discutere con loro. Se questi studenti sono disposti ad affrontare un dialogo a viso aperto, lui è disposto ad aspettarli fuori e a parlare con tutti, il fatto che siano tanti non lo spaventa.

Zavattini, sconsolato, neppure gli risponde. Qualcuno s'infila nella porticina e s'incarica di comunicare agli studenti la proposta di Pasolini.

Dopo un quarto d'ora, un paio di studenti escono. Si avvicinano a Pasolini insultandolo, ma poi finiscono per ascoltarlo. A intervalli regolari ne arrivano altri, sempre in piccoli gruppi. Pasolini non si scompone e conferma tutto ciò che ha scritto in quella poesia apparsa su «L'Espresso». Paolo strapazza tutti quei ragazzi con la sua voce ferma, li spiazza con la sua calma, li intimidisce con la sua timidezza.

Alle cinque del mattino, mentre albeggia, gli studenti radunati attorno a lui sono più di cento. Tutti pendono dalle sue labbra mentre Paolo, molto cortesemente, continua a dire tutto il male che pensa di loro. Zavattini e gli altri cineasti in lotta, sconsolati, si sono addormentati contro un muro.

Il finale è comico o tragico, a seconda dei punti di vista.

A un certo punto, dopo aver subito quella lezione di vita improvvisata e spietata, l'intero movimento studentesco issa sulle sue spalle lo scrittore e improvvisa un giro goliardico delle calli veneziane gridando «Viva Pasolini!», «Viva il Cinema!», «Viva la Mostra di Venezia!», viva la qualunque.

Ninetto Davoli e io, morti di sonno, li seguiamo a distanza.

«Ammazza che cazzari, 'sti amici tua!...» mi fa Ninetto.

Non sono miei amici, stanotte li disprezzo anch'io e non smetterò mai di disprezzarli. Ora li trovo pavidi, incerti e disperati come li descriveva Paolo in quella poesia pubblicata da «L'Espresso». Si sono fatti irretire dalla fama e dal prestigio di Pasolini, non hanno capito una parola di quello che ha detto, sono stati lì a farsi insultare come ebeti e alla fine l'hanno portato in trionfo perché erano eccitati dalla sua celebrità. Tutte le volte che mi capiterà, in futuro, di vedere qualche cosiddetto studente rivoluzionario trasformarsi in un uomo di potere, in un portaborse, o in un portavoce della peggiore destra del nostro Paese, non potrò fare a meno di ricordare ciò che accadde quella notte.

Pochi giorni dopo, il 13 settembre del 1968, la procura della Repubblica di Roma sequestra il film *Teorema* «per oscenità e per le diverse scene di amplessi carnali alcune delle quali particolarmente lascive e libidinose e per i rapporti omosessuali tra un ospite e un membro della famiglia che lo ospitava».[2] Il 14 ottobre la procura della Repubblica di Genova mette al bando il film con un analogo provvedimento. Il processo contro Pasolini e il produttore Donato Leoni, trasferito per competenza territoriale a Venezia (dove si era svolta l'anteprima del film), si apre il 9 novembre del 1968 con la deposizione del regista chiamato a difendersi dalle infamanti accuse. Il pubblico ministero Luigi Weiss chiede sei mesi di reclusione per entrambi gli imputati e la distruzione integrale dell'opera. Il 23 novembre del 1968, dopo un'ora di camera di consiglio, il tribunale di Venezia decide di assolvere Pasolini e Leoni dall'accusa di oscenità annullando il sequestro del film con la seguente motivazione: «Lo sconvolgimento che *Teorema* provoca non è affatto di tipo sessuale, è essenzialmente ideologico e mistico. Trattandosi inequivocabilmente di un'opera d'arte, *Teorema* non può essere sospettato di oscenità».

Mentre ascolto il ronzio monotono del mio motorino senza marce che mi riporta a casa lungo la Cristoforo Colombo interminabile, buia e deserta, mi rendo conto che è appena trascorsa la giornata forse più drammatica della mia pur breve vita. Domani ha inizio un'altra vita. Una vita senza Pasolini.

Improvvisamente, mi viene in mente *Salò o le 120 giornate di Sodoma*, il suo ultimo film, senz'altro il più difficile, che dovrebbe uscire tra poco e che Paolo non potrà difendere come solo lui poteva e sapeva fare. *Salò o le 120 giornate di Sodoma* sembra essere un film veramente maledetto. Il 28 agosto scorso, qualcuno ha rubato il negativo che si trovava negli stabilimenti della Technicolor. La prima e unica volta nella storia che a qualcuno sia venuto in mente di rubare il negativo di un film. Per restituirlo, i ladri hanno chiesto l'iperbolica cifra di due miliardi di lire, che equivale più o meno al costo del film. Quel riscatto, naturalmente, nessuno l'ha voluto pagare. Pasolini è riuscito comunque a montare il film ricavando un nuovo negativo dalla pellicola già stampata. Ha perso qualche immagine che gli stava a cuore, ma non ne ha fatto una malattia.

4

I funerali di Pasolini

Roma, 5 novembre 1975

I funerali di Pier Paolo Pasolini si svolgono a Roma il 5 novembre del 1975, prima che le spoglie del poeta affrontino il lungo viaggio verso Casarsa della Delizia, in Friuli, il paese natio di sua madre Susanna Colussi, dove Paolo verrà sepolto.

Presso la Casa della cultura in largo Arenula è stata allestita la camera ardente. Davanti alla bara sfilano italiani illustri e meno illustri che vengono a rendere l'ultimo omaggio al poeta scomparso. Tra di essi rivedo, con particolare emozione, Enrico Berlinguer. Mi tornano alla mente le parole alate che Pasolini ha dedicato, poco meno di un anno prima, al Partito comunista: «Il Partito comunista italiano è un Paese pulito in un Paese sporco, un Paese onesto in un Paese disonesto, un Paese intelligente in un Paese idiota, un Paese colto in un Paese ignorante, un Paese umanistico in un Paese consumistico».[1]

Pasolini provava sincera ammirazione per Berlinguer e il suo Pci, mentre aveva odiato, nel silenzio e nel dolore, il Pci dell'immediato dopoguerra.

Nonostante la morte di suo fratello Guido, partigiano patriottico della Brigata Osoppo vigliaccamente ammazzato a Porzûs il 12 febbraio del 1945 da altri partigiani comunisti ma assai poco patriottici perché seguaci di Tito, Pier Paolo Pasolini aveva preso senza esitazioni la tessera del Pci nel 1949 in Friuli. Quel Pci, però, non aveva esitato a radiarlo nell'ottobre del 1949 per «indegnità morale», in seguito alla denuncia di un parroco che aveva raccolto la confessione di un amico del poeta e l'aveva affidata ai quattro venti, decretando che Pasolini era «un pederasta». *Il professor Pasolini è un pederasta*, aveva titolato a tutta pagina un giornaletto del posto. Il partito gli aveva immediatamente ritirato la tessera. E il 29 ottobre del 1949 l'edizione locale de «l'Unità» aveva motivato così il provvedimento: «Prendiamo spunto da questa triste vicenda per denunciare ancora una volta le deleterie influenze di certe correnti ideologiche e filosofiche dei vari Gide, Sartre, e di altrettanto decadenti poeti e letterati che si vogliono atteggiare a progressisti ma che in realtà accolgono i più deleteri aspetti della degenerazione borghese».

In tutta la sua vita, Pasolini ha sempre dichiarato di considerarsi un comunista ma ha sempre precisato di non essere mai stato iscritto a nessun partito. La ferita della radiazione lo aveva marchiato a tal punto da spingerlo a mentire per il resto della sua vita su questo argomento.

All'indomani della radiazione dal Pci, Pasolini aveva fatto fagotto ed era fuggito da Casarsa della Delizia per cercare il suo destino a Roma, accompagnato da sua madre. Una volta giunti nella capitale, Paolo e Susanna avevano conosciuto la fame nel vero senso della parola. La madre trovava saltuariamente lavoro come donna delle pulizie, il figlio dava occasionalmente ripetizioni a studenti svogliati.

Quella vita di stenti, tuttavia, avrebbe poi rivestito un'importanza fondamentale nel percorso letterario del poeta. Pasolini aveva scoperto per esperienza diretta le borgate romane, che negli anni Cinquanta erano cresciute a dismisura per ospitare i tanti emigrati che sopraggiungevano dal Sud in cerca di lavoro, e aveva deciso di dar loro volto e voce nelle sue poesie, nei suoi romanzi e nei suoi film.

Qui alla camera ardente allestita nella Casa della cultura è presente anche la «famiglia borgatara» di Pasolini, e cioè principalmente Ninetto Davoli, Franco Citti e Sergio Citti.

A differenza degli altri, loro se ne stanno immobili come statue accanto alla bara, immersi nei loro pensieri. Basta guardarli per capire che Ninetto, Franco e Sergio hanno perso qualcosa che non tornerà mai più. Ecco perché non danno nessuna importanza all'ufficialità della situazione e non degnano di uno sguardo i volti celebri che sfilano intorno a loro.

Poco prima dell'imbrunire, il feretro di Pasolini esce dalla Casa della cultura.

Una volta fuori, in largo Arenula, accade qualcosa che nessuno aveva previsto.

In strada ci attende una folla immensa, veniamo assaliti da tante facce anonime scolpite dal dolore, tutti vogliono accarezzare la bara. Non si riesce a muovere un passo verso Campo de' Fiori, dove è prevista un'orazione funebre su un piccolo palco allestito per la circostanza. Se non fosse per l'aiuto determinante di alcuni energumeni del servizio d'ordine del Pci, che escono all'improvviso dalla sezione di via dei Giubbonari per sbrogliare la situazione, la bara di Pasolini non potrebbe mai giungere a destinazione.

Arrivati a Campo de' Fiori, la piazza brulica di gente. «Allora nun è morto soltanto un frocio...» commenta a denti stretti Franco Citti.

Sul piccolo palco che rischia di crollare a ogni scossa inferta dalla folla che ondeggia, Alberto Moravia trova dentro di sé una forza insospettabile per gridare parole che paiono improvvisate ma che devono essere in realtà profondamente meditate. La sua orazione comincia così: «Abbiamo perso prima di tutto un poeta. E poeti non ce ne sono tanti nel mondo, ne nascono tre o quattro soltanto in un secolo. Quando sarà finito questo secolo, Pasolini sarà tra i pochissimi che conteranno, come poeta. Il poeta dovrebbe esser sacro...».

E si conclude con queste parole: «Benché fosse uno scrittore con dei fermenti decadentistici, benché fosse estremamente raffinato e manieristico, tuttavia aveva un'attenzione per i problemi sociali del suo Paese, per lo sviluppo di questo Paese. Un'attenzione diciamolo pure patriottica che pochi hanno avuto. Tutto questo l'Italia l'ha perduto, ha perduto un uomo prezioso che era nel fiore degli anni. Ora io dico: quest'immagine che mi perseguita, di Pasolini che fugge a piedi, è inseguito da qualche cosa che non ha volto e che è quello che l'ha ucciso, è un'immagine emblematica di questo Paese. Cioè un'immagine che deve spingerci a migliorare questo Paese come Pasolini stesso avrebbe voluto...».[2]

Mentre ascolto quel finale che echeggia nella piazza, mi sembra improvvisamente di intuire il perché di quelle accuse allo stesso tempo così precise e così generiche («Sono stati i fascisti, non c'è alcun dubbio, sono stati i fascisti...») che Alberto Moravia andava ripetendo a casa di Pasolini ventiquattr'ore dopo il delitto. Mi colpisce, infatti, che Moravia abbia voluto terminare l'orazione funebre parlando del Pasolini saggista, sottolineando la sua «attenzione per i problemi sociali del suo Paese, per lo sviluppo di questo Paese», e arrivando a definirlo persino «patriottico», aggettivo che avrebbe probabilmente suscitato una smorfia di stupore in Pasolini stesso.

Moravia chiude il suo intervento invocando una spinta «a migliorare questo Paese» e la mia mente non può fare a meno di tornare agli editoriali di Pasolini apparsi in questi ultimi anni sul «Corriere della Sera» e ora racchiusi in un volume, *Scritti corsari*, che Garzanti ha pubblicato appena sei mesi prima.

Pasolini ha scritto sul «Corriere della Sera» cose che nessun altro giornalista avrebbe avuto il coraggio di scrivere. Ha evocato le stragi che hanno dilaniato il nostro Paese dal 1969 a oggi, ha parlato di ministri corrotti, ha fatto allusione a inconfessabili complicità tra esponenti democristiani, picchiatori fascisti e apparati corrotti dello Stato, ha tirato in ballo la Cia e le sue oscure, pesantissime intromissioni nella vita politica italiana, ha affermato che lui conosce tutte le trame eversive che vengono ordite nei palazzi del potere, ha descritto il clima in cui oggi stiamo vivendo, stupidamente spensierati, come una forma di dittatura subdola, strisciante, addirittura peggiore del regime di Mussolini.

Nella sua prefazione a *Scritti corsari*, Pasolini ha poi inviato ai suoi lettori un messaggio enigmatico, come una sorta d'invito, appunto, a «migliorare questo Paese come lui avrebbe voluto».

«La ricostruzione di questo libro» scrive Pasolini nella *Nota introduttiva*, «è affidata al lettore. È lui che deve rimettere insieme i frammenti di un'opera dispersa e incompleta. È lui che deve ricongiungere passi lontani che però si integrano. È lui che deve organizzare i momenti contraddittori ricercandone la sostanziale unitarietà [...]. Mai mi è capitato nei miei libri, più che in questo di scritti giornalistici, di pretendere dal lettore un così necessario fervore filologico. Il fervore meno diffuso del momento.»[3]

A un tratto mi chiedo: che sia racchiuso in quelle pagine il motivo di una morte così improvvisa, così misteriosa, così atroce?

Con Moravia, Laura Betti, Enzo Siciliano, Dario Bellezza, si parlava spesso degli articoli che Pasolini scriveva per il «Corriere della Sera». Ora che ci penso, da un suo articolo Sergio Citti e io ricavammo persino un soggetto cinematografico. L'articolo in questione parlava di un fatto di cronaca al quale solo Pasolini aveva dato il giusto rilievo. La tragica vicenda di un giovane agente di polizia che si era fatto sfuggire un detenuto accompagnandolo da una città all'altra e aveva finito per togliersi la vita perché non sopportava la vergogna di aver fallito così miseramente la sua missione. A pensarci bene, la compassione di Pasolini per questo povero poliziotto era probabilmente uno strascico di quella poesia contro gli studenti che Paolo aveva scritto per «L'Espresso» dopo i fatti di Valle Giulia.

Al Pasolini giornalista io rivolgevo spesso provocazioni spicciole, chiamandolo «collega». Lui aveva sempre detestato i giornalisti, e da quando scriveva quegli articoli sul «Corriere della Sera» i suoi rapporti con la stampa non erano certo migliorati. Al contrario. Nell'ambiente, i colleghi dicevano: «Ma guarda un po' Pasolini, che si permette di scrivere che oggi in Italia ci troviamo in piena dittatura, che tutti tramano un colpo di Stato, e mai che fornisca uno straccio di prova a sostegno delle sue tesi. Se ci azzardassimo a scrivere queste cose noi, comuni giornalisti mortali, sicuramente nessuno le pubblicherebbe e molto probabilmente verremmo licenziati».

Pasolini, infatti, scriveva «Io so. Ma non ho le prove» e a me piaceva stuzzicarlo a proposito di quest'affermazione.

«Se non hai le prove, come fai a scrivere quello che scrivi?» gli dicevo.

«Le prove non le ho, ma le sto cercando» rispondeva lui convinto.

Ho provato a saperne di più, ma è sempre andata male. Tra colleghi giornalisti, quando si hanno per le mani materiali che scottano, si usa essere molto abbottonati.

5

Aspettando il processo

Nei giorni seguenti, il mistero sulla morte di Pasolini si fa sempre più intricato. Sono in molti a chiedersi cosa sia veramente accaduto in quello sterrato all'Idroscalo durante la notte fra il primo e il 2 novembre. Giornalisti, intellettuali, gente qualunque. A Roma non si parla d'altro. Nei mercati rionali, nei bar, negli uffici pubblici, sugli autobus.

Gli inquirenti, al contrario, continuano a distinguersi per apatia e indifferenza. Si nota in loro come una sorta di rassegnazione. Basta guardare le foto sui giornali o i servizi del telegiornale. Gli agenti che scortano Pino Pelosi nei suoi continui trasferimenti dal carcere al commissariato e viceversa tengono sempre gli occhi bassi, sembrano goffi come le guardie del *Pinocchio* di Collodi. Del resto, già la mattina del 2 novembre, intorno al cadavere di Pasolini a malapena coperto da un lenzuolo, i carabinieri si muovevano come sonnambuli.

Evidentemente, la morte di Paolo deve sembrar loro una sorta di calamità naturale. Piuttosto sconcia, per giunta.

Il 21 novembre del 1975, Gian Carlo Mazzini, su «L'Europeo», in un articolo intitolato *I sei errori della polizia*, scrive:

Una serie di errori ha intralciato lo svolgimento delle indagini sulla morte di Pasolini, nelle prime quarantotto ore dopo il delitto. Primo errore: alle 6.30 di domenica mattina 2 novembre arrivano su una stradetta di terra battuta all'Idro-

scalo tra Ostia e Fiumicino due Giulia della polizia, avverti-
ta della presenza di un cadavere dal figlio di un proprietario
delle baracche che sorgono nella zona. Trovano una piccola
folla intorno al corpo, che non pensano minimamente di
allontanare. Tantomeno circondano la zona per bloccare il
passaggio. Alle 9 infatti nel rudimentale campo di calcio,
a pochi metri dal cadavere di Pasolini, almeno una ventina di ragazzi in magliette e pantaloncini sono impegnati in
una partita di pallone che ogni tanto esce dal rettangolo di
gioco e che viene rimandato a calcioni dagli stessi agenti.
Pochi metri dietro una delle due porte, quella a sud, l'esame
sommario del terreno fa scoprire un bastone rotto, insanguinato, con tracce di capelli e cuoio cutaneo e la camicia di
Pasolini imbrattata inverosimilmente di sangue sulle spalle
fino alla cintola. Tutte le altre eventuali tracce sono andate
perdute dal passaggio di macchine e pedoni diretti o alle
altre baracche o al campo di gioco, oppure da curiosi. È
stato impossibile fare i calchi dei copertoni della macchina
di Pasolini e ricostruire l'itinerario. Come non si è potu-
ta accertare la presenza di altre macchine o motociclette.
Secondo errore: nessuno ha pensato di tracciare sul foglio
quadrettato a disposizione degli inquirenti i punti esatti dei
vari ritrovamenti, che di solito vengono contraddistinti da
lettere dell'alfabeto. I carabinieri intanto avevano trasferito
Pelosi, confessatosi ladro della Gt metallizzata, al carcere
per minorenni di Casal del Marmo (appena arrivato in cella,
pare che lo stesso Pelosi si sia vantato con i suoi compagni
di aver ammazzato Pasolini), e cercavano sulla macchina un
anello che Pelosi aveva detto di aver perso. Alle 9 circa è
arrivata alla stazione dei carabinieri di Ostia la segnalazione
che era stato trovato Pasolini assassinato. E lì, all'Idroscalo,
mandano una pattuglia a cercare l'anello di Pelosi: l'aveva
raccolto un maresciallo della polizia di Ostia che se l'era
messo in tasca. In quale punto lo aveva trovato? La risposta non può essere stata che vaga. Fino alle 9, insomma, i
carabinieri avevano un ladro di auto con la macchina, e la
polizia un cadavere che non sapevano come era arrivato sul

luogo. Terzo errore: fino a giovedì, la macchina di Pasolini era sotto una tettoia nel cortile di un garage dove i carabinieri di solito ricoverano le macchine sequestrate, aperta e senza sorveglianza. Del resto era solo la macchina rubata da un ladro. Chiunque avrebbe potuto mettere o levare indizi, lasciare o cancellare impronte. Alla squadra scientifica è arrivata solo giovedì. Quarto errore: sul luogo del delitto, la polizia è ritornata solo nella tarda mattinata di lunedì 3 per tentare una ricostruzione del caso, ma senza nessuna misura precisa, con le tracce ormai inesistenti, e ha tentato di ricostruire sia l'investimento mortale di Pasolini che la fuga di Pelosi non con l'Alfa Gt del morto ma con una normale Giulia. Ora, la strada dove è stato ritrovato il corpo di Pasolini è percorsa longitudinalmente da profondissime buche, che a detta degli esperti è quasi impossibile superare con una Gt notevolmente bassa senza toccare il terreno almeno con la coppa dell'olio. La notte tra domenica e lunedì, infine, la zona non era vigilata. Quinto errore: solo da giovedì gli investigatori hanno cominciato a interrogare gli abitanti delle baracche e i frequentatori della stazione Termini. Perché? Avevano archiviato tutto? Consideravano chiuso il caso? Non li interessava andare più a fondo nelle indagini? Sesto errore: sul luogo del delitto non è mai stato chiamato il medico legale. È chiaro che polizia e carabinieri, certi di trovarsi di fronte a un normale caso di omicidio a sfondo sessuale, con l'assassino già in carcere, hanno ritenuto superfluo ogni accertamento sul cadavere che poteva invece servire per le successive indagini. Queste, ora, ripartono più o meno da zero. L'ipotesi che a uccidere Pasolini non sia stato solo Pino Pelosi si fa strada anche negli inquirenti.[1]

I giornalisti dei settimanali sono naturalmente più motivati degli altri a seguire il Caso Pasolini. Un fattaccio così misterioso e complicato è materia loro. Solo loro possono seguire una storia come questa senza mollare l'osso per mesi, impresa impossibile per i quotidiani troppo condizionati, giorno dopo giorno, dalle notizie del momento.

«L'Europeo», inoltre, ha già messo in campo la più prestigiosa giornalista italiana, Oriana Fallaci, e ha lanciato una vera e propria «controinchiesta» sull'omicidio di Pasolini destinata a fare storia nel giornalismo italiano.

Oriana Fallaci aveva intervistato Pasolini a New York nel lontano 13 ottobre del 1966. Paolo si trovava lì per una retrospettiva dei suoi film ma in realtà vagava nella metropoli americana cercando di capire se avrebbe potuto ambientarvi il *San Paolo*, un film al quale teneva molto e che purtroppo non è mai riuscito a realizzare. Nell'intervista, intitolata *Un marxista a New York*, Oriana Fallaci era partita all'attacco alla sua maniera: «L'America è proprio una donna fatale, seduce chiunque. Non ho ancora conosciuto un comunista che sbarcando quaggiù non abbia perso la testa. Arrivano colmi di ostilità, preconcetti, magari disprezzo, e subito cadon colpiti dalla Rivelazione, la Grazia. Tutto gli va bene, gli piace: ripartono innamorati, con le lacrime agli occhi. Sì o no, Pasolini? Lui scuote le spalle, sdegnoso».[2]

Alla prima risposta dell'intervistato, l'anticomunista Oriana Fallaci si era perdutamente innamorata di Pasolini. Era stata subito sedotta dalla sua personalità, dal suo coraggio, dalla sua calma, dalla sua onestà intellettuale, dal suo essere comunista a modo suo, un comunista davvero speciale, un comunista a New York.

Ora, in una lettera postuma indirizzata a Pier Paolo Pasolini, Oriana Fallaci svela che aveva appuntamento con Paolo proprio alla vigilia del delitto. La Fallaci era arrivata a Roma il primo novembre del 1975 con il suo compagno, il dissidente greco Alekos Panagulis. Dovevano incontrare Pasolini per parlare della prefazione di un libro.

«Ventiquattr'ore prima che ti sbranassero» scrive Oriana Fallaci, «venni a Roma con Panagulis. Ci venni decisa a vederti, risponderti a voce su ciò che mi avevi scritto. Era un venerdì. E Panagulis ti telefonò da casa mia, alla terza cifra s'inseriva una voce che scandiva: "Attenzione. A causa del sabotaggio avvenuto nei giorni scorsi alla centrale dell'Eur il servizio dei numeri che cominciano per 59 è temporaneamente sospeso". L'indomani accadde lo stesso. Ci dispiacque perché credevamo di venire a cena con te, sabato sera, ma ci consolammo pensando che saremmo riusciti a vederti domenica mattina. Per domenica avevamo dato appuntamento a Giancarlo Pajetta e Miriam Mafai in piazza Navona: prendiamo un aperitivo e poi andiamo a mangiare. Così verso le dieci ti telefonammo di nuovo. Ma, di nuovo, si inserì quella voce che scandiva: attenzione, a causa del sabotaggio la linea non funziona. E a piazza Navona andammo senza di te. Era una bella giornata, una giornata piena di sole. Seduti al bar Tre Scalini ci mettemmo a parlare di Franco che non muore mai, e io pensavo: mi sarebbe piaciuto sentir Pier Paolo parlare di Franco che non muore mai. Poi si avvicinò un ragazzo che vendeva "l'Unità" e disse a Pajetta: "Hanno ammazzato Pasolini". Lo disse sorridendo, quasi annunciasse la sconfitta di una squadra di calcio. Pajetta non capì. O non volle capire? Alzò una fronte aggrottata, brontolò: "Chi? Hanno ammazzato chi?". E il ragazzo: "Pasolini". E io, assurdamente: "Pasolini chi?". E il ragazzo: "Come chi? Come Pasolini chi? Pasolini Pier Paolo". E Panagulis disse: "Non è vero". E Miriam Mafai disse: "È uno scherzo". Però allo stesso tempo si alzò e corse a telefonare per chiedere se fosse uno scherzo. Tornò quasi subito col viso pallido: "È vero. L'hanno ammazzato davvero". In mezzo alla piazza un giullare coi pantaloni verdi suonava un piffero lungo. Suonando ballava alzando in modo grottesco le gambe fasciate dai pantaloni verdi, e la gente rideva. "L'hanno ammazzato a Ostia, stanotte", aggiunse Miriam».[3]

Il 2 novembre del 1975, Oriana Fallaci si trova dunque a Roma. Superato lo choc e il dolore personale, la celebre giornalista affronta l'accaduto con le armi del suo mestiere.

Il 14 novembre 1975, su «L'Europeo» Oriana Fallaci scrive: «Esiste un'altra versione della morte di Pasolini: una versione di cui, probabilmente, la polizia è già a conoscenza, ma di cui non parla per poter condurre più comodamente le indagini. Essa si basa sulle testimonianze che hanno da offrire alcuni abitanti o frequentatori delle baracche che sorgono intorno allo spiazzato dove Pier Paolo Pasolini venne ucciso».

Oriana Fallaci racconta con dovizia di dettagli che Pasolini è stato ammazzato da più persone e che tutti gli inquilini di quelle casupole abusive dell'Idroscalo hanno visto e sentito tutto.

In seguito a quell'articolo, Oriana Fallaci viene convocata dalla procura di Roma e interrogata con modi alquanto bruschi. Perché? Perché Oriana Fallaci non intende rivelare le sue fonti. Eppure un giornalista ha facoltà di rifiutarsi di rivelare l'identità di un confidente se la rivelazione può mettere a repentaglio la vita del confidente stesso. Si chiama segreto professionale.

Per questa «reticenza», Oriana Fallaci sarà incriminata, processata e condannata a quattro mesi di detenzione, poi amnistiati. E l'ordine dei giornalisti non muoverà un dito per difenderla.

«L'immagine che ho del magistrato» dirà trent'anni dopo Oriana Fallaci, «non è quella del signore con la barba bianca, gli occhiali e la toga nera dignitosamente assiso in tribunale. È quella del magistrato che per primo mi interrogò dopo gli articoli de "L'Europeo", che mi convocò in procura e io andai da bravo cittadino, ho l'ingenuità dei bravi cittadini, non pensai di portarmi l'avvocato, andai, dissi, sentiamo, forse è interessato a quello che noi de "L'Europeo" abbiamo scritto. E trovai questo barbuto, maleducatissimo, che si dava un mucchio di arie, seduto dietro la scrivania squallida di una stanzuccia squallida, che mi trattava come una delinquente, sgarbato, aggressivo. Io so cosa significa essere condannati ingiustamente: è una delle cose più ributtanti che esistano. Questa faccenda ha aperto la strada della mia disistima per il giornalismo, la polizia, la legge.»[4]

Fra i tanti che indagano intorno alla morte di Pier Paolo Pasolini c'è anche un investigatore molto speciale. È Sergio Citti.

Dieci giorni dopo la morte di Pasolini, Sergio si reca all'Idroscalo portando con sé una macchina da presa 16 millimetri e filma una ricostruzione dell'accaduto usando l'auto di un amico. Citti vuole mostrare e dimostrare che Pino Pelosi è passato di proposito sul corpo di Pasolini, poiché esso si trovava nella direzione opposta rispetto alla via di fuga dell'auto.

Ma la scoperta più interessante in cui Sergio involontariamente inciampa è un'altra. Citti trova sul terreno una grossa chiazza di olio di motore molto fresca che sembra testimoniare la rottura, molto recente, di una coppa dell'olio.

Sergio mi fa vedere le immagini e dice: «Guarda tutto quell'olio. Secondo me proviene dalla macchina che ha investito Paolo. Passando sopra il suo corpo, la macchina non poteva non rompere la coppa dell'olio. La macchina che ha ammazzato Pasolini non può essere la sua. Paolo è stato sicuramente investito da un'altra macchina. Anche perché la macchina che l'ha investito ha urtato un paletto di cemento. Dovrebbe essere ammaccata sul muso. Quella di Paolo ha il muso intatto».

A mia volta, io parlo di questo particolare con Faustino Durante. Il medico legale mi conferma che i dubbi di Sergio Citti sono fondati. Faustino ha avuto modo di dare un'occhiata all'Alfa Gt di Pasolini presso il garage dove viene custodita e non ha notato, sotto la scocca dell'auto, alcun segno di ciò che è accaduto.

Del resto, il giornalista dell'«Europeo» Gian Carlo Mazzini lo aveva già scritto nel suo articolo intitolato *I sei errori della polizia*: «La strada dove è stato ritrovato il corpo di Pasolini è percorsa longitudinalmente da profondissime buche, che a detta degli esperti è quasi impossibile superare con una Gt notevolmente bassa senza toccare il terreno almeno con la coppa dell'olio...».

Questo elemento, pur così evidente, finirà trascurato da tutti. Ne riscopriremo la fondamentale importanza, purtroppo, soltanto molti anni dopo.

6

L'ultima censura

Il 22 novembre del 1975, l'ultimo film di Pier Paolo Pasolini *Salò o le 120 giornate di Sodoma* viene proiettato in anteprima mondiale al Festival di Parigi. Anche i critici italiani sono costretti a recarsi a Parigi per vederlo. In Italia il film non può circolare. L'11 novembre gli è stato negato il nullaosta necessario alla programmazione pubblica perché il film «nella sua tragicità porta sullo schermo immagini così aberranti e ripugnanti di perversione sessuale che offendono sicuramente il buoncostume e come tali sopraffanno la tematica ispiratrice del film sull'anarchia di ogni potere».[1]

La censura cinematografica che purtroppo ancora viene applicata nel nostro Paese è regolamentata dal codice Rocco, cioè da norme fasciste che, a trent'anni dalla fine della Seconda guerra mondiale, ancora dettano legge in Italia.

Del resto, la censura segue Pasolini come un'ombra fin dai suoi esordi letterari. Forse vale la pena elencare quante volte lo scrittore e cineasta è stato denunciato e processato a seguito dei suoi romanzi e dei suoi film.

1. Il 21 luglio 1955, il romanzo *Ragazzi di vita* viene segnalato dalla presidenza del Consiglio dei ministri (presidente del Consiglio è il democristiano Antonio Segni, insediatosi appena due settimane prima) al procuratore della Repubblica di Milano per «contenuto pornografico». Il 20 ottobre dello stesso anno iniziano le indagini

preliminari. Il 4 gennaio del 1956 si celebra la prima
udienza del processo, che avrà termine il 4 luglio del
1956.

2. Il 9 febbraio del 1960 si apre un procedimento contro il
romanzo di Pasolini *Una vita violenta*. L'accusa parla ancora una volta di «contenuto pornografico». Il procuratore della Repubblica di Milano conferisce ad Alessandro Cutolo l'incarico di svolgere una relazione critica.
Il 9 marzo dello stesso anno viene depositata la perizia
di Cutolo. Il 14 marzo, il giudice istruttore di Milano
dispone l'archiviazione del caso.

3. Il 31 agosto del 1962, i carabinieri presentano al procuratore della Repubblica di Venezia una denuncia contro
il film *Mamma Roma*. Il 5 settembre del 1962, il giudice
istruttore dispone l'archiviazione del caso.

4. Il 4 ottobre del 1962, il procuratore della Repubblica
Amoroso intenta una causa civile a Pier Paolo Pasolini
in relazione a *La ricotta* (episodio del film *Ro.Go.Pa.G*)
accusandolo di blasfemia. La causa si chiuderà soltanto
il 23 dicembre del 1968. Il primo marzo del 1963, l'intero film *Ro.Go.Pa.G* viene sequestrato e Pier Paolo Pasolini processato per direttissima. Verrà definitivamente
assolto, e il film dissequestrato, ben cinque anni dopo, il
29 febbraio del 1968.

5. Il 13 settembre del 1968, il film *Teorema* viene sequestrato da parte della procura della Repubblica di Roma. Il processo nei confronti di Pasolini termina con
sentenza di assoluzione il 9 ottobre del 1969. L'autore
viene assolto in primo grado e in appello. Il procuratore generale di Venezia gli notifica anche un ricorso in
cassazione il 15 ottobre 1969, ma il 21 novembre decide
di ritirarlo.

6. Il 15 maggio del 1969, Pier Paolo Pasolini viene denunciato per una «presunta strage di pecore» durante la
lavorazione del film *Porcile*. Il processo che ne deriva
si conclude il 3 luglio del 1973 con una sentenza assolu-
toria da parte del tribunale di Catania.

7. Il 26 agosto del 1971, Fabio Orlandini denuncia a Trento il film *Decameron* per «contenuto pornografico». Il pubblico ministero chiede l'archiviazione al giudice istruttore di Trento e la ottiene. In seguito all'archiviazione, partono a raffica altre denunce di privati cittadini di tutta Italia: Glauco Peretto (Verona), Saverio Blasi (Taranto), Alberto Muzzetti (Milano), Costantino Locatelli (Roma), Claudio Valenza (Roma), Giuseppe Barca, Giancarlo Cavalli e altri dieci (Napoli), Giampaolo Vincenti (Genova), Michele Dacampo (Venezia), Umberto Monti (Roma). Il 2 ottobre, il film viene sequestrato dalla procura della Repubblica di Bari. Nonostante il sequestro, continuano a piovere denunce: Lorenzo Mannozzi Turini (Ancona), Salvatore Mirra (Napoli), Michele D'Ambrosio e altri cinquantadue (Lucera), Teodorico Stendardo e altri sessanta (Napoli), Alfonso Petrella (Lucera), Roberto Spelta (Pavia), Maria Rosa Mazzucchi (Milano), Ester Brioschi (Sesto San Giovanni), Bice Allegretti (Milano), Neris Arisi (Milano), Giovanni Colombo (Milano), Alba Damonte (Milano), suor Rosa Zanotti e suor Erminia Cappelli (Milano), Piermaria Ferri (Roma), Giuseppe Sacconi (Cesano Maderno). Il film *Decameron* viene dissequestrato, ma poi subito dopo nuovamente sequestrato a due riprese: il 13 novembre dalla procura di Ancona e il 21 novembre dalla procura di Sulmona. Il 24 aprile del 1972 viene denunciato ancora una volta da Renata Danielli (Milano), ma senza alcun esito. *Decameron* è il film di Pasolini che ha ricevuto il maggior numero di denunce. Il motivo è semplice. *Decameron* è il primo film di Pasolini veramente apprezzato dal grande pubblico e premiato anche al botteghino. Perché a differenza degli altri suoi film, *Decameron* è un inno alla gioia e il sesso che vi si racconta è sempre allegro, vitale, poetico. Pasolini aveva intuito che avrebbe avuto successo non appena finì di scrivere la sceneggiatura. Me la fece leggere in anteprima dicendomi: «Vedrai,

questo film farà un sacco di soldi». Io ero rimasto molto sorpreso da quell'affermazione per lui così inusuale.

8. Il 7 ottobre del 1972, viene sequestrato il film di Pier Paolo Pasolini *I racconti di Canterbury*. La prima udienza del processo contro Pasolini e il produttore Alberto Grimaldi si tiene al tribunale di Benevento il 18 ottobre. Due giorni dopo, Pasolini e Grimaldi vengono assolti, ma il pubblico ministero si appella. Il primo dicembre, si aggiunge la denuncia di un sacerdote, padre Antonio Gambale. Il 9 gennaio del 1973, la procura di Benevento dissequestra il film. Ma il processo generato dalla denuncia di padre Gambale va avanti. Il 9 marzo il film *I racconti di Canterbury* viene nuovamente sequestrato dalla procura della Repubblica di Teramo e poi dissequestrato il 2 aprile. Il 4 aprile, il film è sequestrato ancora dalla procura di Benevento. Il 20 dicembre del 1973, il film viene definitivamente dissequestrato e gli imputati assolti.

9. Il 27 giugno del 1974, il film di Pier Paolo Pasolini *Il fiore delle Mille e una notte* viene denunciato da un privato cittadino a Milano. Il 27 luglio, il pubblico ministero richiede l'archiviazione della denuncia. Il 5 agosto, il giudice istruttore dispone l'archiviazione. Ma ecco sopraggiungere un ricorso alla corte costituzionale, che esamina il caso e archivia a sua volta il 27 marzo del 1975.

Pasolini è stato processato trentatré volte, e trentatré volte è stato assolto. Unica condanna, quella infertagli dal pretore di Chioggia il 3 aprile del 1951 per «ubriachezza» (Pasolini era sostanzialmente astemio). Forse, in quel caso come in tanti altri, gli accusatori scrivevano «ubriachezza» ma intendevano «omosessualità». L'omosessualità è sempre stata considerata una sorta di crimine in Italia. Eppure, quando Enzo Biagi chiede a Pasolini, in tv, se non si sia mai sentito vittima della giustizia, il poeta risponde: «Sì, ma sono casi personali, che non ho mai voluto generalizzare».

Salò o le 120 giornate di Sodoma è un film molto ano-
malo nella carriera di Pasolini. Lo avrebbe dovuto scrivere e dirigere Sergio Citti, al quale lo aveva offerto il produttore Alberto Grimaldi dopo aver apprezzato, nel 1973,
il suo *Storie scellerate*. Il film si doveva intitolare *Le 120
giornate di Sodoma* e si basava sul romanzo omonimo di
Donatien-Alphonse-François de Sade, universalmente noto come una sorta di «manifesto del sadismo». Il progetto
di questo film poteva collocarsi nel vasto filone cinematografico generato dal *Decameron* di Pier Paolo Pasolini.
Sulla scia del successo del *Decameron* era nato in quegli
anni il genere «boccaccesco» o «decamerotico», che pren-
deva a pretesto testi letterari classici che venivano portati
sullo schermo per rappresentare una sorta di «archeologia
dell'erotismo» a fini dichiaratamente commerciali. Si trattava il più delle volte di filmacci, la cui immaginazione si
esauriva in titoli piuttosto evocativi, tipo *Metti lo diavolo
tuo ne lo mio inferno* oppure *Alle dame del castello piace
molto fare quello*.

Con *Le 120 giornate di Sodoma* l'operazione non può essere così dozzinale. Quello del marchese de Sade è oggettivamente un romanzo difficile, concettuale, violento, e contiene una metafora inquietante su coloro che detengono il
potere e lo esercitano senza limiti a spese di chi è costretto a
subirlo. Corre dunque l'obbligo di pensare a un adattamen-
to cinematografico scrupoloso.

Sergio Citti comincia a scrivere la sceneggiatura con Pupi
Avati, ma a un certo punto chiede aiuto a Pasolini perché è
troppo intimidito dal modello letterario con il quale si trova
a cimentarsi. Pasolini partecipa alla stesura della sceneggiatura e si pone subito il problema di allestire una trasposizio-
ne originale, cioè di trovare un'idea che possa rendere più
attuale e interessante il romanzo del marchese de Sade. Gli
viene in mente di ambientare la storia a Salò, in provincia di
Brescia, dove nell'ottobre del 1943 i fascisti avevano fondato
la Repubblica sociale italiana, con tanto di sede del governo
e ministeri annessi.

Pasolini immagina una sorta di «orgia del potere» a Salò, con i fascisti e le loro vittime, raccontata secondo lo stile delle *120 giornate di Sodoma* del marchese de Sade, ma costruita secondo uno schema simile all'*Inferno* dantesco, con una struttura suddivisa in quattro parti: Antinferno, Girone delle Manie, Girone della Merda e Girone del Sangue.

Citti prova a seguirlo in questa impostazione, ma a poco a poco si smarrisce e finisce per chiedere a Pasolini di sostituirlo alla regia. Sergio non può capire ciò che del resto nessuno in quel momento riesce a capire. Paolo è ormai ossessionato dalle sue ricerche giornalistiche che prendono forma negli editoriali che scrive per il «Corriere della Sera». Pasolini ha intuito che dietro l'attuale democrazia italiana inebriata dal benessere economico e dal progresso tecnologico si annida un regime strisciante, un sistema di potere ingordo, mafioso e senza scrupoli che annovera tra le sue fila vecchi fascisti mai epurati e nuovi, spietati tecnocrati disposti a tutto.

Per Sergio Citti, *Salò o le 120 giornate di Sodoma* è un film semplicemente impossibile. A Pasolini, invece, quel binomio Salò-Sade pare la chiave ideale per riuscire a dare una forma, anche cinematografica, al suo incubo quotidiano che già si sta materializzando nella stesura di *Petrolio*.

«Il sesso in questo film» dichiara Pasolini ricevendo a Cinecittà i giornalisti in visita sul set, «sia pure in modo onirico e stravolto diventa la metafora di ciò che oggi fa il potere con i corpi. Nulla è più anarchico del potere, il potere fa praticamente ciò che vuole e ciò che il potere vuole è completamente arbitrario, o dettatogli da sue necessità di carattere economico che sfuggono alla logica comune.»[2]

Pasolini cita Karl Marx («la mercificazione dei corpi da parte del potere») e parla in realtà della società consumistica in cui oggi tutti viviamo, un vero e proprio regime a suo avviso «peggiore del fascismo e di qualunque dittatura sinora conosciuta», perché ci fa sentire apparentemente tutti uguali ma che in realtà sta estirpando le radici e l'identità degli italiani in una sorta di macelleria antropologica destinata a distruggere qualunque forma di cultura popolare, contadina, democratica.[3]

Il 30 ottobre del 1975, due giorni prima di morire, Pasolini incontra a Stoccolma un gruppo di critici cinematografici svedesi che gli chiedono del suo nuovo film. In quell'occasione, Paolo esprime in modo molto chiaro ciò che intende per «degenerazione antropologica» derivata dal consumismo.

In Italia è avvenuta una rivoluzione ed è la prima nella storia italiana perché i grandi Paesi capitalistici hanno avuto almeno quattro o cinque rivoluzioni che hanno avuto la funzione di unificare il Paese. Penso all'unificazione monarchica, alla rivoluzione luterana riformista, alla rivoluzione francese borghese e alla prima rivoluzione industriale. L'Italia invece ha avuto per la prima volta la rivoluzione della seconda industrializzazione, cioè del consumismo, e questo ha cambiato radicalmente la cultura italiana in senso antropologico. Prima la differenza tra operaio e borghese era come tra due razze, adesso questa differenza non c'è già quasi più. E la cultura che più è stata distrutta è stata la cultura contadina, che allora era cattolica. Quindi il Vaticano non ha più alle spalle questa enorme massa di contadini cattolici. Le chiese sono vuote, i seminari sono vuoti, se lei viene a Roma non vede più file di seminaristi che camminano per la città e nelle ultime due elezioni c'è stato un trionfo del voto laico. E anche i marxisti sono cambiati antropologicamente dalla rivoluzione consumistica perché vivono in altro modo, in un'altra qualità di vita, in altri modelli culturali e sono stati cambiati anche ideologicamente. [...] C'è questa contraddizione, tutti coloro che sono sia dichiaratamente marxisti, sia che votano per marxisti, sono al tempo stesso consumisti. [...] Per esempio, gli estremisti italiani gettano delle bombe e poi la sera guardano la televisione, *Canzonissima*, Mike Bongiorno.[4]

Nella primavera del 1975, Pasolini gira *Salò o le 120 giornate di Sodoma* al riparo da qualunque clamore pubblicitario e stavolta osa più che mai. La portata scandalistica delle immagini (torture, stupri, coprofagia) va ben oltre l'audacia dei suoi film precedenti. Il film è tutt'altro che erotico. Nella sua evidente sgradevolezza, è destinato a diventare il suo film più dichiaratamente politico e tale resterà per sempre. Lo stesso Pasolini del resto lo definisce «la mia ultima sfida alla censura».

Da quando ho cominciato a fare il giornalista, mi trovo spesso al fianco di Pasolini nelle sue battaglie contro la censura. Ho trascinato «l'Unità» in queste battaglie. Ogni volta che un film viene sequestrato, e spesso si tratta di un film di Pier Paolo Pasolini, corro dal direttore a chiedere una finestra in prima pagina. Ogni volta c'è molto da discutere, ma la ottengo sempre.

Soltanto in occasione del sequestro dei *Racconti di Canterbury*, secondo episodio della *Trilogia della vita* di Pasolini, il direttore sembra fare un po' di resistenza. È Aldo Tortorella, che soppesa la mia richiesta di spazio scuotendo il capo.

«Cos'è che non va?» gli chiedo.

Lui risponde: «No, no, niente è che però...».

«Però?» incalzo io.

«Però... io il film l'altra sera sono andato a vederlo...» fa lui sibillino.

Io non gli do tregua: «L'hai visto, e allora?».

«E allora niente... ma...» farfuglia.

«Ma cosa?» domando io.

A quel punto Tortorella, che è un uomo educato come pochi e parla con la erre moscia, esplode.

«Cosa, cosa, cosa?!... Te lo dico io cosa. In questo film ci sono certi cazzi lunghi un chilometro che sbucano ovunque, ecco cosa!»

Aldo Tortorella, che è rosso come un semaforo perché forse ha pronunciato la parola «cazzo» per la prima volta in vita sua, acconsente comunque a farmi scrivere in prima pagina un articolo di sdegno contro la censura per il sequestro del film *I racconti di Canterbury*.

La mia intransigenza giornalistica contro la censura è ormai talmente nota che mi capita anche di accorrere al capezzale di un film in pericolo di vita. Nell'inverno del 1974, Pasolini mi telefona al giornale per perorare la causa di un collega regista.

«Se domani pomeriggio hai tempo, ti passo a prendere e andiamo a vedere un film.»

Chiedo di che film si tratti, ma Paolo è piuttosto evasivo: «Fatti trovare sotto il giornale alle 18».

L'indomani, ci rechiamo insieme in una saletta privata in via dei Villini. Appena ci mettiamo a sedere si spengono le luci e assistiamo alla proiezione del *Portiere di notte* di Liliana Cavani.

Quando le luci si riaccendono, Paolo mi chiede sottovoce: «Che ne pensi?».

«Mi pare veramente notevole» gli rispondo senza esitare.

«Anch'io lo trovo bello e coraggioso» commenta lui a sua volta. «Ma ora devi sapere che gli hanno negato il visto di censura.»

La regista del film, Liliana Cavani, si avvicina e ci fissa angosciata. Le diciamo entrambi che faremo di tutto per aiutarla. Pasolini con le sue dichiarazioni pubbliche in favore del film e io con l'ennesimo articolo contro la censura che «l'Unità», ne sono certo, mi lascerà scrivere.

Salò o le 120 giornate di Sodoma sconvolse la critica, ma ebbe anche un riflesso sulla mia storia personale: non posso dimenticare, infatti, che quel film mi costò la bocciatura all'esame da giornalista professionista.

Alla fine del novembre del 1975, dopo un lungo praticantato, finalmente vengo ammesso all'esame per diventare professionista. Decido di andarci in compagnia del nostro corrispondente da Londra Antonio Bronda, venuto a Roma per l'occasione. Ci incontriamo di prima mattina nella sede de «l'Unità» in via dei Taurini. Mi sembra strano che Bronda, molto più vecchio di me e con uno stato di servizio più che decennale, sia ancora alle prese con quell'esame.

Io lo sto aspettando mentre lui raccoglie nella sala delle telescriventi dei dispacci d'agenzia.

«A che ti servono?» gli chiedo.

«È una cosa mia, lo faccio sempre» borbotta infastidito.

«Scusa se te lo chiedo, ma come mai dopo tutti questi anni sei ancora sotto esame?» gli dico.

«Quelli delle commissioni d'esame sono certi stronzi che non puoi sapere... Ma a me l'ordine dei giornalisti mi scuce un baffo. Io *faccio* il giornalista, punto. E se vuoi un consiglio, fregatene pure tu. Continua a fare il giornalista e anche se per caso ti dovessero bocciare, infischiatene...» sentenzia sibillino.

Non mi pare quel che si dice un bel viatico, ma andiamo.

Una volta lì, ci comunicano i temi della prova scritta. Fra questi, come tradizione vuole, ce n'è uno che sembra un gioco da ragazzi, ma in realtà è il più perfido di tutti: scrivere una notizia d'agenzia in poche righe. È un'impresa difficile perché se commetti il benché minimo errore nell'ordine in cui esponi gli elementi dell'articolo (secondo le famose domande chiave della sintassi giornalistica: chi, dove, quando, come e perché), va a finire che nemmeno ti ammettono all'orale.

Ora finalmente capisco perché Antonio Bronda ha voluto raccogliere quei dispacci di agenzia. Lo vedo che ne sceglie uno e lo appiccica su un foglio. Pure la colla si è portato da casa. Poi si alza, consegna quel foglio ancora sporco di colla, e se ne va. Prima di uscire, mi sorride e mi dice sottovoce: «Ho l'aereo per Londra fra due ore. Figurati se ho voglia di perdere tempo con questi idioti. Buona fortuna, David».

La fortuna, quel giorno, non è dalla mia parte. Caso vuole che fra i temi della prova scritta figuri proprio la proposta di un articolo sulla censura nei confronti dell'ultimo film di Pier Paolo Pasolini: *Salò o le 120 giornate di Sodoma*.

Non ho scelta. È un argomento che conosco come pochi e mi alletta l'idea di avere la possibilità, anche in questa sede, di dire ciò che penso della censura. Scrivo come un forsennato. Dieci cartelle. Consegno e torno al giornale.

Un mese dopo, mi presento baldanzoso all'esame orale come se dovessi affrontare una semplice formalità.

Quando mi ritrovo seduto davanti alla commissione, mi ricordo improvvisamente che tra gli esaminatori, come da regolamento, c'è un magistrato. Infatti, è proprio lui che s'incarica di interrogarmi, non lascia nemmeno parlare gli altri, e comincia a sparare a raffica domande di carattere squisitamente giuridico. Mi ritrovo sottoposto a un vero e proprio esame di diritto. Civile e penale. Anche quando riesco a rispondere in modo più o meno congruo, il magistrato mi copre di ridicolo perché la forma delle mie risposte non è esattamente impeccabile. Al termine di quel supplizio, vengo bocciato.

Il presidente della commissione è un giornalista prestigioso. Arrigo Petacco. Mi congeda con un sorriso malizioso: «Mi dispiace, caro collega. Però, non c'è che dire, te la sei proprio andata a cercare...».

Chissà perché, quella frase mi suona già piuttosto familiare. A lungo andare, ci farò l'abitudine.

7

Un lungo, intollerabile oblio

All'indomani della sua morte e per molti anni a seguire, la figura di Pier Paolo Pasolini, la sua opera e il suo pensiero vengono pian piano inghiottiti da un lento ma inesorabile crepuscolo. Ancora oggi, pur essendo uno degli autori più importanti del secolo scorso, Pier Paolo Pasolini continua a figurare poco o nulla nei libri di testo della scuola italiana.

La memoria di Pasolini rimane sempre viva soprattutto a causa del mistero della sua morte violenta, ma i suoi film vengono ricordati sempre meno, per non parlare dei suoi libri. L'ultimo, *Petrolio*, pubblicato da Einaudi postumo e incompiuto soltanto nel 1992, è stato accolto con sconcerto da critici e lettori che non riescono ad afferrarne forme e contenuti.

Il 9 gennaio del 1975, Pasolini stesso aveva messo le mani avanti descrivendo questa sua opera così anomala in un'intervista rilasciata alla giornalista Luisella Re: «È un romanzo, ma non è scritto come sono scritti i romanzi veri: la sua lingua è quella che si adopera per la saggistica, per certi articoli giornalistici, per le recensioni, per le lettere private o anche per la poesia. Il carattere frammentario dell'insieme del libro fa sì per esempio che certi "pezzi narrativi" siano in sé perfetti, ma non si possa capire, per esempio, se si tratta di fatti reali, di sogni o di congetture fatte da qualche personaggio».[1]

In realtà, a dispetto di ciò che affermava Pasolini, i cosiddetti «pezzi narrativi» sembrano tutt'altro che perfetti. Il linguaggio è a dir poco discontinuo e contraddittorio. Alle volte Pasolini sceglie un tono saggistico, piuttosto freddo e oggettivo. Altre volte si lascia trasportare da un lirismo poetico furente. Alcune pagine sono scritte in uno stile impeccabile, altre hanno l'aria di essere state appena abbozzate. Ma soprattutto, in quest'opera già di per sé indefinibile, Pasolini racconta e commenta allo stesso tempo, non permettendo al lettore di immergersi nel libro e di lasciarsi andare alla lettura.

La narrazione, inoltre, è corredata di una serie di appunti, che spesso potrebbero essere definiti giornalistici. Questi appunti formano una sorta di diario di bordo, il resoconto di un'indagine complessa e febbrile sul «potere e il male», e su come la nostra civiltà abbia ormai perso di vista il «ritmo regolare della vita».

Nelle pagine di *Petrolio* naturalmente io cerco Eugenio Cefis e lo trovo. Pasolini ha deciso, nella finzione narrativa, di cambiargli nome. L'ha ribattezzato Aldo Troya. In un appunto del 1974, l'autore scrive che Troya «sta per essere fatto presidente dell'Eni: e ciò implica la soppressione del suo predecessore».[2] Il predecessore non può che essere Enrico Mattei, precipitato con il suo aereo il 27 ottobre del 1962 nelle campagne di Bascapè, in provincia di Pavia, vittima di un attentato.

A una prima lettura, tuttavia, a me questo Cefis/Troya non indica nessuna strada, nessun mistero, nessuna verità. Sono troppo deluso da *Petrolio* e da ciò che, temo, finirà per scatenare.

In questo libro c'è tutto il Pasolini dell'ultimo periodo, il Pasolini degli editoriali esplosivi apparsi sul «Corriere della Sera», il Pasolini di *Salò o le 120 giornate di Sodoma* che tanti continuano a considerare un film «inguardabile», il Pasolini che esprimeva concetti sempre più radicali, il Pasolini più inquieto e più allarmante di sempre.

Diventa dunque facile, per molti, associare *Petrolio* alla morte di Pasolini e farne una cosa sola, vale a dire un *cupio dissolvi* tragico fino alle estreme conseguenze. E qui si comincia a insinuare l'idea che Pasolini non sia morto ammazzato da ignoti sicari, ma si sia suicidato per interposto assassino perché non sopportava più l'età che incombeva, non voleva accettare l'inevitabile emancipazione dei suoi ragazzi di vita, cercava di fermare a ogni costo l'irresistibile avanzata del progresso e della modernità.

Questa ipotesi trova supporto autorevole nella tesi del pittore friulano Giuseppe Zigaina, l'amico di sempre di Pier Paolo Pasolini, di due anni più giovane, che a un certo punto comincia a sostenere con inquietante certezza che Pasolini, per tutta la sua vita, non abbia fatto altro che progettare la sua morte in chiave cristologica.

In *Hostia. Trilogia della morte di Pier Paolo Pasolini* (Marsilio, Venezia 1995) e in altri libri, Zigaina fornisce un'infinità di «prove» a sostegno della sua teoria, prove che si troverebbero prevalentemente mimetizzate nei film, nei romanzi e nelle poesie di Pasolini. Sono dettagli che paiono spesso interessanti, ma che altrettanto spesso sembrano sconfinare pericolosamente nella follia. Follia di Pasolini o follia di Zigaina?

«Io non ho inventato niente» dichiara Giuseppe Zigaina in un'intervista a Mary B. Tolusso de «Il Piccolo» di Trieste, «neanche la benché minima cosa, basti pensare che quando ho iniziato a rileggere la sua opera, ho scoperto che Pasolini aveva scritto tutto in codice già a partire dal 1958, quando compose *La libertà stilistica*. [...] Eravamo molto amici, è vero, ho collaborato a molti suoi film, ho interpretato la parte del frate Santo che confessa ser Ciappelletto nel *Decameron*, ma i messaggi che Pasolini mi mandava erano, come ho detto, in codice, cifrati. Se io non li avessi capiti forse le cose sarebbero andate in modo diverso. [...] Per spiegarmi, un messaggio cifrato molto chiaro scritto da Pasolini è questo: "Nessuno potrà dire di conoscermi veramente se non dopo che io sarò morto". Il che vuol dire che la morte, per sua dichiarazione, è uno strumento fondamentale per conoscere la sua opera. [...] Pasolini ha fatto una *imitatio Christi* portata fino alla testimonianza ultima, che sarebbe il martirio.»

La giornalista de «Il Piccolo» chiede quindi a Zigaina

quale sia la sua ipotesi su ciò che accadde all'Idroscalo la notte del 2 novembre 1975. Il pittore risponde così: «Non si è trattato di un omicidio, né di una morte politica, è stata una scomparsa meticolosamente programmata».[3]

Gli amici di Pasolini insorgono. Per tutti, le «divinazioni» di Zigaina sono odiose, inaccettabili, demenziali. Ma anche Giuseppe Zigaina è pur sempre un amico di Pasolini, forse l'amico di più vecchia data. E alcune delle «prove» che Zigaina usa per sostenere la sua tesi le conosciamo da sempre, come per esempio il fatto che Paolo abbia deciso di affidare proprio a sua madre Susanna il ruolo della madre del Cristo interpretato da Enrique Irazoqui nel film *Il vangelo secondo Matteo*. È chiaro, tuttavia, che non può essere sufficiente questo, o altri dettagli dello stesso genere, a dimostrare che Pasolini credeva di essere Cristo e come Cristo voleva morire.

Sergio Citti sfoga a modo suo la rabbia nei confronti degli spericolati ragionamenti di Giuseppe Zigaina: «Che cazzo dice Zigaina? Come fa a dire che Pasolini voleva morire? Paolo si tingeva i capelli, giocava a pallone, prima di morire aveva preso appuntamento dal dentista, amava la vita come nessun altro che conoscevo. Zigaina dice falsità e non so perché le dice. Ho sempre pensato che sotto sotto fosse invidioso di Pasolini, adesso ho capito che Zigaina è invidioso pure sopra sopra...».

Tuttavia, la teoria di Zigaina potrebbe essere non del tutto campata in aria. Quella notte, Paolo forse sapeva che gli sarebbe potuto accadere ciò che poi purtroppo gli è accaduto.

Perché è voluto andare fino all'Idroscalo? Io non riesco a credere all'identificazione con Cristo. Io credo piuttosto che il suo pensiero sia stato un altro: «Se stanotte mi ammazzano perché so delle loro malefatte, e tutti sanno che io so perché l'ho scritto sul "Corriere della Sera", commetteranno il più grave errore che possano commettere, e dopo la mia morte tutto inevitabilmente si scoprirà».

Giuseppe Zigaina muore a Palmanova, il 16 aprile del 2015, all'età di novantun anni. E con lui muore una parte importante della memoria di Pasolini. Una memoria che forse ha contribuito a segnarne e distorcerne il ricordo.

Dalla morte di Pasolini, il mondo si è radicalmente trasformato. È successo di tutto. Dopo di lui, sono morti Mao Tse-tung, Francisco Franco, Tito, Leonìd Breznev e Indira Gandhi, le Brigate Rosse hanno rapito e ucciso Aldo Moro nel 1978 e nel 1984 è morto pure Enrico Berlinguer. Hanno sparato a Papa Wojtyla, è venuto giù il Muro di Berlino, si è disintegrata la Jugoslavia, è scomparsa l'Unione Sovietica, è scoppiata la Guerra del Golfo, e sono crollate le Torri Gemelle a New York l'11 settembre del 2001.

Tutto è cambiato. Tranne una cosa. Il sistema consumistico. La società dei consumi continua ad avanzare imperterrita senza incontrare ostacoli, cavalca tutte le nuove invenzioni tecnologiche a cominciare dal telefono cellulare, e sembra destinata a diventare, ora e per sempre, l'unico modello di sviluppo che guida l'umanità. Assistendo a questa marcia trionfale e inarrestabile della civiltà dei consumi, spesso a molti capita di ricordare Pasolini: «Lui però l'aveva detto. Era l'unico che aveva capito cosa stava succedendo».

In questo stesso lasso di tempo, se ne sono andati quasi tutti gli amici di Pasolini. Alberto Moravia è morto il 26 settembre del 1990. La sua prima moglie Elsa Morante, che aveva fatto incontrare Moravia e Pasolini, l'ha preceduto il 25 novembre del 1985. Paolo Volponi, intellettuale particolarmente devoto a Pasolini, è scomparso il 23 agosto del 1994. Enzo Siciliano, che aveva scritto *Vita di Pasolini* nel 1978, non c'è più dal 9 giugno del 2006. Il 31 agosto del 1986 è morto Goffredo Parise, che Pasolini considerava un poeta persino più importante di se stesso, quando erano veramente in pochi a sapere che Parise fosse anche un poeta. Dario Bellezza, poeta romano scoperto da Pasolini, è morto di Aids il 31 marzo del 1996. Sandro Penna, grande poeta omosessuale che Pasolini idolatrava, è morto in miseria il 21 gennaio del 1977. Vincenzo Cerami, allievo di Pasolini quando Paolo insegnava a Ciampino, muore il 17 luglio del

2013. Dopo la morte di Pasolini, Vincenzo aveva sposato la cugina di quest'ultimo, Graziella Chiarcossi, dalla quale ha avuto un figlio, Matteo Cerami, regista del film *Tutti al mare* (2011), seguito del film *Casotto* (1977) di Sergio Citti. La madre di Pasolini, Susanna Colussi, ci ha lasciati il primo febbraio del 1981, a Udine, nella casa di riposo dove aveva trovato rifugio dopo la morte del figlio.

Il 31 ottobre del 1993, se n'è andato anche Federico Fellini, che aveva ricordato, nel 1992, la sua affinità profonda con Pasolini: «Io ho avuto un'enorme simpatia per Pasolini. Lessi *Ragazzi di vita* e fu un innamoramento totale. Lo cercai, e lui arrivò da Canova [il caffè in piazza del Popolo a Roma, *NdA*] con il suo passetto elastico. Intimidito, con gli occhiali neri, e mi fu subito simpatico, lo sentii come una sorta di fratellino, tenero, delicato e monello, sassaiolo, di quelli che fanno a sassate a fiume. Diventammo amici. Facevamo scorribande notturne in quei quartieri tetri che lui conosceva e io no, Tiburtino Terzo, Primavalle, Prima Porta, dove lui era conosciutissimo. Appena arrivava c'era un correre di piccole ombre, si apriva qualche finestra».[4]

L'11 ottobre del 2005, dopo tre arresti cardiaci che l'hanno privato prima dell'udito e poi dell'uso delle gambe, se ne va anche Sergio Citti. Per me il dolore è quasi paragonabile a quello della morte di Pasolini.

L'anno prima, il 31 luglio 2004, era scomparsa Laura Betti, l'unica donna che Pasolini aveva sempre considerato «di famiglia», una sorta di sorella. Laura invece si considerava l'«eterna fidanzata» di Paolo e faceva di tutto per sembrare un omosessuale maschio («Lo sanno tutti che io sono *frocia*!» amava dire agli uomini che le piacevano per impressionarli e scoraggiarli).

Laura era una donna indubbiamente speciale. Un giorno che partivamo insieme per la Francia, diretti a un convegno su Pasolini, all'aeroporto di Fiumicino la polizia ci bloccò a causa del suo passaporto. La sua data di nascita era stata falsificata. Ci aveva passato il bianchetto lei stessa per sbarazzarsi di qualche anno di troppo. Io mi vergognavo come un ladro, lei strillava come un'aquila: «Sono un'attrice, ne ho il diritto, se si viene a sapere che sono diventata troppo vecchia io non lavoro più, mica come voi che prendete lo stipendio tutti i mesi e non fate un cazzo dalla mattina alla sera!».

Alla fine, non so come, invece di metterci le manette ci fecero partire lo stesso. Quella data di nascita fasulla, Laura è riuscita a portarsela nella tomba. Ora è scolpita sulla sua lapide e nessuno la potrà mai correggere.

Il primo agosto del 2004, su «l'Unità», ho voluto ricordarla così:

Ho conosciuto Laura Betti a Milano nel 1968, sul set di *Teorema* di Pasolini. Io come attore ero solo un cane con una bella faccia. Laura si era imbruttita per interpretare la più bella serva della storia del cinema italiano, che del resto le valse la Coppa Volpi alla Mostra di Venezia. Purtroppo pochi lo ricorderanno in questi giorni, ma Laura Betti era una grandissima attrice, un'attrice purissima, veramente unica. L'unico termine di paragone che mi viene in mente, infatti, è Carmelo Bene. Ma Laura Betti smise presto di considerarsi un'attrice. Alla fine del 1975, dopo la morte di Pasolini, Laura s'immolò alla causa di conservarne la memoria. Assumendo il ruolo di «vedova di Pasolini», finì per scontrarsi con mezzo mondo e per tutto il mondo divenne ufficialmente «la pazza». Ma se tutto ciò che Pasolini ha scritto, detto e fatto continua a esistere in questo Paese che lo avrebbe volentieri consegnato all'oblìo, lo dobbiamo soltanto a lei. Vi basti pensare che le registrazioni delle rare trasmissioni televisive a cui Pasolini partecipò (tutte memorabili, come un lungo servizio di *Tv7* o l'intervista di Pier Paolo a Ezra Pound) lei è riuscita a salvarle, mentre la Rai il più delle volte le ha mandate distrutte. Laura ed io avevamo litigato da un anno. Un periodo più lungo del solito. Perché essere amici di Laura e litigarci spesso in fondo era la stessa cosa. Avevo criticato la sua vedovanza pasoliniana. Invece aveva ragione lei. Solo così si poteva salvare la memoria di Pier

Paolo. Avevo anche criticato i continui traslochi del Fondo Pasolini. Ora si trova a Bologna, dove anche lei riposerà. Ma soprattutto si trova tra le mani premurose di Gianluca Farinelli e Giuseppe Bertolucci, presso la Cineteca, nel migliore dei luoghi possibili. Ancora una volta, aveva ragione lei. I matti veri ne sanno una più del diavolo.

Il 4 dicembre 1985, muore di cancro anche il medico legale Faustino Durante. Gli ultimi giorni, lo vado spesso a trovare. L'argomento delle nostre conversazioni è ancora e sempre Pier Paolo Pasolini. Per quanto provato dalla malattia, il professor Durante continua a interrogarsi sul delitto, sui relativi processi e su come abbia lentamente potuto prevalere, come per inerzia, la tesi che a uccidere Pasolini sia stato il solo Pino Pelosi. Faustino è ossessionato, in particolare, da un singolo, preciso elemento di tutta la vicenda: l'Alfa Gt di Pasolini. Il medico legale è fermamente convinto che non fu quella l'arma del delitto. «Secondo me, Pasolini l'hanno ammazzato» mi dice, «con una macchina identica alla sua. Quella mattina all'Idroscalo, quando ho sollevato il lenzuolo, le tracce dei copertoni erano ben visibili sulla canottiera. Lascia stare che nessuno si è preso la briga di esaminarle, tutte le indagini sono state a dir poco approssimative, ma gli assassini non potevano usare una macchina diversa perché avrebbero corso un rischio troppo grande. Sono anch'io un patito dell'Alfa Romeo, come sai. I copertoni che montava l'Alfa Gt erano diversi dai copertoni che montavano le altre macchine. Sono quasi sicuro che abbiano dovuto usare una macchina identica. E l'hanno fatto perché se avessero ucciso Pasolini con la sua Alfa Gt si sarebbe rotta la coppa dell'olio, l'auto si sarebbe fermata a non più di un chilometro di distanza e questo avrebbe fatto saltare tutta la messinscena che avevano architettato. Quella coppa dell'olio difatti si è rotta, e il filmato di Sergio Citti lo testimonia. Ma si trattava della coppa dell'olio di un'altra macchina...»

Il primo aprile del 1982, esce di scena in modo spettacolare anche Aldo Semerari, lo psichiatra fascista che è stato figura onnipresente nelle disavventure processuali di Pier Paolo Pasolini. Quel giorno, Semerari viene trovato all'interno della sua auto, nei pressi di Ottaviano in Campania, con la testa mozzata. Si saprà poi che a ucciderlo fu la camorra, e precisamente la cosiddetta Nuova famiglia organizzata, per fare uno sgarbo al celebre boss rivale Raffaele Cutolo. Il suo assassino, Umberto Ammaturo, ha finito per confessare: «Gli tagliai io la testa [...] perché si era impegnato con noi della Nuova Famiglia a seguire le nostre cose, ed era ben remunerato da me personalmente. Ma Cutolo fece ammazzare uno giù alle camere di sicurezza del tribunale e Semerari gli fece una perizia falsa per farlo assolvere. [...] Era un traditore, chi prende un accordo e non lo mantiene è un traditore».[5] Professore ordinario di medicina criminologica presso la Sapienza a Roma, direttore dell'Istituto di psicopatologia forense, autorevole perito nei tribunali italiani, Semerari era un collaboratore dei servizi segreti, un protagonista del terrorismo fascista (fu indagato per la strage di Bologna), nonché medico di fiducia della Banda della Magliana e della camorra. Semerari era tutte queste cose allo stesso tempo. Si racconta che mangiasse fegato crudo, dormisse su un letto di ferro nero con una bandiera con la svastica per spalliera, guardato a vista da una muta di dobermann. Ma pare che da giovane, subito dopo la fine della guerra, fosse comunista. Più precisamente stalinista.

Se Pier Paolo Pasolini avesse indagato più a fondo su di lui, forse avrebbe finito per trasformare la vita di Aldo Semerari in un film. Avrebbe potuto facilmente ricavarne un film più estremo e più sgradevole di *Salò o le 120 giornate di Sodoma*.

8

La belva del sesso

C'è un curioso fenomeno che è andato sviluppandosi nel corso degli anni. Col passare del tempo, le leggende metropolitane sulla sessualità di Pasolini si sono moltiplicate. Si è andata consolidando una mitologia a tinte fosche che lo dipinge come un uomo affamato di sesso, e di sesso particolarmente violento. Si dà ormai per scontato che Pasolini fosse sadomasochista, e che pretendesse sempre, nell'intimità, di fare del male e/o farsi fare del male.

Il fatto che la sua filmografia si esaurisca purtroppo con un film come *Salò o le 120 giornate di Sodoma* avrà avuto senza dubbio il suo peso. Ma non può bastare a spiegare la diffusa corrente di pensiero che ha trasformato a poco a poco il «timido, tenero e delicato fratellino» di Federico Fellini in un'autentica belva del sesso rapace e spietata.

Pur avendolo conosciuto da ragazzo, non sono mai andato a letto con Pasolini. Lui non me l'ha mai chiesto, e non vi è stata mai neppure una pallida allusione. Tuttavia, l'ho visto corteggiare dei ragazzi e mi sono sempre fatto l'idea di un uomo piuttosto «imbranato» in questo genere di approcci. Ho visto anche il rapporto che aveva con Ninetto Davoli, un rapporto padre-figlio quasi stereotipato. E non posso dimenticare la sua infinita tenerezza nei confronti di Guido e Pier Paolo, i figli di Ninetto e di Patrizia.

Questo è il Pasolini che ho conosciuto e non posso non restare sbalordito quando sento o leggo, per esempio, che «si faceva frustare col filo spinato». Per capire quanto possano essere campate in aria certe supposizioni, basterà guardare le immagini di nudo integrale che Pasolini chiese al fotografo Dino Pedriali pochi giorni prima di morire. Si potrà facilmente notare che Paolo aveva un corpo atletico, integro, del tutto privo di cicatrici, di cui andava fiero.

In un Paese come l'Italia, cattolico per eccellenza, l'omosessualità (quella maschile, perché quella femminile si continua a far finta che non esista) è sempre stata regolata da un codice popolare non scritto che risponde a una logica veramente perversa. Gli omosessuali che cercano compagnia tra i ragazzi che battono in strada sono da sempre considerati automaticamente «passivi». I ragazzi che vanno con loro in cambio di denaro, cioè i cosiddetti marchettari (abituali o occasionali), sono da sempre considerati non omosessuali perché offrono prestazioni «attive». Detto alla romana, con la necessaria volgarità, se sei tu che lo metti non sei frocio ma se sei tu che lo prendi di conseguenza sei frocio.

Pasolini aveva fama di essere un omosessuale attivo e passivo. Tra i marchettari della stazione, come riferì anche Pelosi, parlando di Pasolini si usava dire «attento a quello, che quello fa male». S'intendeva però una sorta di «male morale», come a dire «se vai con quello diventi frocio pure tu».

Filologia della froceria a parte, questa corrente di pensiero che definisce Pasolini come un «pericolo pubblico sessuale» ora non è più prerogativa esclusiva dei fascisti, degli integralisti cattolici e della stampa di destra. L'idea di un Pasolini vittima del suo «vizio» si è ormai fatta strada anche nei salotti borghesi, fra certi intellettuali di sinistra, e soprattutto tra gli omosessuali che finalmente escono allo scoperto per rivendicare con coraggio la loro diversità sessuale.

Fin dal 2 novembre del 1975, gli omosessuali militanti si sono istintivamente appropriati di Pasolini per farne un martire *pro domo* loro. Angelo Pezzana del Fuori! (Fronte unitario omosessuale rivoluzionario italiano) quel giorno disse a caldo che chi cercava una ragione politica nell'assassinio di Pier Paolo Pasolini «negando la morte di un omosessuale per mano di una marchetta», esprimeva «un'ingiuria, per quanto involontaria, nei confronti di Pasolini omosessuale, che non ha certo bisogno di santificazioni né di purificazioni».

Ecco dunque come la comunità omosessuale è riuscita a convergere, per quanto involontariamente, sulla stessa tesi dei fascisti, degli integralisti cattolici e della stampa di destra, che hanno sempre voluto rifiutare l'ipotesi che Pasolini sia stato vittima di un delitto politico premeditato.

Molto più tardi, nel 2012, Carla Benedetti e Giovanni Giovannetti dedicheranno a questo argomento un libro quantomai opportuno, intitolato molto esplicitamente *Frocio e basta*, edito da Effigie.

In un'intervista apparsa su «Il Venerdì di Repubblica» l'8 giugno 2012, Carla Benedetti ha spiegato bene questa tendenza a identificare l'opera di Pasolini con le sue abitudini sessuali, o per meglio dire con le sue presunte abitudini sessuali:

> Sul «Corriere della Sera» del primo marzo scorso Pietro Citati recensiva *Qualcosa di scritto* di Emanuele Trevi con queste parole: «Ai tempi di *Petrolio*, Pasolini aveva quasi completamente perduto la squisita gioia erotica, che aveva dato tenerezza e morbidezza alle sue opere giovanili [...]. Ora voleva essere posseduto, dominato, violentato [...]. Solo così poteva contemplare il sacro». Citati, uno dei critici letterari più accreditati, dice di non conoscere *Petrolio*. Ma pur non conoscendo l'opera, aderisce con entusiasmo alla lettura che ne fa Trevi, tutta incentrata sulla sessualità di Pasolini e le sue ritualità sadomaso, mangiandosi ogni altra considerazione sull'opera [...].
> Le pratiche erotiche estreme a cui si dice che lo scrittore si dedicasse negli ultimi anni e notti della sua vita diventano l'unica chiave interpretativa dell'opera. Non quella che arricchisce l'interpretazione, ma quella che la esaurisce [...]. Cominciò Sanguineti a dire che *Petrolio* e *Salò* non erano che documenti di una patologia. Fortini parlò di «illeggibile

referto di un'autodistruzione». Il curatore dell'opera omnia di Pasolini, Walter Siti, chiude quel monumento di migliaia e migliaia di pagine invitandoci a leggere, in quella prolifrante scrittura, il sintomo di una tendenza «masochistica» a «mettere in piazza» i «panni sporchi» per «autodistruggersi». Si noti: *documenti, referti, cronache, sintomi,* ma non *opere.* Per loro Pasolini non produce romanzi o film. Pasolini si confessa. E senza bisogno di medico o psicoanalista. La confessione è la sua opera. Di cosa è sintomo questa tendenza di tanti letterati italiani a ridurre l'opera di Pasolini a sintomo o confessione? [...] Dalle abitudini sessuali della vittima si vuole dedurre la matrice sessuale dell'omicidio (su cui invece non c'è alcuna certezza). Come dire: uno dedito a quel tipo di esperienze erotiche non può che morire ammazzato. Tanto va la gatta al lardo...

Negli anni Sessanta e Settanta, nonostante la «rivoluzione sessuale» e «la fantasia al potere», gli intellettuali italiani risultano ancora profondamente omofobi. Tralasciando Pietro Citati, che non ha mai perso occasione per esternare la sua ben nota omofobia, anche Goffredo Parise, Paolo Volponi e persino Alberto Moravia provano un notevole imbarazzo per l'omosessualità del loro collega Pier Paolo Pasolini. L'unico a non tacere questo imbarazzo sarà Leonardo Sciascia:

> Io mi sentivo sempre un suo amico; e credo che anche lui nei miei riguardi. C'era però come un'ombra tra di noi, ed era l'ombra di un malinteso. Credo che mi ritenesse alquanto – come dire? – razzista nei riguardi dell'omosessualità. E forse era vero, e forse è vero: ma non al punto di non stare dalla parte di Gide contro Claudel, dalla parte di Pasolini contro gli ipocriti, i corrotti e i cretini che gliene facevano accusa. E il fatto di non essere mai riuscito a dirglielo mi è ora di pena, di rimorso. Io ero – e lo dico senza vantarmene, dolorosamente – la sola persona in Italia con cui lui potesse veramente parlare [...]. Quando è morto, e morto in quel modo, mi sono sentito straziato e solo. Dicevamo le stesse

cose, ma io più sommessamente. Da quando non c'è più lui mi sono accorto, mi accorgo, di parlare più forte. Non mi piace, ma mi trovo involontariamente a farlo.[1]

Su «Il Mondo» dell'11 aprile 1974, in un articolo intitolato *La carne in prigione*, Pier Paolo Pasolini lanciò una domanda semplice e diretta: «Un rapporto omosessuale non è il Male [...] è un rapporto sessuale come un altro. Dov'è, non dico la tolleranza, ma l'intelligenza e la cultura, se non si capisce questo?». Nessuno allora ebbe il coraggio di raccogliere quella domanda. Ma oggi, quarant'anni dopo, molti Paesi consentono agli omosessuali di sposarsi e forse quella domanda, grazie a Dio, si appresta a diventare obsoleta.

Ciascuno è naturalmente libero di fantasticare quanto vuole sulla sessualità di Pier Paolo Pasolini. Paolo del resto non ha mai negato, neppure per un attimo, la sua omosessualità, e com'è noto ha sempre pagato un prezzo esorbitante per la sua diversità. Basti pensare al suo più bel documentario, *Comizi d'amore*, dove Paolo girava l'Italia in lungo e in largo impugnando un microfono e incalzando gli italiani con domande che all'epoca nessuno avrebbe avuto il coraggio di porre. Un omosessuale dichiarato e famoso come lui che chiede a chiunque in tono pacato, e in modo nient'affatto provocatorio, «Lei cosa ne pensa degli invertiti?» non ha niente da nascondere e non può coltivare perversioni segrete per il semplice motivo che non ne ha assolutamente bisogno. Pasolini non aveva una doppia vita, come tanti omosessuali nascosti. Pasolini aveva una vita sola e la viveva tutta allo scoperto.

«Non posso far l'amore con una donna perché inevitabilmente mi sembrerebbe di far l'amore con mia madre» affermava Pasolini con disarmante chiarezza. Infatti, l'unica volta che tra Pasolini e una donna amore vi fu, anche dal punto di vista fisico, quella donna somigliava in modo impressionante a sua madre, anche se ce ne rendemmo conto solo quando quella donna cominciò a invecchiare. Sto parlando di Maria Callas, che Pasolini nel 1969 scritturò come attrice per farle interpretare *Medea* ma se ne invaghì subito di una passione esplicita, sollevando improvvise ondate di stupore da parte di amici e collaboratori.

Durante la preparazione del film, Pasolini affida Maria Callas proprio a me, chiedendomi di non perderla di vista neppure per un istante e di provvedere a ogni sua esigenza. «È un lavoro speciale, molto importante per me» mi dice, «e tu sei la persona giusta a cui affidarlo, perché sei allo stesso tempo un ragazzaccio e un bravo ragazzo bene educato. È un lavoro da aiuto regista anche questo, con un compito molto specifico. Ti devi dedicare alla protagonista del mio film.»

Io naturalmente accetto e capisco che mi devo dedicare alla donna di cui si è inaspettatamente innamorato, prima ancora che alla protagonista del suo film. Ma la Callas mi fa vedere i sorci verdi. Mi telefona a casa, anche in piena notte, chiedendomi di portarle dolciumi o medicinali. E quando ci troviamo insieme, è capace di far cadere in terra qualunque cosa di proposito per poi impartirmi l'ordine di raccoglierla. Ho a che fare tutto il giorno, purtroppo, con la Callas diva e capricciosa che descrivono i rotocalchi. Dopo un paio di settimane, non ce la faccio più e alzo le braccia.

Quando dico a Pasolini che quel lavoro non fa per me, mi rendo conto di deluderlo parecchio. Non ci vedremo e non ci parleremo per più di un anno, più o meno il tempo dell'idillio fra lui e Maria Callas. Idillio che a tratti rischia di fare il vuoto intorno a Pasolini. In quel periodo, infatti, Ninetto Davoli si allontana per vivere la sua vita con Patrizia e anche Alberto Moravia, per un attimo, diventa il bersaglio dei dispotici giudizi di Maria Callas. Ma la profonda amicizia tra Pasolini e Moravia, fortunatamente, non sarà mai posta in discussione.

SECONDA PARTE

L'incerto cammino della giustizia

9

Estraneo al delitto

2 febbraio 1976

Esattamente tre mesi dopo la morte di Pasolini, il processo nei confronti di Pino Pelosi si apre a Roma presso il tribunale dei minori. Il presidente è Carlo Alfredo Moro, fratello di Aldo Moro.

Con il passare del tempo, nessuno sembra più credere alla versione offerta da Pino Pelosi. Oriana Fallaci ha smesso di occuparsene, ma «L'Europeo» è andato avanti nella sua controinchiesta.

Sul noto settimanale, Paolo Berti scrive: «Ora persino i due difensori nominati per primi da Giuseppe Pelosi, detto Pino la Rana, incredibile reo confesso del delitto, si dichiarano convinti che le cose non stanno come il ragazzo le ha raccontate ai giudici quando si è accusato. Dicono, prima di essere estromessi dal processo, gli avvocati Tommaso e Vincenzo Spaltro: "Noi concordiamo con le notizie date da 'L'Europeo' che sul posto del delitto c'erano altre persone. La storia raccontata dalla Fallaci ci persuade in questo senso: noi siamo convinti che Giuseppe Pelosi non è l'assassino, per la semplice ragione che non ha la capacità fisica né psichica di commettere un omicidio. E anche per altri motivi...". [...] Ragazzi usciti dal carcere in questi giorni hanno raccontato che Pelosi, quando vi fu portato sotto la semplice imputazione di furto d'auto e prima di essere collegato all'omicidio, disse ai compagni di cella: "Ho ammazzato Pasolini". Durante il primo interrogatorio per l'omicidio, Pelosi riferendosi a Pasolini diceva continuamente "Paolo". "Paolo ha fatto così", "Paolo mi ha picchiato", "Paolo voleva da me". È nel secondo interrogatorio che Pelosi comincia ad usare altre espressioni: "Quel signore", "quel tale", "quell'uomo", e infine "quel sadico"...».[1]

Nel tempo intercorso tra l'omicidio di Pier Paolo Pasolini e il processo nei confronti di Pino Pelosi, i rappresentanti della famiglia Pasolini hanno lavorato senza sosta. L'avvocato Guido Calvi ha delineato la strategia processuale della parte civile e il medico legale Faustino Durante ha eseguito la sua relazione tecnica polemizzando apertamente con i tre colleghi (Silvio Merli, Enrico Ronchetti, Giancarlo Umani Ronchi) che hanno redatto la perizia d'ufficio sul corpo di Pasolini senza neppure recarsi all'Idroscalo sul luogo del delitto.

Merli, Ronchetti e Umani Ronchi sembrerebbero voler suffragare la tesi che Pelosi avrebbe agito da solo a dispetto dei tanti dettagli che lascerebbero palesemente intuire il contrario. Il professor Merli, intervistato da Franco Biancacci del Tg2, è arrivato persino a ipotizzare che Pier Paolo Pasolini si sarebbe lasciato uccidere rinunciando a difendersi dall'aggressione di Pino Pelosi. Eppure Pelosi, stando alla sua confessione, ha sempre sostenuto di essere stato aggredito lui da Pasolini e non viceversa.

«La camicia a righe di Pasolini» scrive Faustino Durante, «rinvenuta a circa 70 metri dal cadavere presenta vasta imbibizione di sangue pressoché uniformemente diffusa sulla superficie posteriore e sulle maniche, mentre scarsissime sono le macchie di sangue presenti sulle superfici anteriori. Sul polsino sinistro della maglia di lana a carne del Pelosi la macchia di imbibizione rossastra (risultata poi essere di natura ematica prodotta dal sangue del Pasolini) non è "vasta" (pag. 15 della relazione sui reperti) ma misura alcuni centimetri di larghezza e di lunghezza. La macchia di sangue (risultata poi appartenente al sangue del Pelosi) rinvenuta sul bordo anteriore della canottiera del Pelosi, è delle dimensioni di 3 cm. La parte inferiore della gamba destra dei pantaloni di Pelosi non è "diffusamente imbrattata" (pag. 14 della relazione sui reperti) di materiale ematico (risultato poi essere il sangue di Pasolini) ma presenta diverse macchie di sangue commisto a vasto imbrattamento di fango. Nessun indumento di Pelosi – tranne il polsino sinistro della maglia e il fondo della gamba destra dei pantaloni di cui sopra – presenta residui ematici del sangue di Pasolini. La lesione al capo del Pelosi non presenta zone circostanti ecchimotiche né escoriate.»

Come si può intuire da questo brano, il medico legale della parte civile contesta apertamente ai periti d'ufficio la sopravvalutazione evidente delle debolissime tracce sul corpo e sugli indumenti di Pelosi dopo quella che Faustino Durante stesso, arrivando all'Idroscalo, definì «una mattanza».

Faustino Durante avanza anche forti dubbi sull'arma del delitto. Non è affatto scontato, secondo lui, che l'auto passata sul corpo di Pasolini sia stata l'Alfa Gt di sua proprietà. Lo sterrato dell'Idroscalo, scrive il medico legale, «era costellato di buche profonde, la coppa dell'olio situata a 13 cm dal suolo non recava tracce di strusciature e di urti, cosa che invece doveva avere. Il terminale della marmitta non evidenziava nessun segno di urti se non lateralmente, ma erano segni di vecchie ammaccature, il frontale dell'auto era privo di tracce sia di sangue, sia di capelli, sia di cuoio capelluto».[2]

In quei giorni Graziella Chiarcossi, la cugina di Pasolini, incarica tre persone, Alberto Moravia, Vincenzo Cerami e me, di provare a scrivere un testo che possa completare la memoria di parte civile illustrando al tribunale la complessa personalità di Pier Paolo Pasolini.

Affrontando un compito che almeno a me sembra a dir poco sovrumano, scelgo di costruire un ricordo di Pasolini attingendo il più possibile alle parole del poeta scomparso. In un certo senso, cerco di fare in modo che Paolo si racconti da sé. Uso soprattutto gli editoriali comparsi sul «Corriere della Sera» e raccolti nel libro *Scritti corsari*. Provo a spiegare che Pasolini rappresentava ormai la coscienza critica del nostro tempo e che potrebbe essere stato barbaramente assassinato proprio per questo motivo.

Inaspettatamente, Graziella sceglie proprio il mio testo. È questo:

«In tutta la mia vita non ho mai esercitato un atto di violenza, né fisica né morale. Non perché io sia fanaticamente per la non-violenza. La quale, se è una forma di auto-costrizione ideologica, è anch'essa violenza. Non ho mai esercitato nella mia vita alcuna violenza, né fisica né morale, semplicemente perché mi sono affidato alla mia natura, cioè alla mia cultura.»

Questa dichiarazione prelude in modo conciso ma significativo a un inedito che Pasolini volle pubblicare nell'ambito di quell'anomala ma così indispensabile raccolta pubblicistica *Scritti corsari* destinata a suggellare la sua composita opera poetica – i più non lo hanno ricordato, ma dalla letteratura più intima e clandestina al cinema più pubblico e più popolare, Pasolini è rimasto saldamente poeta – con la netta impronta del reale e del quotidiano.

Un confronto arduo e sofferto, ma sempre a viso aperto, con i fatti, con gli amici, con i nemici, con gli amici-nemici. Monologo o dialogo che fosse, è stato sempre più fitto e serrato, tanto da far della sua vita un apologo, culminato tra la fine di ottobre e l'inizio di novembre dello stesso anno.

In modi che qualcuno ha definito persino «maniacali», Pasolini si batteva contro la brutale «omologazione totalitaria del mondo» oggi in atto, cioè contro quel processo consumistico-edonistico che avrebbe travolto l'individuo sino a trasformarlo in cosa: una povera cosa era infatti il corpo del giovane Antonio Corrado, ucciso a colpi di pistola nella notte fra il 29 e il 30 ottobre 1975 nel quartiere romano di San Lorenzo, vittima inconsapevole di una vendetta fascista, ammazzato al posto di un giovane extraparlamentare di sinistra perché stessa era la via, stessa la barba, stesso il soprabito; due giorni dopo, un'altra efferata violenza avrebbe ridotto anche Pasolini a una cosa senza vita, in quella notte fra il primo e il 2 novembre cominciata proprio nelle vie di San Lorenzo, percorse a capo chino «perché si vedono facce terribili in giro, prive d'espressione»: la morte, per mano di un ragazzo-oggetto che forse sa o forse non capirà mai fino a che punto è stato tale.

Come dice Jean-Paul Sartre, può darsi che Giuseppe Pelosi guardasse, sebbene con acerba inconsapevolezza, all'omosessualità come a una «tentazione costante e costantemente rinnegata, oggetto del suo odio più profondo», ma forse la sua insicurezza non poteva ancora permettergli di «detestarla in un altro perché in questo modo si ha la possibilità di distogliere lo sguardo da se stessi». Suo padre sì, il suo contesto sì, possedevano questa tronfia e ottusa consapevolezza, e lui avrebbe preso la sua «patente» e la sua «maturità» in questo senso, nel modo più viscerale, senza sapere che ormai la società sembra «tollerare» il *diverso*, o forse avvertendo con il suo ultimo, definitivo *sentimento*, che Pasolini aveva capito che «era intollerabile, per un uomo, essere tollerato».

È tragicamente singolare ritrovare oggi tutto questo in un articolo scritto da Pasolini tre anni fa, il 7 gennaio del 1973, sulle colonne del «Corriere della Sera»: «Le maschere ripugnanti che i giovani si mettono sulla faccia, rendendosi laidi come vecchie puttane di un'ingiusta iconografia, ricreano oggettivamente sulle loro fisionomie ciò che essi solo verbalmente hanno condannato per sempre [...]. Cioè la condanna radicale e indiscriminata che essi hanno pronunciato contro i loro padri, risuscitando nella loro anima terrori e conformismi e, nel loro aspetto fisico, convenzionalità e miserie che parevano superate per sempre... Provo un immenso e sincero dispiacere nel dirlo (anzi, una vera e propria disperazione), ma ormai migliaia e centinaia di migliaia di facce di giovani italiani assomigliano sempre più alla faccia di Merlino».[3]

Un apologo forse incompiuto, ma certo terribilmente concluso nel momento in cui il suo cuore ha cessato di battere, il suo sguardo di svelare, la sua coscienza di fremere.

Sì, perché dal 2 novembre del 1975 Pier Paolo Pasolini ha cessato di esistere, e nei discorsi degli amici, in quelli dei nemici, e in quelli degli amici-nemici si è sentita da allora, in modo grave, la sua mancanza, per non parlare di quanto la sua personalità sia assente nell'ingrato epitaffio offerto da questo delitto, e nel troppo intorbidito e controverso ricordo degli ultimi, drammatici momenti della sua vita, raccolti dagli impietosi occhi ed orecchie di chi c'era, di chi non c'era, di chi poteva o di chi voleva esserci.

Il cadavere di Pasolini è stato divorato dalla nostra società e dal nostro tempo: è questa la nemesi che chiude, come per un'inesorabile regola narrativa, l'apologo.

Si può ricordare qualcuno che non c'è più e talvolta lo si è fatto senza offesa né tradimento. Per colui che ha lasciato di sé l'impronta marcata della sua opera, poi, ciò sembrerebbe addirittura più semplice visto che ci sono i documenti a parlare in sua vece. Nonostante l'incommensurabile e gravosa eredità che egli ci affida, o forse persino a dispetto di questa, Pier Paolo Pasolini ci ha precluso la via del ricordo, e ce ne siamo resi conto fin dal momento del più acuto dolore per la sua scomparsa, davvero profondamente tale perché «perdita e basta».

Sia pure in un'interpretazione quasi esoterica, Pasolini è stato più volte definito «un testimone provocatorio», ma la sublime maledizione non è stata dettata né da un narcisismo del poeta, né dall'estro reclamistico di un editore: c'era in questa sorta di slogan una verità istintiva, immediata, quasi epidermica, ma profonda e implacabile proprio come lo sono i messaggi stereotipi della pubblicità, che devono prima colpire, poi manipolare le nostre insoddisfazioni.

Tutti ricordiamo come Pasolini seppe reperire nell'ineffabile invettiva consumistica dei «Jesus Jeans» la crepuscolare parabola di un potere ciclopico, perché «il linguaggio dell'azienda è un linguaggio per definizione puramente comunicativo: i luoghi dove si produce sono i luoghi dove la scienza viene applicata, sono cioè i luoghi del pragmatismo puro. I tecnici parlano un gergo specialistico, sì, ma in funzione strettamente comunicativa. Il canone linguistico che vige dentro la fabbrica, poi, tende ad espandersi anche fuori: è chiaro che coloro che producono vogliono avere con coloro che consumano un rapporto d'affari assolutamente chiaro.» («Corriere della Sera», 17 maggio 1973.) Nelle due parole «testimone provocatorio» c'è prima un elemento chiave che illumina non tanto la personalità di Pasolini quanto, essenzialmente, il suo rapporto fondamentale con la collettività, poi segue la registrazione «a caldo» di una sensazione rapida, ancora da decodificare, che è appunto quel «provocatorio».

Sovente, di un individuo in qualche modo «pubblico» si azzardano legittimi pronostici, e la gara per decifrarne con anticipo i pensieri e le reazioni di fronte a questa o a quella questione può risultare finanche poco vivace. Per Pasolini questo gioco non si metteva in moto; per lui no, oseremo dire per lui solo. È stata questa sua caratteristica a fargli conquistare sul campo l'aggettivo «provocatorio», che è un giudizio ottuso ma sincero, disarmante nella misura in cui ognuno potrà leggerlo, positivamente o negativamente, secondo la prospettiva preferita, senza tuttavia mai afferrarlo veramente.

Immune come per natura dal tumore conformista (in realtà, questa sua vittoria molto personale è stata sofferta, come si può ben immaginare, poiché solo un lucido, costante e dolente esame della realtà può far sì che le impennate non finiscano prima o poi nella trappola dell'anticonformismo di maniera, o nella retorica del «bastian contrario» con cui si tappa la bocca al dissenziente fino a fargli provare il senso di colpa per la propria «anormalità», una colpa che quasi sempre prende il sopravvento sui suoi slanci) Pasolini, pur non discostandosi mai da una sua logica ostinatamente vigile, ha sempre generato, con le sue reazioni, stupore. E quest'ultimo dapprima ha coinciso con una diffusa ostilità, che mal celava quella pressoché unanime cecità culturale sempre pronta a sbarrargli il cammino, ma poi la volontà di resistere alla «provocazione» ha via via lasciato il posto a graduali, sempre più estese prese di coscienza, in un Paese che fatalmente proprio nel moltiplicarsi dei disagi e degli stenti vede più chiaro il proprio cammino.

Non è casuale, infatti, che dal 1968 il poeta abbia progressivamente intensificato i suoi interventi, dando sempre maggiore incisività ai suoi bersagli, divenuti tremendamente congrui, e infittendo le schiere degli amici (quei movimenti politici e culturali che della sua presenza hanno sempre sentito il bisogno; tutti coloro che con lui hanno voluto dialogare, al di là delle polemiche devianti o persino delle divergenze di fondo) e dei nemici (i depositari e i servi di un potere che prima lo ha disprezzato quale intellettuale e quale omosessuale confinandolo ai margini, poi, comprendendo l'inutilità dello sforzo di rinchiuderlo in un ghetto, ha voluto mostrargli i denti).

Né gli uni né gli altri potranno ricordarlo al presente, tuttavia, perché il suo pensiero era in costante divenire e si sottraeva a qualsiasi schema: traeva linfa dalla vita, e ne accettava le più orrende beffe, ne condivideva le contraddizioni pesanti da portare.

Pasolini non coltivava utopie sorde, e questo tratto semplice e fermo è stato arduo da accettare per chi l'ha accusato di «voler tornare indietro», di «rimpiangere il passato», perché chi l'ha detto o solo pensato non potrà mai confessare, in primo luogo a se stesso, la disperata fragilità del proprio, preventivato futuro. Con la sua presenza, Pasolini era egli stesso l'utopia, in quanto veicolo dialettico di un'era, e di alcune generazioni. Il «testimone» si poteva arrestare solo con la morte. Ora la coscienza pubblica, straziata e straziante, di un'epoca tace, e chi ha tanto invocato il silenzio non può dolersene.

Sul «Corriere della Sera», il 30 gennaio del 1975, Pasolini ammoniva sé e noi a questo proposito: «La mia vita sociale in genere dipende totalmente da ciò che è la gente. Dico "gente" a ragion veduta, intendendo ciò che è la società, il popolo, la massa, nel momento in cui viene esistenzialmente (e magari solo visivamente) a contatto con me. È da questa esperienza esistenziale, diretta, concreta, drammatica, *corporea*, che nascono in conclusione tutti i miei discorsi ideologici».

Dal 2 novembre del 1975 la memoria si è dimostrata infatti ingrata con lui e con noi: non ha saputo darci i mezzi per farlo rivivere, perché non poteva e mai potrà. Lo abbiamo notato nella lode o nell'infamia di tanti suoi improvvisati biografi quasi tutti, ciascuno a suo modo, rifugiatisi nella più arida convenzionalità. Sono risbucati fuori anche i rappresentanti di un livore e di una rozzezza che credevamo, peccando di presunzione, estinti. Pasolini li conosceva bene, sono coloro che usano l'aggettivo «squallido» («cioè l'aggettivo di sempre, sistematicamente, meccanicamente, canagliescamente usato negli articoletti di cronaca di tutta la stampa italiana»), irriducibili perché anonimi portavoce di quella «Italietta, paese di gendarmi» che il poeta non avrebbe mai dimenticato. «Mi ha arrestato, processato, perseguitato, linciato per quasi due decenni. Questo un giovane non può saperlo [...]. Può darsi che io abbia avuto quel minimo di dignità che mi ha permesso di nascondere l'angoscia di chi per anni e anni si attendeva ogni giorno l'arrivo di una citazione dal tribunale e aveva terrore di guardare nelle edicole per non leggere nei giornali atroci notizie scandalose sulla sua persona.» («Paese Sera», 8 luglio 1974.)

Forse l'unico frammento di memoria che potrebbe restituirci, almeno per un attimo, Pier Paolo Pasolini vivo, è il suo film *Salò o le 120 giornate di Sodoma*, che egli aveva configurato come un elemento di rottura spontanea con le sue opere precedenti, nell'intento di fondere il «testimone» e l'«artista», alla ricerca di una leggibilità esplicitamente attuale, fatta di riflessioni ma anche di carne e di sangue. Ma questo film il popolo italiano considerato «immaturo» dai suoi «tutori» pare non possa vederlo e discuterlo. È questo l'ultimo sopruso, l'ultima violenza dell'esistenza-apologo di Pier Paolo Pasolini e, per lo meno in questo caso, il sopruso e la violenza hanno l'inequivocabile, inconfondibile sapore dell'«ufficialità».

C'è un'altra memoria, però, che terrà in vita Pier Paolo Pasolini. È la memoria di una strana Storia, che raramente accede all'ufficialità poiché troppo alternativa rispetto a questa, ma non riesce tuttavia a spegnersi negli occhi e nella mente degli uomini che cercano, pensano, sanno, dibattono. Il 4 novembre del 1974, sul «Corriere della Sera», Pasolini scrisse quello che chiamò *Il romanzo delle stragi*. «Io so. Io so i nomi dei responsabili di quello che viene chiamato *golpe* (e che in realtà è una serie di golpe istituitasi a sistema di protezione del potere). Io so i nomi dei responsabili della strage di Milano del 12 dicembre del 1969. Io so i nomi del "vertice" che ha manovrato, dunque, sia i vecchi fascisti ideatori di golpe, sia i neofascisti autori materiali delle prime stragi, sia, infine, gli "ignoti" autori materiali delle stragi più recenti. Io so i nomi che hanno gestito le due differenti, anzi opposte, fasi della tensione: una prima fase anticomunista (Milano 1969), e una seconda fase antifascista (Brescia e Bologna 1974). Io so i nomi del gruppo di potenti che, con l'aiuto della Cia (e in second'ordine dei colonnelli greci e della mafia), hanno prima creato (del resto miseramente fallendo) una crociata anticomunista, a tamponare il 1968, e, in seguito, sempre con l'aiuto e per ispirazione della Cia, si sono ricostituiti una verginità antifascista, a tamponare il disastro del referendum. Io so i nomi di coloro che, tra una messa e l'altra, hanno dato le disposizioni e assicurato la protezione politica a vecchi generali (per tenere in piedi, di riserva, l'organizzazione di un potenziale colpo di Stato), a giovani neofascisti, anzi neonazisti (per creare in concreto la tensione anticomunista) e infine a criminali comuni, fino a questo momento, e forse per sempre, senza nome (per creare la successiva tensione antifascista). Io so i nomi delle persone serie e importanti che stanno dietro a dei personaggi comici come quel generale della Forestale che operava, alquanto operettisticamente, a Città Ducale (mentre i boschi bruciavano), o a dei personaggi grigi e puramente organizzativi come il generale Miceli. Io so i nomi delle persone serie e importanti che stanno dietro ai tragici ragazzi

che hanno scelto le suicide atrocità fasciste e ai malfattori comuni, siciliani o no, che si sono messi a disposizione,
come killer e sicari. Io so tutti questi nomi e so tutti i fatti
(attentati alle istituzioni e stragi) di cui si sono resi colpevoli. Io so. Ma non ho le prove. Non ho nemmeno indizi.
Io so perché sono un intellettuale, uno scrittore, che cerca
di seguire tutto ciò che succede, di conoscere tutto ciò che
se ne scrive, di immaginare tutto ciò che non si sa o che si
tace; che coordina fatti anche lontani, che rimette insieme
i pezzi disorganizzati e frammentari di un intero coerente
quadro politico, che ristabilisce la logica là dove sembrano
regnare l'arbitrarietà, la follia e il mistero. Tutto ciò fa parte
del mio mestiere e dell'istinto del mio mestiere. Credo che
sia difficile che il mio "progetto di romanzo" sia sbagliato,
che non abbia cioè attinenza con la realtà, e che i suoi riferimenti a fatti e persone reali siano inesatti. Credo inoltre che
molti altri intellettuali e romanzieri sappiano ciò che so io
in quanto intellettuale e romanziere. Perché la ricostruzione
della verità a proposito di ciò che è successo in Italia dopo il
1968 non è poi così difficile.»

Infatti, non bisogna necessariamente essere intellettuali e
romanzieri per acquisire le stesse consapevolezze che ar-
mavano quel giorno la penna di Pasolini, dal momento che
milioni di italiani «sanno» e manifestano ogni giorno nelle
piazze, nelle fabbriche, nelle scuole, ovunque, un dissenso
che è il frutto di questa consapevolezza. Allo stesso modo
noi sappiamo chi sono, tra le quinte di questo apologo, i
mandanti e gli esecutori «ideali» dell'assassinio di Pasolini,
come lo sapeva quella folla di romani che lo ha salutato, con
dolore e rabbia, per l'ultima volta nella camera ardente o a
Campo de' Fiori. Quella folla così eterogenea, così «roman-
zesca» e «inattendibile» perché così *popolare*, sapeva e sa.
Ma come noi non ha le prove. Solo qualche indizio.[4]

Il 2 febbraio del 1976, il processo a Pino Pelosi ha dunque
inizio. Il legale del giovane omicida reo confesso è l'avvocato
Rocco Mangia.

Mangia è stato il difensore di Andrea Ghira nel processo per il massacro del Circeo del 29 settembre 1975, vicenda alla quale Pasolini ha dedicato uno dei suoi ultimi, memorabili articoli apparsi sul «Corriere della Sera». Quella notte, tre ragazzi di buona famiglia, Gianni Guido, Angelo Izzo e Andrea Ghira, invitano due ragazze di umili origini, Donatella Colasanti e Rosaria Lopez, a partecipare a una festa inesistente in una villa sul promontorio del Circeo e abusano di loro con estrema violenza fino a ucciderle. Ma una delle due, Donatella Colasanti, viene trovata ancora miracolosamente viva nel bagagliaio della loro auto e i tre ragazzi vengono arrestati. I fatti del Circeo somigliano in modo impressionante alle vicende descritte nel film *Salò o le 120 giornate di Sodoma* e le fanno sembrare tutt'altro che assurde. Al posto dei fascisti di Salò del film di Pasolini, nei fatti del Circeo ci sono i nuovi fascisti che provengono dal quartiere bene dei Parioli. Gli uni come gli altri, usano i corpi delle loro vittime a loro piacimento, come fossero oggetti.

L'avvocato Mangia è stato anche il legale di Sandro Saccucci, agente dei servizi segreti (Sid) e deputato del Msi resosi latitante per l'omicidio di un giovane comunista a Sezze Romano. Rocco Mangia assiste nei processi tutti gli imputati che provengono dall'estrema destra romana dietro pagamento, si dice, di parcelle alquanto onerose. Chi pagherà questa volta la sua parcella per patrocinare Pino Pelosi, giovane sottoproletario nullatenente estraneo alla militanza politica?

Come prima mossa, Mangia commissiona una perizia psichiatrica al fine di dimostrare che Pino Pelosi sarebbe incapace di intendere e di volere. Tenta di farla acquisire agli atti. Il tribunale la respinge. L'autore di quella perizia psichiatrica è un luminare fascista assai noto. Aldo Semerari. Ancora lui.

Il processo va avanti senza scosse. Pino Pelosi conferma la confessione resa a suo tempo, continua a sostenere che quella notte all'Idroscalo non c'era nessun altro, e che avrebbe fatto tutto da solo.

Unico lampo imprevisto, il 16 febbraio del 1976, l'arresto di due amici di Pelosi, i fratelli Franco e Giuseppe Borsellino, giovani delinquenti abituali ma anche fascisti militanti, iscritti al Msi. A tirarli in ballo è un carabiniere, Renzo Sansone, infiltrato in mezzo a un gruppo di balordi della borgata di Casal Bruciato. Sansone ha riferito che Giuseppe Borsellino gli avrebbe detto in confidenza di aver partecipato all'uccisione di Pasolini insieme a suo fratello Franco e a un altro ragazzo che si fa chiamare Johnny lo Zingaro. In commissariato, però, i fratelli Borsellino smentiscono Sansone. Ammettono di aver raccontato ciò che riferisce il carabiniere, ma garantiscono che l'hanno detto soltanto per «vanteria», nel tentativo di apparire, agli occhi di Sansone, criminali di grosso calibro. Il tribunale non ritiene di dover ascoltare i fratelli Borsellino né tantomeno si interessa a Johnny lo Zingaro.

Johnny lo Zingaro si chiama in realtà Giuseppe Mastini. In quel momento si trova anch'egli nel carcere minorile di Casal del Marmo perché la sera del 28 dicembre del 1975, nei pressi di Pietralata, ha ferito a morte Vittorio Bigi, l'autista di tram. Eppure anche Pino Pelosi aveva fatto il nome di Johnny lo Zingaro, a caldo, quando cercava il famoso anello con la scritta «United States Army» (e non «United States of America» come dichiarato nella sua prima confessione) smarrito sul luogo del delitto. Figlio di giostrai di etnia sinti, nonostante la sua giovane età Johnny lo Zingaro può già essere definito un delinquente puro. A undici anni appena, è un rapinatore a tutti gli effetti, porta la pistola e riesce persino a distinguersi in un conflitto a fuoco con la polizia. In seguito a quella sparatoria, Johnny lo Zingaro ha riportato una brutta ferita a una gamba. Ora è costretto a portare un plantare. E un plantare, guarda caso, è stato ritrovato nell'Alfa Gt di Pasolini dopo il delitto.

Il 24 aprile del 1976, l'avvocato di parte civile Guido Calvi espone la sua arringa e la apre annunciando il ritiro della parte civile da futuri dibattimenti processuali. Una scelta simbolica, lungamente meditata. Una scelta per dire che la perdita di Pier Paolo Pasolini non potrà mai essere compensata dalla condanna di chicchessia.

«Senza acrimonia o iattanza» afferma Calvi, «ma con l'umiltà della coscienza che solo Pasolini avrebbe potuto difendere o spiegare appieno se stesso, la parte civile ha scelto di collaborare con la giustizia solamente perché la verità, o almeno quella parte di verità, alla sua morte, non fosse ancora una volta travolta o mistificata dal risentimento e dalla incomprensione. Abbiamo voluto offrire a voi giudici e all'opinione pubblica i nostri dubbi e le nostre certezze circa quanto accadde la notte del 2 novembre. Abbiamo voluto provare la volontarietà dell'omicidio ed esporre le ragioni che ci inducono a ritenere che Giuseppe Pelosi non fosse solo e che gli elementi raccolti in istruttoria possono essere compiutamente valutati solo in presenza di una pluralità di esecutori. Vogliamo che Pelosi sia condannato, ma non spetta più a noi chiedere come e in quale misura la pena sia concretata. Abbiamo fatto tutto ciò che ci è stato possibile per dimostrare la responsabilità dell'imputato e dei suoi complici. Tuttavia, la pena che sarà irrogata ci è estranea e la sua valutazione preclusa, poiché Pelosi è di questo processo, è di questo tribunale, mentre la memoria di Pasolini appartiene a noi tutti perché è di un'altra realtà. L'unica e ultima richiesta che resta è dettata dall'insoddisfazione per la parzialità della verità accertata. Il tribunale decide ora su quanto è stato portato a sua conoscenza. Restano i complici ancora ignoti. E questi appartengono a un capitolo del processo che altri giudici dovranno riaprire e continuare.»[5]

Il 26 aprile del 1976, la corte presieduta dal giudice Carlo Alfredo Moro emette la sua sentenza, che accoglie in pieno tutte le considerazioni provenienti dalla parte civile. Eccone alcuni brani:

Ritiene il collegio che dagli atti emerga in modo imponente la prova che quella notte all'Idroscalo il Pelosi non era solo [...]. Comunque – fosse il golf sul sedile posteriore o fosse nel portabagagli – deve in ogni caso riconoscersi che costituisce sicuramente prova della presenza di una persona diversa dal Pasolini e dal Pelosi [...]. Deve pertanto ritenersi che il plantare (ritrovato nell'auto di Pasolini) appartenga a una terza persona non identificata [...]. Le impronte in questione sono state pertanto lasciate nella notte stessa in cui avvenne l'aggressione al Pasolini, insieme a numerose altre impronte che chiaramente indicano come nell'area di porta vi sia stato un notevole movimento di persone [...].

Si può pertanto ritenere che chi entrò nella macchina dalla parte dello sportello di sinistra aveva le mani sporche di sangue a seguito della lotta sostenuta col Pasolini. Ma tale persona non poteva essere il Pelosi [...]. Se la colluttazione fosse avvenuta solo tra il Pasolini e il Pelosi – come quest'ultimo sostiene – vi dovevano essere necessariamente, sulle mani e sui vestiti di Pelosi, cospicue macchie di sangue [...]. Il Pasolini ha riportato rilevanti lesioni, con abbondante perdita di sangue, mentre il Pelosi non ha subìto significativi traumi. Eppure il Pasolini – com'è notorio – non era un vecchio cadente incapace di organizzare una qualche difesa: era agile, aveva un fisico asciutto, praticava lo sport. [...]

La differenza tra le lesioni subite dal Pasolini e la sostanziale mancanza di lesioni sul Pelosi può spiegarsi solo ritenendo che non vi fu una colluttazione a due ma un'aggressione di più persone nei confronti di un uomo solo [...]. Non solo «salta» completamente la ricostruzione dei fatti fatta dal Pelosi ma prende consistenza l'ipotesi che le ferite inferte al Pasolini nella prima fase dell'aggressione siano state prodotte da corpi contundenti diversi da quelli rinvenuti sul posto e repertati [...]. Mezzi che non sono stati rinvenuti e che conseguentemente debbono essere stati portati via da persone diverse dal Pelosi. [...]

La pluralità di elementi tutti gravemente indiziari e tutti concordanti in un unico senso, l'imponenza di essi, l'univocità della loro direzione – nonché l'esistenza di alcune prove positive della presenza di altre persone – danno, attraverso l'esame globale della situazione, la tranquillante certezza che la proposizione del Pelosi «ero solo» non è af-

fatto veritiera [...]. Sulla base dei numerosi elementi di prova raccolti deve pertanto ritenersi non attendibile la versione dei fatti prospettata dall'imputato, e invece accertato che il Pasolini subì un'aggressione da parte di più persone restate sconosciute, e che lo stesso Pasolini, dopo essere stato ridotto all'impotenza, fu volontariamente ucciso mediante il sormontamento da parte della sua macchina. [...]
Potrebbe astrattamente ritenersi, una volta accolta la tesi della presenza di altre persone all'Idroscalo, che il Pelosi sia restato estraneo al delitto, semplice spettatore di una drammatica scena in cui altri soli erano i protagonisti.[6]

La corte dichiara Giuseppe Pelosi colpevole del delitto di omicidio volontario in concorso con ignoti. Pino Pelosi dovrà espiare la sua colpa in carcere per nove anni, sette mesi e dieci giorni.

È stata una vittoria schiacciante. La messinscena di Pelosi non ha retto alla prova del tribunale, i dubbi si sono imposti, e l'imputato è stato condannato per omicidio volontario in concorso con ignoti. Questi ignoti sono talmente più importanti di Pelosi da aver suggerito al giudice persino l'ipotesi che il ragazzo abbia fatto soltanto da esca e non abbia nemmeno partecipato al delitto: «Potrebbe astrattamente ritenersi, una volta accolta la tesi della presenza di altre persone all'Idroscalo, che il Pelosi sia restato estraneo al delitto».

Cosa si può volere di più?

Tuttavia, una volta svanita l'effimera euforia per un verdetto che spazza via la falsa, insopportabile, odiosa tesi della serata finita male tra il «frocio» e il «marchettaro», resta soltanto un senso di vuoto profondo come un abisso.

Pasolini non c'è più e non tornerà. Gli ignoti erano lì, l'hanno ammazzato nel modo più vile e più orribile che si possa immaginare, ma non hanno ancora un volto.

Come ha detto Guido Calvi nella sua arringa, ad altri tribunali e ad altri giudici spetterà il compito di individuarli e identificarli.

Siamo tutti convinti che Pelosi prima o poi crollerà e

finirà col confessare. Perché mai dovrebbe continuare ad addossarsi una colpa non sua, se non forse in infima parte? È per questo motivo che la famiglia Pasolini non si è voluta accanire nei confronti dell'imputato, e non ha voluto nemmeno quantificare una richiesta di pena per lui.

Pelosi è solo un ragazzino ignorante e bugiardo. Non somiglia neppure lontanamente a un assassino.

Siamo tutti molto tristi. Ma restiamo anche molto fiduciosi.

10

Una sentenza sconcertante

Il secondo processo in cui è imputato Pino Pelosi si celebra presso la corte d'appello di Roma, presieduta dal giudice Ferdinando Zucconi Galli Fonseca.

È un processo di brevissima durata. Appena quattro giorni. Accade spesso che i processi di appello si svolgano in tempi brevi. Se si tratta soltanto di valutare l'equità della sentenza di primo grado, non occorre molto tempo. Ma poiché Pino Pelosi è stato giudicato colpevole di omicidio volontario in concorso con ignoti, la corte d'appello potrebbe ragionevolmente disporre nuove indagini per tentare di dare un volto agli ignoti in questione.

Pelosi nel frattempo è diventato maggiorenne e la parte civile com'è noto non è presente, essendosi ritirata al termine del primo processo. La sentenza viene pronunciata il 4 dicembre e conferma la condanna di Pelosi per omicidio volontario. Ma fa sparire come per magia il concorso con ignoti. La vicenda giudiziaria è talmente breve e arbitraria da dare la sensazione che il secondo processo abbia avuto luogo soltanto per cancellare, ora e per sempre, la presenza di quei famosi «ignoti».

Ecco alcuni brani di quella sentenza:

Nessun dubbio consistente circa la partecipazione di terzi al delitto trae origine da elementi o da seri sospetti ricavabili da dati diversi da quelli offerti dal racconto dell'imputato e

dall'analisi dei reperti, delle tracce, dei risultati delle perizie: cosicché si tratta di vagliare se questi dati giustificano le deduzioni attraverso le quali il tribunale è giunto a una ricostruzione del delitto implicante il concorso con altre persone. [...]
Il plantare e il golf appartenenti a sconosciuti, rinvenuti nell'automobile, si rivelano in realtà privi di valore indiziario [...]. Non sarebbe possibile escludere che il plantare e soprattutto il golf siano stati lasciati nell'autovettura da qualche accompagnatore di Pasolini nel corso delle giornate del 31 ottobre o dello stesso primo novembre [...]. Senza dire che è ben poco verosimile che qualcuno abbia potuto togliersi il golf di dosso nella fredda notte del delitto, e inoltre i supposti complici, se veramente avessero freddamente concordato col Pelosi la linea di condotta immaginata dal tribunale, avrebbero certamente avuto cura di non lasciare loro tracce sull'automobile. [...]
La lieve entità delle lesioni subite da Pelosi non è indice univoco della presenza di altre persone, ma al contrario può convalidare l'ipotesi di un'aggressione improvvisa e violenta da parte sua, alla quale Pasolini non poté reagire in modo efficace [...].
Anche la presenza di una piccola traccia di sangue di Pasolini sul lato destro del tetto dell'autovettura (immediatamente al di sopra dello sportello superiore) e l'assenza di tracce sul volante possono spiegarsi in modo diverso da quello supposto dal tribunale. Anzitutto può ipotizzarsi che Pelosi, lasciato Pasolini esanime al suolo e direttosi nuovamente verso l'area della porta, abbia urtato contro il tetto dell'autovettura. [...]
Che poi il volante non sia rimasto sporco di sangue di Pasolini può spiegarsi pensando che Pelosi ne fosse imbrattato solo al dorso delle mani e non sulle palme [...].[1]

Di sentenze sconcertanti mi è capitato di leggerne parecchie, soprattutto quando ho cominciato a lavorare come cronista, tra il 1968 e il 1969, presso Sergio Maggioli, un vecchio giornalista free lance, che mi spediva tutti i giorni in tribunale.

Questa sentenza d'appello le supera tutte. Pur di dimostrare che Pelosi quella notte era solo, i giudici non hanno esitato a spazzare via tutti i pesanti indizi contenuti nella prima sentenza con argomenti che sfidano il senso del ridicolo.

Secondo la corte, gli eventuali complici di Pelosi non potevano aver lasciato un golf in macchina perché quella notte faceva freddo e comunque avrebbero avuto cura di non seminare le loro tracce sull'automobile di Pasolini. Non possono aver commesso errori, perché sono infallibili. Infallibili ma freddolosi. La corte sembra ritenere che il freddo autunnale, anche durante l'esecuzione di un delitto così efferato, possa e debba preoccupare gli assassini assai più del delitto stesso.

Pelosi non avrebbe lasciato impronte di sangue sul volante dell'auto di Pasolini perché forse si era imbrattato solo il dorso delle mani e non le palme. Un ragionamento che sfida le leggi più elementari della fisica. Pelosi, bassino com'è, per guidare quella macchina sarebbe stato costretto a tenere le mani in alto sul volante. Da quella posizione, il sangue sul dorso sarebbe inesorabilmente colato e sarebbe finito anche altrove.

Senza contare il famoso plantare, che pur essendo un oggetto di primaria necessità per chi lo indossa, secondo questa corte potrebbe essere stato lasciato nell'auto di Pasolini da chiunque e in un qualunque momento, come fosse stato un accendino di nessun valore, anche diversi giorni prima del delitto. Peccato che Graziella Chiarcossi, la cugina di Pasolini, dichiarò a suo tempo di aver pulito l'Alfa Gt la sera del 31 ottobre, più o meno alla vigilia del delitto.

Che sentenza è mai questa che si limita a smontare – in modo rozzo e superficiale, senza alcun supplemento d'indagine – tutte le considerazioni, tutti gli elementi, anche i più concreti, risalenti al primo processo e alla prima sentenza?

In assenza di impossibili ricorsi di parte civile, il 26 aprile del 1979 la corte di cassazione non può che scrivere la parola fine in calce a questa vicenda processuale, rendendo definitiva la condanna nei confronti di Pino Pelosi per aver ammazzato volontariamente Pasolini.

Da solo.

La sconcertante sentenza della corte d'appello diviene così la pietra miliare del depistaggio che ci ha tenuti lontani, per tutto questo tempo, dalla verità sulla morte di Pasolini. Col passare degli anni, la rassegnazione prevale e tutta la vicenda sbiadisce. Nel ricordo della scena del delitto, Pino Pelosi rimane sempre più solo. E tutti coloro che si oppongono a questa versione dei fatti, con articoli di giornale, libri, documentari e film vengono tacciati di «complottismo» da altri articoli di giornale, altri libri, altri documentari, altri film.

Sta di fatto, però, che il 2 novembre del 1975 e nei giorni successivi, la stampa e l'opinione pubblica non avevano minimamente preso in considerazione l'idea che Pino Pelosi avesse ammazzato Pasolini da solo. Anche negli asettici telegiornali della Rai, i cronisti inviati all'Idroscalo e incaricati di ricostruire l'accaduto davanti alle telecamere parlavano sempre di assassini al plurale: «Lo hanno aggredito», «Lo hanno picchiato», «Lo hanno investito con la macchina»...

11

Sergio Citti

Nonostante la profonda amarezza per la beffa processuale, la vita continua. Io lavoro sempre a «l'Unità», faccio ancora il giornalista, ma continuo a frequentare assiduamente Sergio Citti con il quale collaboro in veste di sceneggiatore. Stiamo ancora scrivendo e riscrivendo, anche con Vincenzo Cerami, una storia di Sergio ambientata in un cimitero. Si tratta di un cimitero molto affollato. Ci stanno i vivi che vanno a trovare i morti, ma ci stanno anche i morti, molto arzilli, che i vivi però non hanno la possibilità di vedere. Quando diventerà un film, molti anni dopo, s'intitolerà *Mortacci*.

La prima stesura del soggetto la buttammo giù a Casertavecchia, nell'estate del 1970, mentre Pasolini girava il suo *Decameron*. La raccontammo a Paolo una sera a cena. A lui piacque molto. «Bella idea. Somiglia molto all'*Antologia di Spoon River* di Lee Masters» disse Pasolini.

Sergio lo guardò sospettoso: «E che sarebbe mo 'st'antologia?». Temeva di passare per uno che scopiazza. Pasolini sorrise: «Lo vedi com'è fatto Sergio? Non ha letto niente, ma è come se avesse letto tutto. È il mistero della sua profonda cultura che non si riesce a capire da dove provenga».

Sergio Citti. Detto il saggio, il filosofo, il pupo. O semplicemente Mozzone. Corto e tozzo, un ovale perfetto come un uovo, al centro un nasino da putto, occhi profondi, sempre imbronciato ma capace di sorrisi luminosi. Sergio Citti deve a Pier Paolo Pasolini quanto Pasolini deve a Citti. Mai rapporto fu più paritario. A mio modo di vedere, senza l'uno non esisterebbe l'altro.

Paolo incontra Sergio nei primi anni Cinquanta, una mattina, sulla via Appia. Al volante di una Topolino molto più che usata, Pasolini si sta recando a Ciampino, dove ha trovato lavoro come insegnante in una scuola privata dietro un modestissimo compenso di 25.000 lire al mese. La Topolino si ferma durante il tragitto. Ha bucato una gomma. E Paolo non è capace di cambiarla.

Sergio Citti passa, si ferma e lo soccorre. In un baleno, gli sostituisce la ruota. Pasolini gli chiede se fa il meccanico di mestiere.

«No, faccio il pittore» risponde Sergio.

«Ah, che coincidenza! Io mi chiamo Pier Paolo Pasolini e faccio lo scrittore.»

«Anch'io» gli fa Sergio a bruciapelo.

«Anch'io cosa?» domanda Paolo.

«Anch'io faccio lo scrittore» sentenzia Citti.

Paolo lo guarda sempre più sorpreso, gli chiede il numero di telefono, si rimette al volante e riparte.

Sergio Citti fa l'imbianchino. Che a Roma, ma soltanto a Roma, si dice «pittore». Furbo e dispettoso, Sergio ha capito che Paolo non ha capito. Allora ne ha sparata un'altra, ancora più grossa: «Anch'io faccio lo scrittore».

Sergio Citti in realtà è quasi analfabeta. Scrive a mano molto lentamente, calcando con forza e distanziando le lettere come fanno i bambini. Soffre di un complesso atavico per mancanza d'istruzione. Del resto non usa la penna. Usa il pennello. Quello grosso.

Quando Pasolini gli telefona, Sergio lo aveva già dimenticato.

«Vorrei farle leggere delle cose che scrivo io, ma vorrei anche leggere quello che scrive lei. Quando ci possiamo vedere?...» chiede Pasolini.

Sergio inventa una scusa. Qualche giorno dopo, quando arriva la seconda telefonata, non riesce a sottrarsi. Ora lo scherzo è diventato un problema. Sergio non scrive. Sergio sogna. Fa sogni bellissimi. Al bar, quando li racconta agli amici, non si sente volare una mosca. Con la sua calligrafia stentata, Sergio si mette a scrivere la trama di un sogno che ha fatto. Il primo che gli viene in mente. Più tardi, nel 1961, quel sogno, descritto in modo approssimativo su un foglio di carta a quadretti, si trasformerà in un film. Il primo film di Pier Paolo Pasolini. Il suo titolo è *Accattone*.

Sergio Citti diventa ben presto una sorta di alter ego di Pasolini. Lo introduce nelle borgate dove il sottoproletariato romano vive indisturbato nella sua miseria. Sergio insegna a Paolo il romanesco. Pasolini ne farà la sua lingua di romanziere e di cineasta, mettendo da parte il friulano che fu la sua prima lingua di poeta.

Personalmente, anch'io devo molto a Sergio Citti. I primi tempi che frequentavo Pasolini, da ragazzo, Paolo non riusciva a capire che specie di animale io fossi. Conosceva la mia famiglia e mi considerava un giovane borghese. Poi, quando mi vedeva parlare con Ninetto, con i fratelli Citti e con gli altri borgatari, non capiva più chi fossi perché padroneggiavo lo stesso dialetto romanesco e mi comportavo esattamente come loro. Questo succedeva perché frequentavo la scuola francese di Roma, il Lycée Chateaubriand, ma passavo il resto del tempo in mezzo alla strada perché mia madre e i miei nonni non riuscivano a trattenermi in casa nemmeno con la forza.

Un giorno Paolo chiese a Sergio: «Ma David, tu come lo trovi?».

«In che senso?» domandò Sergio.

«Non so, in certi momenti sembra un principino e in altri momenti sembra uno come tutti voi» rispose Paolo.

«Capisco quello che vuoi dire. Anche a me all'inizio il suo comportamento non mi quadrava. Adesso ci ho fatto l'abitudine. Quando sta con noi è proprio come noi. Quando non sta con noi non lo so, so' cazzi sua...»

Alla fine degli anni Settanta, Sergio Citti non ha ancora smesso di indagare sulla morte di Pasolini. Sergio continua a ossessionare un vecchio pescatore che vive in una di quelle casupole abusive all'Idroscalo. Il pescatore gli ha raccontato che erano stati in tanti a infierire sul corpo di Pier Paolo Pasolini, quella notte tra il primo e il 2 novembre del 1975. Il vecchio pescatore una sera ha vuotato il sacco davanti a una bottiglia, ma non ha nessuna intenzione di ripetere a un magistrato quello che ha riferito a Sergio. Sergio lo perseguita invano. Una sera, uscendo dalla sua casa in via Anco Marzio a Fiumicino, noto un tipo anziano, grasso e stempiato, che mi segue come un'ombra.

Dopo un po', mi volto di scatto e lo fisso negli occhi.

Quello si avvicina minaccioso e mi fa: «A' Coso, di' all'amico tuo che se continua a rompeme er cazzo va a fini' che je tajo la gola. So' capace de fallo, che te credi...».

«Di chi stai parlando?» gli rispondo io.

«Nun fa' er finto tonto, lo sai benissimo de chi sto a parla'. T'ho visto che sei uscito da casa sua. Tanto pure te sarai un amico de Pasolini. Ma io nun posso mica famme ammazza' pe' la bella faccia vostra, hai capito?...»

Ho riferito a Sergio quell'episodio e abbiamo ricominciato a parlare della morte di Pasolini, un argomento che ormai cerchiamo di evitare accuratamente. Pasolini è sempre presente nelle nostre conversazioni. Soprattutto quando stiamo scrivendo una sceneggiatura, ci chiediamo spesso come avrebbe impostato lui una determinata scena, o come avrebbe descritto un determinato personaggio. Il nostro Pasolini quotidiano è un Pasolini vivo, un Pasolini che non si può dimenticare. È il Pasolini che portiamo sempre con noi.

Ora, mentre riparliamo dopo tanto tempo della morte di Pasolini, Sergio Citti improvvisamente comincia a raccontarmi cose che non mi aveva mai raccontato.

«Quei fiji de 'na mignotta» dice Sergio, «l'hanno ammazzato cor pretesto delle pizze de *Salò*. So' stati loro, li conosco bene, ma vai a sape' chi ce li ha mannati. L'ordine è venuto de sicuro dall'alto, a causa de quello che Paolo stava a scrive.»

«Di cosa stai parlando, Sergio?»

«Devi sape' che quarche giorno dopo che hanno rubato alla Technicolor le pizze de *Salò* e hanno chiesto quer riscatto assurdo, è venuto da me uno che conosco, uno della Banda della Magliana che se chiama Sergio Placidi. Me lo so' trovato davanti mentre uscivo dall'ufficio di un produttore in Prati. Stava su una moto grossa, m'ha detto "Te dovemo parla'" e m'ha fatto sali'. M'ha portato a San Basilio, in un seminterrato, dove ce ne stavano parecchi de quelli della Magliana. M'hanno detto, tutti fieri: "Er film de Pasolini ce l'avemo noi". Io gli ho risposto: "Bravi stronzi, e chi pensate che ve li possa da' i du' mijardi che avete chiesto?". Loro hanno detto che s'erano sentiti offesi perché Grimaldi, er produttore, j'aveva offerto solo cinquanta mijoni. Io ho detto che a me me sembravano pure troppi. E loro: "Ma lo sai chi semo noi? Noi ce se pulimo er culo co' cinquanta mijoni". "Pulitevece er culo, fate come ve pare, ma che volete da me?" Allora hanno cambiato tono. Hanno detto: "Vabbe', avemo capito che se semo sbajati, pensavamo che 'ste pizze valessero de più, e siccome dei cinquanta mijoni nun ce ne frega un cazzo, semo disposti a ridajelo gratis er film a Pasolini". Io ho risposto che ero pronto a riprendermelo anche subito. "Che sei Pasolini, te?" m'hanno risposto loro. "Le damo soltanto a lui, in persona. Vajelo a di' e combinamo 'n appuntamento."»

«E tu che hai fatto?» chiedo a Sergio trattenendo il fiato.

«Io la sera so' annato da Paolo e gli ho spiegato come stavano le cose. Lui ha detto subito che nun li voleva vede'. Non solo perché ormai aveva finito de monta' er film. Nun li voleva vede' perché ciaveva paura. Era la prima volta da quando lo conoscevo che lo vedevo spaventato. M'ha raccontato che una notte du' pischelli, a Ponte Mammolo, l'avevano fatto penzola' fori dar parapetto pe' fasse firma' tutto er libretto de l'assegni. Lui l'aveva firmato tutto, la mattina era annato in banca a denuncia' che se l'era perso e quei du' scemi nun avevano visto 'na lira. Però s'era spaventato, e parecchio. M'ha detto: "Questi sono cambiati, non sono più quelli di prima, questi si drogano, uccidono su commissione, sono capaci di fare qualsiasi cosa". Insomma, nun se fidava proprio e m'ha detto che nun ne voleva più sape' gnente de le pizze de *Salò*...»

«Ma allora, perché dici che l'hanno ammazzato col pretesto delle pizze di *Salò*?» gli chiedo.

«Perché invece c'è annato, porca troia...» mi risponde lui.

«Come sarebbe a dire?... Ci ha ripensato?» domando io.

«Sì, ma nun è annato mica da quelli della Banda della Magliana. S'è fidato de Pelosi...»

«E adesso da dove viene fuori Pelosi?» gli chiedo.

«Era da un po' che Paolo vedeva Pelosi» risponde lui. «Nun ciai mai fatto caso quanto somiglia a Ninetto, Pelosi? E tu lo sai che Paolo voleva bene a Ninetto almeno quanto voleva bene alla sora Susanna. Quanno Ninetto s'è sposato, Paolo s'è disperato pe' una vita. Sapessi quante notti ho passato co' Paolo che piagneva come un regazzino...»

Io non riesco più a fare domande. Mi limito ad ascoltarlo.

«Pelosi dice a Paolo che ce pensa lui a faje riave' le pizze de *Salò*. E Paolo de Pelosi se fida. A me me dice: "Sai, in fondo sono bravi ragazzi, si sono pentiti di avermi fatto 'sto sgarbo, e io a questo punto le bobine di *Salò* me le devo andare a riprendere perché è un gesto di rispetto che non posso ignorare". A aspettallo all'Idroscalo ce stavano tutti, i ragazzini come Pelosi e i Borsellino ma anche quelli della Magliana, forse pure dei mafiosi venuti da Catania, chissà quanti erano...»

A questo punto, c'è una domanda, una sola domanda, che ronza nel mio cervello. «Sergio, ma se sapevi che Paolo conosceva già Pelosi, per quale motivo non l'hai mai detto?»

«Sapessi quante volte ho chiesto d'esse ascoltato dai magistrati, ma nessuno m'ha voluto da' retta...»

«Sergio, rispondi onestamente» gli dico, «tu lo avresti detto a un magistrato quello che hai appena detto a me?»

«Onestamente nun lo so» bofonchia Sergio, «nun posso giura' che lo direi che Pasolini conosceva Pelosi. Pelosi era minorenne, me sa che pure dopo morto a Paolo je tirerebbero addosso tanta de quella merda...»

«Ma che cazzo di scrupoli ti vai a fare? A Paolo gli hanno tirato merda tutta la vita, l'hanno ammazzato in quel modo, che cosa gli poteva succedere di peggio?»

«Forse ciai ragione» mi fa Sergio, «è possibile che me sbajo. Penso a tante cose, troppe cose, certe vorte me pare che me scoppia la testa. Pensa che da quando Paolo è morto, nun so perché, me sogno sempre Braibanti. Te lo ricordi Braibanti?»

Come posso non ricordare Braibanti? Nel 1968 ho seguito quasi tutte le udienze del processo Braibanti. Un processo che non è esagerato definire epocale perché ha finito per segnare anch'esso un «prima» e un «dopo», quasi come l'uccisione di Pier Paolo Pasolini.

Aldo Braibanti è un poeta e scrittore, ex partigiano, entomologo (in particolare, studioso delle formiche) anch'egli omosessuale, che ricorda Pier Paolo Pasolini. Si può notare anche una somiglianza fisica tra i due. La struttura del volto che pare scolpito, gli inseparabili occhiali, lo stesso taglio di capelli. Aldo Braibanti è soltanto più minuto. A differenza di Pasolini, che può contare un portamento fiero, Braibanti invece è curvo, sempre rincantucciato in se stesso.

Aldo Braibanti arriva a Roma quarantenne, nel 1962. Accanto a lui c'è un giovane di ventitré anni, Giovanni Sanfratello, che viene da Piacenza e sta sfuggendo a una famiglia fascista e bigotta che fa di tutto per ostacolare la sua passione per la pittura, la sua vita in generale e il suo rapporto con Braibanti in particolare.

Il 12 ottobre del 1964, il padre di Giovanni Sanfratello si reca alla procura di Roma e presenta una denuncia nei confronti di Aldo Braibanti in cui lo accusa di aver plagiato suo figlio inculcandogli idee malsane come il comunismo e l'ateismo.

Ai primi di novembre, Giovanni Sanfratello viene prelevato con la forza da alcuni sconosciuti nella pensioncina dove abita con Braibanti e viene portato via su un'auto dove a bordo c'è anche suo padre. Lo portano a Modena, in una clinica per malattie nervose, poi al manicomio di Verona, dove lo rimpinzano di psicofarmaci e lo sottopongono a una serie di elettroshock. Giovanni Sanfratello verrà infine dimesso soltanto quindici mesi dopo, ma con l'obbligo di vivere in casa dei genitori e il divieto di leggere libri che siano stati scritti meno di cento anni prima.

Sul finire del 1964, il processo ad Aldo Braibanti – accusato del reato di plagio – si apre presso il tribunale di Roma nel Palazzaccio di piazza Cavour. In quel famigerato codice Rocco d'ispirazione fascista ancora in vigore, colui che si macchia del reato di plagio viene descritto e sanzionato nel modo seguente: «Chiunque sottopone una persona al proprio potere, in modo da ridurla in totale soggezione, è punito con la reclusione da cinque a quindici anni».

Si scrive plagio ma si legge omosessualità. Aldo Braibanti viene orribilmente messo alla gogna in quanto omosessuale. Il medico che firma la perizia psichiatrica disposta dal tribunale lo descrive in questo modo: «Diabolico, raffinato seduttore di spiriti, affetto da omosessualità intellettuale». E chi potrà mai essere il perito in questione, se non l'onnipresente fascista Aldo Semerari? Proprio lui. Ancora una volta.

In questo processo che ha l'odore stantio della Santa Inquisizione, il pubblico ministero tuona: «Il giovane Sanfratello era malato, ma la sua malattia aveva un nome: Aldo Braibanti, signori della corte. Quando appare lui tutto è buio!».

Mentre Braibanti è alla sbarra, l'accusa cerca di raccogliere testimonianze a sostegno della sua tesi. L'unica che riesce a racimolare è quella di un ragazzo, Piercarlo Toscani, che all'età di diciannove anni, nell'estate del 1960, andò in vacanza con Braibanti. Toscani dichiara che Braibanti aveva tentato di introdursi nella sua mente con le sue idee politiche: «Cominciò ad impedirmi le letture di svago a me usuali [...]. Tali impedimenti non erano su basi di prepotenza esteriore, ma sulla base di una prepotenza interiore, intellettuale, che è molto più forte dell'altra».

Nel corso di quelle udienze, in tribunale sfilano a testimoniare sul versante opposto tanti intellettuali italiani, come Moravia, Pasolini, Umberto Eco, Marco Bellocchio, Alfonso Gatto, Cesare Musatti, Ginevra Bompiani, Elsa Morante, Mario Gozzano e Marco Pannella, che conoscono Aldo Braibanti e lo dipingono per ciò che egli effettivamente è: un uomo inoffensivo come pochi.

«Se c'è un uomo "mite" nel senso più puro del termine» dichiara in quei giorni Pasolini, «questo è Braibanti. [...] Qual è dunque il delitto che egli ha commesso per essere condannato attraverso l'accusa, pretestuale, di plagio?»[1]

Quattro anni dopo l'inizio del processo, il 14 luglio 1968, Aldo Braibanti viene condannato a nove anni di carcere per il reato di plagio. Eppure Giuseppe Sotgiu, l'avvocato difensore, nella sua arringa aveva ammonito i giudici su tutte le possibili conseguenze di una condanna tanto assurda: «Se oggi condannate quest'uomo per il misterioso reato di plagio, da domani un'accusa così fantasiosa potrà essere rivolta a chiunque, specie a tutti coloro che, anche per buoni motivi, hanno una certa influenza sugli altri. Penso, per esempio, a qualcuno che abita non lontano da qui...».

Il Palazzaccio di piazza Cavour è ubicato a pochi passi dal Vaticano. Non è difficile intuire chi possa essere in realtà il «personaggio influente» cui allude l'avvocato Sotgiu. Ma a nessuno fortunatamente viene in mente di denunciare il papa accusandolo di plagio.

Il reato di plagio verrà infine abolito dalla corte costituzionale l'8 giugno del 1981. In quell'occasione, la corte sancì «l'inverificabilità del fatto contemplato dalla fattispecie, l'impossibilità comunque del suo accertamento con criteri logico-razionali, l'intollerabile rischio di arbìtri dell'organo giudicante».

12

La P2? Non ne sappiamo un cazzo

Il 17 marzo del 1981, mi trovo a «l'Unità» e faccio il turno di notte. Mi capita di rado. Riesco quasi sempre a evitare il turno di notte perché vengo spesso inviato in Italia e all'estero. Il turno di notte è piuttosto noioso. Bisogna sempre andare su e giù fra la redazione e la tipografia per controllare che tutto proceda senza intoppi, dalla prima edizione del giornale che esce prima di mezzanotte fino all'edizione romana che vede la luce soltanto all'alba. A parte la carta che ogni tanto si strappa nella rotativa scatenando un casino infernale, di notte non succede mai niente.

A quell'ora, di notizie importanti ne circolano poche. Quando succede qualcosa di grave, si viene immancabilmente a saperlo di prima mattina. Come tutti, di notte anche la maggior parte dei poliziotti e dei giornalisti prevalentemente ronfano.

Ma quella notte, subito dopo cena, le telescriventi sembrano come impazzite e cominciano a sputare una valanga di nomi. Una lista interminabile di nomi. Sono 962 nomi per la precisione. Sarebbero i membri di una loggia massonica deviata e segreta denominata «Propaganda 2», che mira a controllare la società italiana attraverso i suoi adepti in vista di un imminente colpo di Stato. Fra questi nomi troviamo Licio Gelli, che sarebbe il venerabile gran maestro cioè il grande capo della loggia massonica, l'editore Angelo Rizzoli, il palazzinaro e imprenditore della nuova tv commerciale Silvio Berlusconi, il banchiere Roberto Calvi, l'ex presidente Dc della Camera Brunetto Bucciarelli Ducci, il deputato del Msi Giulio Caradonna, l'ammiraglio Gino Birindelli, i dirigenti dei servizi segreti Gianadelio Maletti, Vito Miceli e Giuseppe Santovito, lo psichiatra forense Aldo Semerari (ancora lui), i dirigenti del Psi Fabrizio Cicchitto, Silvano Labriola, Beniamino Finocchiaro, il segretario del Partito socialdemocratico italiano Pietro Longo, il democristiano Massimo De Carolis, il giornalista e conduttore televisivo Maurizio Costanzo, ma anche il cantante Claudio Villa un tempo iscritto al Pci e persino il presidente dell'Uefa Artemio Franchi e il famoso imitatore Alighiero Noschese, morto suicida nel 1979.

Nessuno di noi in servizio quella notte conosce abbastanza la massoneria regolare, figurarsi quella deviata e segreta. Ci chiediamo tutti cosa possa tenere insieme il grande editore del «Corriere della Sera», il rampante magnate della nuova televisione privata che si sta affacciando nell'etere, i servizi segreti, gli esponenti di vari partiti di governo e persino l'imitatore più famoso d'Italia già defunto da un paio d'anni. Dopo aver provato a spremere le meningi, ci rendiamo conto che le nostre deduzioni non servono a molto. Non ci viene in mente niente, niente di niente.

Ci attacchiamo ai telefoni, ma alla direzione del Pci non risponde nessuno. Cominciamo a buttare giù vaghi articoli di commento e a progettare titoli piuttosto drammatici ma ancor più vaghi. Buttiamo nei cestini non so più quanti articoli e quante pagine già impostate, ci agitiamo, discutiamo, e litighiamo inutilmente.

Alle cinque del mattino, con tutte le copie di un giornale a dir poco indefinibile già in viaggio verso le edicole, finalmente un autorevole dirigente del Pci risponde al telefono. Non è Enrico Berlinguer, ma per fortuna è l'uomo giusto. È Ugo Pecchioli, il nostro «ministro ombra» degli Interni. Quando il collega Antonio Zollo gli chiede cosa diamine sia questa faccenda della P2, Ugo Pecchioli testualmente risponde: «Non ne sappiamo un cazzo».

Poco dopo, azzannando un cornetto in un bar nei pressi della stazione Termini con un paio di colleghi frastornati quanto me, mi rendo conto di aver vissuto fino a trent'anni, come milioni di persone, nella patetica illusione di poter costruire, un giorno, un'Italia migliore di quella che avevamo ricevuto dai nostri padri dopo la fine del fascismo e della guerra.

Invece quella, a quanto pare, era migliore di questa.

Alcuni di coloro che si trovavano in quella lista si sono poi vergognati, si sono eclissati, si sono ritirati a vita privata. Altri hanno smentito la loro appartenenza alla P2 e qualcuno, come Gustavo Selva, è riuscito a far scrivere la smentita sulla sentenza di un tribunale. Altri, invece, hanno fatto carriera, principalmente al fianco di Silvio Berlusconi quando quest'ultimo è sceso nell'agone politico nel 1994.

Altri nomi che figuravano in quell'elenco non significavano nulla nel 1981 ma più avanti sarebbero assurti agli onori delle cronache. Uno per tutti: il Re Mida della sanità Duilio Poggiolini, collettore di tangenti miliardarie insieme alla moglie Lady Poggiolini (quella che nascondeva banconote e gioielli per miliardi nei divani del salotto). Duilio Poggiolini, presidente della commissione che si occupava della circolazione dei farmaci nella comunità europea, è stato persino accusato di «epidemia colposa» per la morte di più di duemila persone che hanno contratto il virus dell'Aids in seguito a trasfusioni di sangue infetto proveniente da un'azienda farmaceutica che appunto foraggiava Poggiolini. Nel 2008, Poggiolini ha beneficiato dell'indulto. Ha restituito quasi quaranta miliardi di lire, ma risulta ancora imputato in quel processo per «epidemia colposa».

La P2 era, di fatto, una mafia di Stato, che non ha mai smesso di operare e trafficare nel nostro Paese nonostante gli scandali che continuano a susseguirsi, nonostante la commissione guidata da Tina Anselmi che ha cercato invano di smantellarla, e nonostante il lavoro infaticabile di alcuni eroici magistrati. «La P2 non è stata un'organizzazione per delinquere esterna ai partiti ma interna alla classe dirigente. La posta in gioco per la P2 è stata il potere e il suo esercizio illegittimo e occulto con l'uso di ricatti, di rapine su larga scala, di attività eversive e di giganteschi imbrogli finanziari fino al ricorso all'eliminazione fisica» scrive nel dicembre del 1985 Massimo Teodori nel sommario del suo libro edito da Sugarco *P2: la controstoria da Cefis a Gelli*.

Il nostro Paese, purtroppo, non ne è ancora venuto fuori, visto che il capo di quella organizzazione, Licio Gelli, oggi novantaseienne, vive tuttora indisturbato a villa Wanda ad Arezzo e non si fa scrupolo di rilasciare dichiarazioni di questo tenore: «Ho una vecchiaia serena. Tutte le mattine parlo con le voci della mia coscienza, ed è un dialogo che mi quieta. Guardo il Paese, leggo i giornali e penso: ecco qua che tutto si realizza poco a poco, pezzo a pezzo. Forse sì, dovrei avere i diritti d'autore. La giustizia, la tv, l'ordine pubblico. Ho scritto tutto trent'anni fa».

13

Questo è Cefis

L'8 ottobre del 2010, la casa editrice Effigie fa uscire un libro (già pubblicato una prima volta nell'aprile del 1972 da un editore pressoché sconosciuto, l'Agenzia Milano Informazioni) ritenuto introvabile da quasi trent'anni.

Il libro s'intitola *Questo è Cefis. L'altra faccia dell'onorato presidente* ed è firmato da un tale Giorgio Steimetz.

Cominciamo col dire che Giorgio Steimetz non esiste. Questo nome è soltanto uno pseudonimo al quale nessuno è mai riuscito a collegare un'identità comprovata. Per parecchio tempo, molti hanno ritenuto che dietro il nome Giorgio Steimetz si nascondesse in realtà il titolare della Milano Informazioni, un aspirante giornalista che si chiamava Corrado Ragozzino. Ma il nipote di quest'ultimo, il giornalista Guglielmo Ragozzino de «il manifesto», smentisce questa ipotesi: «Chi fosse Steimetz» afferma Guglielmo Ragozzino, «l'ho chiesto allo zio [...], quando mi ha regalato il volume che avevo scorto tra i suoi libri. Alle mie domande non ha mai voluto rispondere. Ho pensato e penso che lo facesse per attribuire al suo autore un'aura d'importanza e di segreto, mentre probabilmente si trattava di un personaggio minore, molto dentro all'Eni, un po' dentro ai servizi, che aveva accesso a qualche archivio e voleva tenere Cefis sotto botta, forse per conto di qualcuno, nella politica o negli affari».[1]

Questo è Cefis è un libro esplosivo. A prima vista è un testo piuttosto burocratico, assai noioso da leggere, che però contiene un interminabile elenco di prove molto circostanziate e documentate sui sinistri intrighi orditi da Cefis e i reati d'ogni genere da lui commessi all'epoca in cui era prima presidente dell'Eni (dal 1967) e successivamente presidente della Montedison (dal 1971). Nel libro si parla di una catena di ruberie e malversazioni ai danni dell'Eni stessa, attuate da Cefis grazie a un infinito numero di società di comodo intestate a parenti, amici e collaboratori che il presidente sembra poter manovrare come marionette.

Cefis s'impossessa d'ingenti somme di denaro non soltanto per arricchirsi. Il grande burattinaio domina un palcoscenico molto più grande. Il presidente dell'Eni e della Montedison mette insieme, pezzo dopo pezzo, una mostruosa rete di potere che sembra in grado di gestire, in modo occulto e parallelo, non soltanto l'Eni o la Montedison, ma l'Italia stessa. «Il sistema Cefis diviene progressivamente» scrive nel 1985 Massimo Teodori in P2: *la controstoria da Cefis a Gelli*, «un vero e proprio potentato che, sfruttando le risorse imprenditoriali pubbliche, condiziona pesantemente la stampa, usa illecitamente i servizi segreti dello Stato a scopo d'informazione, pratica l'intimidazione e il ricatto, compie manovre spregiudicate oltre i limiti della legalità, corrompe politici, stabilisce alleanze con ministri, partiti e correnti.»[2]

In *Questo è Cefis*, Giorgio Steimetz lascia persino intendere che Eugenio Cefis potrebbe essere il mandante dell'attentato che il 27 ottobre del 1962 fece precipitare l'aereo di Enrico Mattei, allo scopo di prendere poi il suo posto alla presidenza dell'Eni. Una volta seduto su quella poltrona, Cefis gestisce l'Eni come una cosa sua. Spende e spande in totale autonomia, lancia e sostiene il quotidiano «Il Giorno» senza badare a spese (Cefis dice apertamente che «non si può fare industria senza l'aiuto della politica e un giornale può servire da moneta di scambio»), compra con denaro pubblico le azioni della Montedison e finisce per diventarne presidente.

Cefis si batte con tutti e contro tutti in una competizione senza regole e senza scrupoli. Nel 1974, si scontra con Gianni Agnelli per la presidenza di Confindustria. Il candidato dell'Avvocato è Bruno Visentini, il candidato di Eugenio Cefis è Ernesto Cianci. Alla fine, i due contendenti raggiungono un compromesso e si accomodano entrambi alla presidenza di Confindustria: Agnelli come presidente e Cefis come vicepresidente. Quel compromesso ne contiene però chissà quanti altri. Per vendicare il suo protettore Amintore Fanfani, uscito malconcio dalla battaglia sul divorzio, Eugenio Cefis riesce a mettere le mani su «Il Messaggero» per fermare la deriva sinistroide che il quotidiano romano ha da poco intrapreso appoggiando la campagna referendaria. Dal canto suo, Agnelli è invece molto infastidito dal quotidiano «Gazzetta del Popolo» che fa concorrenza al suo «La Stampa» di Torino, ne desidera l'eliminazione, e di lì a poco la «Gazzetta del Popolo» entra in una profonda crisi che puntualmente troverà il suo epilogo nella chiusura del giornale.

«Ridurre al silenzio, e con argomenti persuasivi, è uno dei tratti d'ingegno più rimarchevoli del presidente dell'Eni» scrive nel suo libro il fantomatico Giorgio Steimetz.

Nel 1972, quando il volume di Steimetz esce per la prima volta in libreria, Eugenio Cefis non si rivolge alla magistratura, non lo denuncia per diffamazione. La sua reazione è tanto inquietante quanto efficace: fa sparire il libro. Nel giro di quarantotto ore, *Questo è Cefis* non si trova più, nemmeno presso la Biblioteca Nazionale che teoricamente dovrebbe, per statuto e per legge, custodirne almeno una copia.

Pier Paolo Pasolini possiede una copia di *Questo è Cefis* di Giorgio Steimetz. È soltanto una fotocopia. Gliel'ha fatta avere nel 1974 Elvio Fachinelli, psichiatra e psicanalista milanese. Pasolini gli ha chiesto anche copie di alcune conferenze di Cefis, come *La mia patria si chiama multinazionale*. In questo discorso, pronunciato nel 1972 all'Accademia militare di Modena, viene invocato senza mezzi termini, per la salute dell'Italia, l'avvento di un presidenzialismo autoritario. Fachinelli invia a Pasolini anche l'originale della conferenza *Un caso interessante: la Montedison*, tenuta l'11 marzo del 1973 a Vicenza, testo corredato persino di appunti vergati a mano dallo stesso Cefis.

Il presidente di Eni e Montedison è, del resto, il protagonista occulto di *Petrolio*, il singolare e monumentale libro al quale Pasolini sta lavorando nell'autunno del 1975 quando viene attirato nella trappola dell'Idroscalo e ammazzato. Come scrive Gianni D'Elia nel suo bel libro *L'eresia di Pasolini*, pubblicato nel 2005 da Effigie, «Pasolini ci informa dell'intenzione di inserire nel libro il testo integrale dei discorsi di Cefis, che avrebbero dovuto fare da "cerniera" tra una prima e una seconda parte».

In *Petrolio*, Pasolini riporta già brani integrali di *Questo è Cefis*, senza neppure riscriverli o modificarli secondo il proprio stile, inevitabilmente diverso dal linguaggio plumbeo di Giorgio Steimetz. Perché? Uno scrittore naturale, potente e originale come Pasolini non può nemmeno immaginare di fare una cosa del genere. Personalmente, credo di intuire le sue motivazioni. L'appropriazione indebita e letterale d'interi paragrafi di *Questo è Cefis* può rappresentare, secondo me, un modo molto raffinato per poter dire a Cefis quando *Petrolio* vedrà la luce: «Caro Cefis, io so. Io conosco il libro che hai fatto sparire. Purtroppo per te, questo non riuscirai a farlo sparire».

Eugenio Cefis nasce il 21 luglio del 1921, sette mesi e mezzo prima di Pier Paolo Pasolini, a Cividale del Friuli, a circa cinquanta chilometri da Casarsa della Delizia. Qualcuno sostiene che possano essersi incontrati in gioventù, ma non vi sono né prove né indizi. Certo è che Pier Paolo Pasolini deve conoscere a menadito la biografia di Eugenio Cefis.

Cefis è un partigiano, uno di quei partigiani «bianchi» della Val d'Ossola che a suon di fucilate contendono ai partigiani «rossi» i lanci di armi e provviste degli aerei americani. Accanto a lui, nella stessa brigata, ci sono anche Enrico Mattei e Gaetano Verzotto. Più tardi, nel dopoguerra, Mattei diventa presidente dell'Eni mentre Cefis e Verzotto ricoprono entrambi la carica di vicepresidenti. Non c'è da stupirsi. In Italia, patria di don Abbondio, l'opportunismo è da sempre considerato una qualità più che un difetto. Specie dopo l'8 settembre del 1943, molti italiani (di destra o di sinistra) si sono uniti ai partigiani mossi da scopi né politici né patriottici. Sono italiani che scelgono la Resistenza per poter intraprendere in seguito, dopo la guerra, una carriera politica da posizioni privilegiate.

Pier Paolo Pasolini conosce piuttosto bene, dopo aver perso tragicamente suo fratello Guido a Porzûs, le faide interne e le ambigue vicende della lotta partigiana in Friuli e in Veneto. Paolo sa che molti partigiani «bianchi», già nei giorni della Liberazione, vengono arruolati nell'organizzazione denominata Stay Behind, una sorta di esercito segreto al servizio della Cia e dell'Intelligence Service, un'armata occulta destinata a vigilare, in chiave anticomunista e fondamentalmente antidemocratica, sulla situazione politica nei Paesi del Patto Atlantico. Stay Behind sul nostro territorio prende il nome di Gladio, nome assai ricorrente nei numerosi tentativi di colpo di Stato che in Italia si susseguono ma fortunatamente falliscono. Nel dicembre del 1972, l'organizzazione Gladio viene smantellata. I suoi depositi clandestini di armi ammontano a 139. I carabinieri ne rintracciano e ne svuotano 127. Un mese prima, il 5 novembre del 1972, in un comizio a La Spezia, il segretario della Democrazia cristiana Arnaldo Forlani afferma: «È stato operato il tentativo forse più pericoloso che la destra reazionaria abbia tentato e portato avanti [...] con una trama che aveva radici organizzative e finanziarie consistenti, che ha trovato la solidarietà probabilmente non soltanto in ordine interno ma anche in ordine internazionale. Questo tentativo non è finito. Noi sappiamo in modo documentato che questo tentativo è ancora in corso».[3]

Con ogni probabilità, l'attentato aereo in cui Enrico Mattei perde la vita il 27 ottobre del 1962 è stato ordito dai servizi segreti americani e francesi. Enrico Mattei andava fermato a ogni costo perché il presidente dell'Eni stava cercando, con successo, di stabilire rapporti diretti con alcuni Paesi produttori di petrolio, come la Libia e l'Algeria, scavalcando così il ferreo monopolio delle cosiddette Sette Sorelle, un «cartello» che permette agli americani, agli inglesi e ai francesi di essere padroni incontrastati del mercato del petrolio. Gli esecutori materiali dell'attentato sono i mafiosi della famiglia di Stefano Bontate, che dicono di aver ricevuto l'ordine dai loro cugini di Brooklyn. Il sabotaggio del bimotore di Mattei è organizzato nei minimi dettagli. Enrico Mattei, appassionato di caccia, accetta l'invito per una battuta in Sicilia, e mentre lui spara alla selvaggina qualcuno infila un piccolo ordigno esplosivo negli ingranaggi del carrello del suo aereo per farlo precipitare lontano, in fase di atterraggio, nei pressi dell'aeroporto di Linate dove è diretto.

Il ruolo dei due vecchi amici e commilitoni di Mattei in questa trama rimane in larga parte oscuro. Chi è che tenta a ogni costo di accreditare la versione dell'incidente aereo, anche corrompendo un contadino di Bascapè, tal Mario Ronchi, unico testimone oculare della sciagura? Chi sono tutte quelle persone che si aggirano attorno alla carcassa del bimotore alla disperata ricerca della borsa di Enrico Mattei che conteneva tutte le sue carte? Chi è il regista di tutti i depistaggi che vengono messi in atto? Cefis? Verzotto? I servizi segreti italiani? La Cia? La mafia? Il governo in carica presieduto proprio da Amintore Fanfani, nume protettore di Cefis? Il presidente della Repubblica Giovanni Gronchi eletto anche grazie ai voti dei fascisti del Msi?

Sta di fatto che Gaetano Verzotto in breve tempo diventa protagonista di una carriera folgorante: senatore, presidente dell'Ente minerario siciliano e segretario della Dc in Sicilia, dove gestisce i rapporti con la mafia.

Sta di fatto che Eugenio Cefis, dopo essersi inspiegabilmente dimesso dall'Eni nel gennaio del 1962, dieci mesi prima dell'attentato, viene nominato al vertice dell'Eni dal governo Fanfani nella notte del 4 novembre 1962, pochi giorni dopo la morte di Enrico Mattei, con il compito di fare piazza pulita della politica indipendentista di Mattei e di ricondurre l'ente petrolifero di Stato nei ranghi di un ruolo subalterno alle grandi multinazionali del petrolio. Cefis porta puntualmente a termine la sua missione firmando la «pace petrolifera» tra l'Eni e la Esso, e ponendo così fine al conflitto con le Sette Sorelle scatenato da Enrico Mattei.

A questo punto, però, va detto che Eugenio Cefis e Gaetano Verzotto si detestano da sempre. Il primo è un liberista spregiudicato, il secondo è il tipico democristiano che «chiagne e fotte».

Sul finire dell'estate del 1970, Verzotto rivela al giornalista de «L'Ora» Mauro De Mauro alcuni retroscena dell'attentato al presidente dell'Eni Enrico Mattei, indicando quali responsabili del sabotaggio dell'aereo Eugenio Cefis e Vito Guarrasi, avvocato e imprenditore in odore di mafia, anche lui un tempo consulente di Mattei. Il giornalista sta lavorando al caso perché Francesco Rosi, che si appresta a dirigere un film intitolato appunto *Il Caso Mattei*, gli ha dato l'incarico di scoprire come Mattei abbia trascorso le sue ultime quarantott'ore di vita. In quei giorni, Mauro De Mauro si confida a sua volta con l'amico e collega Igor Man: «Sto ricostruendo il caso Mattei e ti debbo dire che c'è dentro, ci sono dentro tutti: i politici, gli stranieri, la Cia e, ahimè, pure la mafia».[4]

Pochi giorni dopo, il 16 settembre del 1970, Mauro De Mauro viene rapito dalla mafia e mai più ritrovato. Nove anni dopo, il 21 luglio del 1979, il mafioso Leoluca Bagarella fa tacere per sempre con sette colpi di pistola alle spalle anche Boris Giuliano, vicequestore di Palermo, che non ne voleva sapere di smettere di indagare sulla scomparsa di Mauro De Mauro.

Il 31 gennaio del 1975, Gaetano Verzotto fugge prima a Parigi e poi in Libano per sottrarsi all'arresto dopo che la magistratura ha scoperto i depositi di fondi neri dell'Ente minerario siciliano da lui effettuati presso le banche svizzere di Michele Sindona, il losco faccendiere legato alla mafia e alla P2 che nel gennaio del 1974 è stato premiato come «uomo dell'anno» dall'ambasciatore statunitense a Roma John A. Volpe.

In questa prima metà degli anni Settanta, si moltiplicano gli attentati (decine), i morti (centinaia), e i tentativi più o meno maldestri di colpo di Stato. Ricordo che in quel periodo si parla spesso di una certa agitazione nelle caserme romane e, in concomitanza con queste soffiate, a «l'Unità» ogni tanto ci consigliano di non rincasare e di cercare ospitalità per la notte in casa di amici.

Il 18 dicembre del 1975, il direttore uscente della Cia William Colby ammette davanti alla commissione d'inchiesta del Congresso americano sull'attività dei servizi segreti che la Cia ha elargito più di 65 milioni di dollari alla Dc e ai suoi alleati per scongiurare il pericolo comunista. Ma la Cia non si è limitata a questo. La Cia ha anche organizzato operazioni segrete per influenzare gli avvenimenti politici italiani. Il nuovo direttore che s'insedia al vertice dei servizi segreti americani, un certo George Bush, a sua volta precisa che non sono esclusi altri avvenimenti del genere qualora ciò fosse richiesto dalle esigenze di sicurezza degli Stati Uniti.

Improvvisamente, nel 1977, Eugenio Cefis lascia in fretta e furia le sue poltrone, il mondo del petrolio e il Paese per ritirarsi a vivere in Svizzera, a soli cinquantasei anni, con un gruzzolo stimato in cento miliardi di lire. Nel momento in cui sta facendo fagotto, Enrico Cuccia, re indiscusso di Mediobanca, lo apostrofa più o meno così: «Che fa? Se ne va? Ma lei non era quello che doveva fare il colpo di Stato?».[5]

Enrico Cuccia parla poco ma sa sempre quel che dice. Eugenio Cefis lascia precipitosamente l'Italia perché sta per essere arrestato. A far balenare questa ipotesi è uno dei più brillanti operatori della Borsa di Milano, Aldo Ravelli, ex deportato a Mauthausen perché in pieno regime fascista aiutava gli ebrei, intervistato da Fabio Tamburini in *Misteri d'Italia* (Longanesi, Milano 1996).

TAMBURINI: Tra i tanti misteri dell'era Cefis, uno risulta particolarmente indecifrabile. Perché uscì di scena all'improvviso, lasciando l'Italia e quasi dissolvendosi. Ne sai qualcosa?
RAVELLI: È una storia lunga, che potrebbe diventare la trama di un film, a metà tra il giallo e l'avventura. Te lo dirò,

un giorno. Conosco con precisione quello che è avvenuto. Stavano per arrestarlo. E non per storie di tangenti *ante litteram*. I motivi erano molto più gravi, importanti. Deve ritenersi fortunato che non l'abbiano fatto.

T: Quali erano i rapporti con Fanfani?

R: Stretti, molto stretti. Secondo me, in quella primavera del 1977 stavano per arrestare anche lui. Proprio nei mesi precedenti a quando Cefis annunciò l'uscita da Montedison.

T: Coltivavano sogni autoritari?

R: Non ti rispondo.

T: Chi era al loro fianco?

R: Ufficiali e generali dell'esercito. E poi una parte dei carabinieri.

T: Come fai a saperlo?

R: Uno di loro era mio amico. E me ne parlò.

T: Perché il piano fallì?

R: Fu merito di una sola persona: Agnelli Giovanni, nemico di Cefis. Di questo, all'Avvocato, bisognerà rendere merito.[6]

Alla fine degli anni Novanta, si viene improvvisamente a scoprire che la P2 è stata ideata e creata proprio da Eugenio Cefis. A inciampare in questa scoperta è un magistrato, Vincenzo Calia, che con caparbietà e fortuna riesce a trovare un eloquente appunto originale del Sismi (i servizi segreti militari).

APPUNTO. Notizie acquisite il 20 settembre 1983, da qualificato professionista molto vicino ad elementi iscritti alla Loggia P2 dei quali non condivide le idee. [...] La Loggia P2 è stata fondata da Eugenio Cefis che l'ha gestita sino a quando è rimasto presidente della Montedison. Da tale periodo ha abbandonato il timone, a cui è subentrato il duo Ortolani-Gelli, per paura. [...] Alle 15.30 di oggi, 21 settembre 1983, ho conversato telefonicamente con la nota fonte di New York che mi ha confermato quanto al precedente appunto.[7]

Vincenzo Calia lavora a Pavia. Dal 20 settembre del 1994, il magistrato veste i panni del pubblico ministero nella terza inchiesta sulla morte di Mattei. Le inchieste precedenti hanno frettolosamente archiviato il caso definendolo un «incidente aereo». Un destino simile a quello del Caso Pasolini, che rimane ufficialmente ancora un «incidente omosessuale».

E qui alcuni elementi cominciano a convergere. Vincenzo Calia, che è riuscito a rintracciare anche una rara copia dell'introvabile *Questo è Cefis* di Giorgio Steimetz su una bancarella in piazza della Vittoria a Pavia, è colui che riesce per la prima volta a mettere insieme il Caso Mattei e il Caso Pasolini.

Nel 2003, nel redigere il meticoloso resoconto di dieci anni d'indagini, il magistrato acquisisce agli atti più di venti pagine di *Petrolio* di Pier Paolo Pasolini (in particolare, il capitolo intitolato *Il cossiddetto impero dei Troya*) e scrive:

> Anche Pier Paolo Pasolini (ucciso a Ostia il 2 novembre 1975) aveva avanzato sospetti sulla morte di Mattei, alludendo a responsabilità di Cefis. Tali allusioni sono rintracciabili nella frammentaria stesura del suo ultimo lavoro incompiuto (*Petrolio*, Einaudi, Torino, 1992: il personaggio ivi chiamato Troya potrebbe mascherare Eugenio Cefis, mentre Bonocore sarebbe lo stesso Mattei), la cui unica utilità investigativa potrebbe riguardare la ricerca delle fonti utilizzate dall'autore. [...] Pasolini aveva quindi elencato una lunga serie di società collegate tra loro, e amministrate da persone riconducibili al vice-presidente dell'Eni. Si tratta di alcune delle società elencate da Giorgio Steimetz in *Questo è Cefis. L'altra faccia dell'onorato presidente*. I nomi di tali società sono stati sostituiti con altri assonanti.[8]

Il 7 agosto del 2005, Vincenzo Calia consegna al giornalista del «Corriere della Sera» Paolo Di Stefano, che gli chiede se esista un nesso tra la morte di Mattei e la morte di Pasolini, una risposta sibillina ma piuttosto chiara: «Basta fare due più due». Il maresciallo Enrico Guastini, responsabile della parte investigativa delle indagini, offre al giornalista un pensiero più articolato: «L'ipotesi che l'ambiente politico-economico avesse tutto l'interesse a eliminare Pasolini merita un serio approfondimento».

Vincenzo Calia è talmente convinto che tra la morte di Enrico Mattei e l'uccisione di Pier Paolo Pasolini vi sia un nesso importante da sentire la necessità di dar conto, nella sua relazione, anche del rompicapo più insolubile che ci ha lasciato *Petrolio* di Pier Paolo Pasolini: la sparizione dell'Appunto 21, intitolato *Lampi sull'Eni*, che forse è stato rubato o forse non è mai esistito.

Pasolini stesso, in *Petrolio*, fa accenno a *Lampi sull'Eni* dandone per scontata l'esistenza: «Per quanto riguarda le imprese antifasciste, ineccepibili e rispettabili, malgrado il *misto*, della formazione partigiana guidata da Bonocore [Mattei, *NdA*], ne ho già fatto accenno nel paragrafo intitolato *Lampi sull'Eni*, e ad esso rimando chi volesse rinfrescarsi la memoria».[9]

Silvia De Laude, curatrice dell'edizione di *Petrolio* pubblicata nel 2005 per gli Oscar Mondadori, si limita a osservare che «l'Appunto 21, *Lampi sull'Eni*, che avrebbe dovuto "rinfrescare la memoria" sul passato partigiano dei personaggi Troya e Bonocore, già insieme nella Resistenza, è in realtà solo una pagina bianca con l'indicazione di un titolo».[10]

Solo una pagina bianca? Eppure Pasolini, da come ne parla più di un anno prima della sua morte, quell'Appunto 21 sembra proprio dare a intendere di averlo già scritto. «Nulla è quanto ho fatto da quando sono nato, in confronto all'opera gigantesca che sto portando avanti: un grosso romanzo di 2000 pagine. Sono arrivato a pagina 600» raccontava Pasolini in alcune interviste rilasciate a cavallo tra il 1974 e il 1975.[11] Le pagine ritrovate di *Petrolio* ammontano esattamente a 522, un numero persino inferiore alle seicento pagine che l'autore dichiarava pubblicamente di aver già scritto un anno prima della sua morte.

Se furto vi è stato, chi può dire quali e quante pagine siano state sottratte al manoscritto originale? Se un ladro fosse riuscito a mettere le mani su *Petrolio* avrebbe potuto portar via molto materiale, non soltanto *Lampi sull'Eni*, e soprattutto avrebbe potuto rubare, per non correre il rischio di sbagliare, l'intero manoscritto. L'Appunto 21, tra l'altro, non sembra essere, sulla carta, uno dei passaggi più rivelatori e più scabrosi di *Petrolio*. *Lampi sull'Eni* dovrebbe raccontare il passato partigiano di Troya (Cefis) e Bonocore (Mattei), cioè un argomento che da molto tempo non dovrebbe più nascondere troppi segreti.

L'ipotesi del furto nasce da un contrasto tra due cugini di Pasolini, Graziella Chiarcossi e Guido Mazzon. Qualche giorno dopo la morte di Pasolini, la madre di Guido Mazzon telefona alla nipote per sapere se si sia ripresa dallo choc. Graziella le dice che nel trambusto di quei giorni, fra le varie cose che sono accadute, c'è stato anche un furto in casa, e aggiunge che qualcuno avrebbe portato via delle carte di Pasolini. La zia riferisce il contenuto di quella telefonata a suo figlio Guido Mazzon, ma disgraziatamente di lì a poco la donna muore. In seguito, Guido Mazzon chiama sua cugina Graziella Chiarcossi e i due finiscono col parlare di quella telefonata. Graziella, inaspettatamente, nega di aver detto a sua zia di aver subito quel furto. Mazzon non le crede e s'inalbera. Da quel giorno, Guido Mazzon e Graziella Chiarcossi non si parlano più.

Il 27 marzo del 2009, l'avvocato Maccioni e la criminologa Simona Ruffini presentano un'istanza rivolta a far riaprire le indagini sulla morte di Pier Paolo Pasolini. L'istanza si basa su due richieste. La prima è che venga effettuato l'esame del Dna, che mai è stato effettuato, sui reperti (tra i quali la camicia che Pasolini indossava quella notte, nonché il maglione e il plantare trovati nell'Alfa Gt) custoditi presso il Museo criminologico di Roma. La seconda richiesta è che vengano acquisiti in una nuova indagine sul Caso Pasolini gli importanti risultati del lavoro decennale svolto dal pubblico ministero Vincenzo Calia sulla scomparsa del giornalista Mauro De Mauro.

L'esito dell'iniziativa di Maccioni e Ruffini va oltre ogni aspettativa. Il procuratore Giovanni Ferrara affida l'incarico di esaminare l'istanza al sostituto procuratore Diana De Martino. Un anno dopo, il 23 marzo del 2010, Francesco Minisci, il sostituto procuratore subentrato alla dottoressa De Martino, avvia le indagini. Il Caso Pasolini è ufficialmente riaperto.

Pochi giorni prima, succede di tutto.

Il 2 marzo del 2010, il senatore Marcello Dell'Utri dichiara pomposamente ai giornali di essere venuto in possesso di un testo inedito di Pasolini che ha tutta l'aria di essere il leggendario *Lampi sull'Eni*. Il 22 marzo del 2010, sul «Corriere della Sera», l'onorevole Walter Veltroni scrive una lettera aperta al ministro della Giustizia Angelino Alfano per chiedere la riapertura delle indagini sull'omicidio di Pier Paolo Pasolini anche alla luce delle affermazioni di Marcello Dell'Utri. Lo stesso 22 marzo, in una conferenza stampa, l'avvocato Stefano Maccioni e la criminologa Simona Ruffini affermano: «Non possiamo che manifestare la nostra approvazione per la lettera inviata dall'onorevole Walter Veltroni al ministro della Giustizia Angelino Alfano volta a riaprire le indagini sull'omicidio di Pier Paolo Pasolini [...]. Ci auguriamo pertanto che le nuove notizie riguardanti il ritrovamento, ad opera del senatore Marcello Dell'Utri, del capitolo di *Petrolio* scomparso dopo la morte del poeta possano finalmente portare gli inquirenti ad effettuare i necessari riscontri sui reperti presenti presso il Museo criminologico di Roma».[12]

Dopo la lettera aperta ad Alfano, Veltroni rivolge anche un'interrogazione parlamentare al ministro dei Beni Culturali Sandro Bondi. Ed ecco che purtroppo riaffiorano le controproducenti controversie familiari, ben descritte da Angela Molteni, una donna che ha dedicato buona parte della sua vita alla memoria di Pasolini creando uno straordinario luogo informatico, pasolini.net, e un archivio ricchissimo che porta il nome di *Pagine corsare*.

«Mi sembra opportuno aggiungere» scrive Angela Molteni, «che la famiglia cui si richiama anche Walter Veltroni nell'interrogazione parlamentare al ministro Bondi, in primo luogo nella persona della cugina Graziella Chiarcossi, unica erede del patrimonio pasoliniano, non ha inteso finora esprimere una sua adesione all'istanza presentata dal 2009 da Stefano Maccioni e Simona Ruffini per la riapertura di indagini sul delitto Pasolini. Né ha, nel merito, incaricato alcun legale o consulente. Vincenzo Cerami, marito della Chiarcossi, si è a sua volta dichiarato contrariato dal fatto che gli organi d'informazione continuino a occuparsi di tali indagini e di quanto a esse correlato. L'unico che ha rotto un clima che pare indicare un certo grado di indifferenza rispetto al possibile accertamento di nuovi elementi che gettino luce sull'assassinio di Pier Paolo Pasolini è dunque Guido Mazzon, che – certo – fa parte della famiglia, come del resto un altro cugino, Nico Naldini, che però finora non risulta essersi espresso.»[13]

Ma torniamo alle clamorose rivelazioni di Marcello Dell'Utri sul ritrovamento di *Lampi sull'Eni*, che dopo un primo, notevole impatto mediatico, cominciano a sgonfiarsi. Del resto, lo stesso Dell'Utri, che è anche un bibliofilo, nel 2007 aveva già annunciato di essere entrato in possesso dei diari originali di Benito Mussolini, che, come poi dimostrò «L'Espresso», si rivelarono dei falsi.

Il 2 marzo del 2010, durante la presentazione della XXI Mostra del libro antico di Milano, Marcello Dell'Utri asserisce di essersi ritrovato tra le mani un dattiloscritto di Pasolini che sarebbe «*Lampi sull'Eni*, uno dei capitoli mancanti di *Petrolio*». A suo parere il testo è «inquietante per l'Eni, parla di temi e problemi dell'Eni, parla di Cefis, di Mattei e si lega alla storia del nostro Paese». Il senatore aggiunge di ritenere possibile che «sia stato rubato dall'abitazione di Pier Paolo Pasolini». A pochi metri di distanza, il curatore della Mostra, Alessandro Noceti, incalzato da Matteo Sacchi de «il Giornale», dà una versione molto diversa: «Si tratta di un testo di centoventi pagine inedite ritrovato pochi giorni fa. Le pagine erano all'interno di una cassa. La cassa apparteneva ad un istituto che ne è anche proprietario».

Marcello Dell'Utri viene interrogato una prima volta a Roma il 23 aprile 2010 dal sostituto procuratore Francesco

Minisci che è incaricato delle nuove indagini sul Caso Pasolini, e una seconda volta a Palermo il 5 dicembre del 2011 dal procuratore aggiunto Antonio Ingroia e dal sostituto procuratore Sergio Demontis che ancora indagano sulla scomparsa del giornalista de «L'Ora» Mauro De Mauro. Uscendo dalla procura di Palermo, Marcello Dell'Utri racconta al giornalista del «Corriere della Sera» Felice Cavallaro una terza versione del presunto ritrovamento di *Lampi sull'Eni*.

> Durante una mostra in via Senato a Milano, con trecento, quattrocento persone che pressavano per una stretta di mano, due parole, un saluto, si presentò un signore che non conoscevo, sussurrandomi tre parole: «Io ho un inedito». Lo guardai perplesso, ma incuriosito. Poi disse che si trattava di un inedito di Pasolini. Lo ascoltai con maggiore interesse, ma sempre pressato dalla folla [...]. Disse lui che si trattava di *Petrolio*, il libro incompiuto di Pasolini. E per questo si accese il mio interesse. Il signore mi porse quei fogli. Saranno stati una sessantina. Vidi a saltare che spiccavano i nomi di Mattei e di Cefis. Non ricordo il nome di Mauro De Mauro. Confesso che non capii subito l'importanza. E me ne pento perché più ci penso più capisco che doveva davvero trattarsi di una copia del famoso Appunto 21.[14]

Che dire? Le contraddizioni del senatore Marcello Dell'Utri non si contano. Prima dichiara che il testo sarebbe «inquietante per l'Eni», poi afferma di averlo guardato quasi di sfuggita e di aver notato soltanto i nomi di Mattei e di Cefis, forse dimenticando che in *Petrolio* Mattei e Cefis sono stati ribattezzati da Pasolini con i nomi di Troya e Bonocore.

Ci sono fin troppi misteri in questa storia. Il mistero di Dell'Utri, almeno in questa sede, lascia il tempo che trova.

Al di là di qualunque supposizione, l'ultimo articolo scritto da Pier Paolo Pasolini per il «Corriere della Sera» il 28 settembre del 1975, trentatré giorni prima della sua morte, appare invece tutt'altro che misterioso. Pasolini scrive: «Gli italiani vogliono consapevolmente sapere quale sia stato il vero ruolo del Sifar. Gli italiani vogliono consapevolmente sapere quale sia stato il vero ruolo del Sid. Gli italiani vogliono consapevolmente sapere quale sia stato il vero ruolo della Cia. Gli italiani vogliono consapevolmente sapere fino a che punto la mafia abbia partecipato alle decisioni del governo di Roma o collaborato con esso. Gli italiani vogliono consapevolmente sapere da quali menti e in quale sede sia stato varato il progetto della "strategia della tensione" (prima anticomunista e poi antifascista, indifferentemente)».

Pasolini punta il dito contro i servizi segreti italiani, i servizi segreti statunitensi, la mafia, i governi corrotti. Pasolini, in questo articolo intitolato *Perché il Processo*, vuole «trascinare» la Democrazia cristiana in tribunale e processarla. Serve altro per firmare la propria condanna a morte?

Pasolini non è un pazzerello poeta di provincia, non è un anarchico che parla al vento. Pasolini è conosciuto in tutto il mondo. Pasolini è l'intellettuale più prestigioso, più seguito e più discusso che l'Italia possieda.

In quell'articolo scritto il 28 settembre del 1975, Pasolini non si limita a lanciare accuse e invettive. Pasolini illustra, in modo estremamente razionale, il quadro della situazione: «Fin che non si sapranno tutte queste cose *insieme* – e la logica che le connette e le lega in un tutto unico non sarà lasciata alla sola fantasia dei moralisti – la coscienza politica degli italiani non potrà produrre nuova coscienza. Cioè l'Italia non potrà essere governata [...]. Non si può governare: non si possono prendere decisioni politiche (se non quelle che servono a tirare avanti fino al giorno dopo, come fa Moro)».

C'è forse bisogno di ricordare quale sarà la sorte di Aldo Moro due anni e mezzo dopo?

14

Tre persone spuntate dal nulla

A trent'anni di distanza dall'assassinio di Pier Paolo Pasolini, Pino Pelosi, l'unico colpevole riconosciuto dalla giustizia italiana, confessa una seconda volta.

Il 7 maggio del 2005, ospite di Franca Leosini nello studio da dove va in onda il programma di Rai 3 *Ombre sul giallo*, Pelosi smentisce se stesso e racconta una nuova versione dei fatti. In studio sono presenti anche Guido Calvi e Nino Marazzita, i legali della parte civile nel primo processo a Pino Pelosi che si celebrò nel febbraio del 1976 presso il tribunale dei minori a Roma. Processo che com'è noto si concluse con la sentenza del giudice Carlo Alfredo Moro che avvalorava, in virtù di un gran numero d'indizi, la presenza all'Idroscalo degli ignoti complici di Pelosi. Ignoti complici che furono poi spazzati via pochi mesi dopo, come sappiamo, dalla sentenza pronunciata dalla corte d'appello di Roma presieduta dal giudice Ferdinando Zucconi Galli Fonseca.

Franca Leosini dà vita a un'attenta ricostruzione del Caso Pasolini con l'aiuto degli ospiti in studio. A un certo punto, l'autrice del programma avverte i telespettatori che sta per far entrare nelle loro case immagini forti, molto forti. Ecco che sugli schermi televisivi appare per la prima volta il cadavere di Pier Paolo Pasolini, ben inquadrato e ben illuminato su un tavolo di obitorio. Superato lo stupore e il raccapriccio, a ben guardare si può notare che il volto di Pasolini, deformato dai colpi ricevuti, è di colore grigio scuro, sembra sporco di petrolio. Ma nessuno lo nota. Anche nei giorni immediatamente successivi al 2 novembre del 1975, quando improvvisamente apparvero su alcuni giornali le foto di Pasolini morto sul terriccio dell'Idroscalo, il suo volto e i suoi capelli parevano abbondantemente intrisi di grasso. Anche allora, questo particolare nessuno lo notò. Non lo notò neppure il professor Faustino Durante. Forse perché, come spesso accade, il corpo di Pasolini fu lavato prima di essere sottoposto all'autopsia?

Se quel grasso, come sembra, era davvero presente sul volto e sui capelli di Pasolini, ciò può significare una cosa sola: la rottura della coppa dell'olio dell'auto che l'ha ucciso. Se così fosse, l'arma del delitto non potrebbe essere in alcun modo l'Alfa Gt di Pier Paolo Pasolini che aveva la coppa dell'olio intatta.

Pino Pelosi fa il suo ingresso in studio quando mancano pochi minuti alla fine della trasmissione. Si trova in quello studio dall'inizio, ma è stato fino a quel momento solo un'irriconoscibile sagoma in controluce che il regista ogni tanto inquadrava per far crescere la suspense.

Quando i riflettori finalmente si accendono, trent'anni dopo, sull'assassino ufficiale di Pasolini, Pino Pelosi afferma: «Io sono innocente. Non sono complice di nessuno. Io ho vissuto trent'anni nel terrore. Sono stato minacciato io, mia madre e mio padre. Adesso sono morti, non ho più paura perché ormai ho fatto ventidue anni di carcere, ho quarantasei anni, sono solo, queste persone o saranno morte, perché all'epoca erano grandi già, o saranno anziane, avranno ottant'anni [...]. Dopo il rapporto orale che tutti sanno, io sono sceso dall'autovettura perché dovevo urinare, mi sono avvicinato alla rete, e nel mentre urinavo sono stato aggredito da una persona io, e da due persone lui [...]. Tre persone spuntate dal nulla. Io sono stato minacciato, picchiato, due punti in testa e una frattura al naso, da una persona che aveva la barba. Insomma, era buio, non si vedeva tanto. M'ha spinto addosso alla rete, m'ha preso per il collo, mi ha minacciato, "Fatte i cazzi tuoi!". Pasolini è stato preso letteralmente dentro la macchina e tirato fuori. Lì hanno cominciato a picchiarlo in modo inaudito. Io ho cercato di reagire, per prendere le parti del signor Pasolini, io ho preso le botte, ho preso una bastonata, ho preso una mazzata al naso [...]. Mi dicevano "Fatte i cazzi tuoi sennò ti uccidiamo pure a te e a tutta la tua famiglia". E questo poveraccio urlava e questi lo stavano a massacra'».

A parte la barba di quello che aveva aggredito lui, Pino Pelosi sostiene di non poter riconoscere gli altri aggressori perchè era buio, ma rivela che avevano «un accento del Sud» e gridavano a Pasolini «sporco comunista», «fetuso», «pezzo di merda» mentre lo picchiavano.

Com'è noto ai tanti giornalisti che in tutti questi anni l'hanno voluto intervistare, Pino Pelosi si fa sempre pagare profumatamente per parlare. Non possiamo sapere quanto abbia ricevuto per partecipare alla trasmissione *Ombre sul giallo*, ma appare evidente che la sua seconda confessione è fasulla almeno quanto la prima. L'asino casca nel finale, del tutto inverosimile. Secondo Pelosi, dopo il pestaggio, i tre aggressori se ne sono andati. Una volta rimasto solo, sostiene di essere salito sull'Alfa Gt di Pasolini, di averla messa in moto e di essere partito, passando poi «inavvertitamente» sul corpo di Pasolini.

Un finale del genere, nella seconda versione, è ancor meno plausibile che nella prima. Possibile che Pelosi, una volta andati via gli aggressori, non abbia sentito la necessità di andare a vedere dove si trovava Pasolini e in che condizioni era ridotto? Senza contare che il fatto di essere passato «inavvertitamente» con l'auto sul corpo di Pasolini è una vecchia bugia a cui non può credere più nessuno, dal momento che l'unica via di fuga con l'auto dalla scena del delitto era esattamente nella direzione opposta rispetto al luogo dove giaceva il corpo.

Uno studio televisivo non è l'aula di un tribunale, e a nessuno dei presenti salta in mente di interrogare Pelosi davanti ai telespettatori. I due avvocati, Calvi e Marazzita, ascoltano perplessi questa seconda confessione e alla fine Calvi, con amarezza, commenta: «Pelosi ha ricostruito i fatti esattamente come li illustrai nella memoria conclusiva che poi fu recepita dal tribunale dei minori di Roma».

In fin dei conti, a questa seconda confessione di Pelosi non crede nessuno. Anche se è stata quantomeno smentita la menzogna più grande di tutte: l'incredibile versione, scolpita nelle sentenze di appello e di cassazione, che indica in Pino Pelosi il solo e unico assassino di Pier Paolo Pasolini.

A non dare peso alle parole di Pelosi è soprattutto Sergio Citti, purtroppo gravemente malato, che infatti morirà cinque mesi dopo. «Pelosi? Io non penso a quello che Pelosi ha detto» dichiara Sergio Citti al Tg3. «Penso a quello che dirà dopo, e ancora dopo...» Citti per l'occasione comincia a raccontare quello che mi rivelò alla fine degli anni Settanta sul furto delle bobine di *Salò o le 120 giornate di Sodoma*. Sergio vorrebbe essere sentito da un magistrato, cosa che chiede ormai da tempo. «Trent'anni fa io dissi» continua Citti, «che sapevo perché è stato ucciso Pasolini. Non so chi è stato, no, io so perché è stato ucciso. Non sono stato chiamato perché anche loro lo sapevano, ma dovevano nasconderlo.»

Subito dopo la trasmissione di Franca Leosini, l'avvocato Marazzita chiede formalmente alla procura di Roma la riapertura del Caso Pasolini sulla base delle nuove rivelazioni di Pelosi, definendolo un «atto dovuto». Ma non appena riaperto, il Caso Pasolini viene subito richiuso, quando si scopre che Pino Pelosi è stato pagato per la sua partecipazione a *Ombre sul giallo*.

Il Caso Pasolini verrà riaperto soltanto diversi anni dopo, grazie all'istanza presentata il 27 marzo del 2009 da Stefano Maccioni e Simona Ruffini. Alla fine di aprile del 2010, l'avvocato Guido Calvi consegna al magistrato Francesco Minisci, anche in rappresentanza del Comune di Roma, un documentario girato dal regista Mario Martone che contiene una deposizione di Sergio Citti e acclude anche il filmato girato all'Idroscalo da quest'ultimo dieci giorni dopo l'assassinio di Pier Paolo Pasolini. Filmato che per più di trent'anni nessun giudice ha voluto prendere in considerazione.

Sergio purtroppo non ha parlato quando doveva farlo. Io però continuo a chiedermi se qualcuno sarebbe stato disposto ad ascoltarlo. Conosco bene l'ipocrisia e il razzismo che hanno sempre circondato Sergio Citti, suo fratello Franco e anche Ninetto Davoli. Non dimentico una grande penna della critica cinematografica italiana che li definì «pasolinoidi». Sergio e tutti gli amici borgatari di Pasolini sono sempre stati «invisibili». Quando Paolo è morto, sono morti anche loro a tutti gli effetti perché sono stati costretti a tornare nel ghetto da dove provenivano, che per giunta non esisteva più.

Alla fine, Sergio Citti ottiene un briciolo di attenzione dalla magistratura. Anche se purtroppo è morto ormai da quattro anni e mezzo.

15

La rana e il fantasma

Nel settembre del 2011, l'editore Vertigo fa uscire un libro, *Io so... come hanno ucciso Pasolini*, firmato da Pino Pelosi e scritto con la collaborazione dell'avvocato Alessandro Olivieri e del cineasta Federico Bruno.

Pelosi racconta di non aver incontrato per la prima volta Pasolini la sera del primo novembre 1975 in piazza dei Cinquecento. Improvvisamente, Pino la Rana ammette di aver conosciuto il poeta all'inizio dell'estate e di averlo frequentato con una certa assiduità.

Per me non è una novità. Mi solleva il fatto che il danno procurato dalla pietosa omertà di Sergio Citti possa finalmente trovare riparazione, e proprio a opera di Pino Pelosi. Pino ora parla in termini completamente diversi di Pier Paolo Pasolini. Nelle sue descrizioni, Paolo non è più quella belva feroce affamata di sesso che lo voleva picchiare, sodomizzare, uccidere. Adesso Pelosi lo definisce «un gentiluomo». Meglio tardi che mai.

Detto questo, Pelosi continua a mentire come ha sempre fatto e continua a giocare a scopone scientifico con i morti. Parla della presenza all'Idroscalo di Franco e Giuseppe Borsellino, ormai scomparsi da tempo, e arriva persino ad attribuire a Sergio Citti, anch'egli defunto da sei anni, l'idea di rubare il negativo del film *Salò o le 120 giornate di Sodoma* perché Citti, secondo lui, aveva contratto debiti per procurarsi la droga. Una bugia grossolana. Non foss'altro

perché tutti coloro che hanno conosciuto Sergio Citti possono testimoniare che odiava la droga, qualsiasi tipo di droga.
Senza contare che Sergio Citti ha sempre messo in relazione
il furto del negativo di *Salò* con la morte di Pasolini e ha
sempre detto, fino alla nausea, che quella era la pista da battere per trovare la verità.

Pino Pelosi sostiene di essere stato minacciato di morte
fin dal primo momento, quella notte del 2 novembre 1975.
Minacce estese a tutta la sua famiglia, minacce permanenti,
in carcere e fuori, affinché non si azzardasse mai a cambiare
la sua versione dei fatti. Pelosi infatti non la cambia. Racconta ancora una volta quello che ha già raccontato nel 2005. La
stessa filastrocca che conosciamo a memoria. Lui e Pasolini
sono stati entrambi aggrediti, uno degli aggressori si è occu-
pato di lui, gli altri hanno massacrato Pasolini, poi quelli se
ne sono andati e lui è salito sull'Alfa Gt per scappare, ma è
inspiegabilmente andato dalla parte opposta rispetto a dove
doveva andare e chissà, forse, inavvertitamente, è passato
sul corpo di Pasolini.

Io so... come hanno ucciso Pasolini è un libro pieno di contraddizioni lampanti ma è interessante proprio per questo
motivo. S'intuisce la volontà dell'avvocato Alessandro Olivieri e del regista Federico Bruno (autore nel 2012 di un film,
Pasolini, la verità nascosta, che misteriosamente non è mai
stato distribuito) di sollecitare Pino Pelosi a dire finalmente
la verità, ma si capisce altrettanto facilmente che è sempre
Pelosi a decidere cosa dire e cosa non dire, continuando a
infarcire i suoi racconti di bugie dalle gambe corte.

Quando Pelosi racconta ciò che accadde quella notte, improvvisamente menziona a pagina 82 la presenza all'Idroscalo di due auto: una Fiat 1500 scura e una Gt identica a
quella di Pasolini. Questa notizia così interessante, Pelosi la
butta lì senza alcuna spiegazione.

Ed ecco che, a pagina 97, il libro riferisce una versione
dei fatti completamente diversa da quella che Pelosi ha raccontato poche pagine prima: è la versione di Silvio Parrello,
detto er Pecetto, un pittore e poeta di Donna Olimpia che

ha conosciuto Pasolini da ragazzino e che forse è stato uno degli ispiratori del romanzo *Ragazzi di vita*.

Ecco cosa scrive di suo pugno Silvio Parrello:

A distanza di oltre dieci anni dalla mia personale indagine sulla morte di P.P.P., emerge con chiarezza una verità completamente diversa da quella processuale. Iniziamo dall'incontro che Pasolini ebbe con Pelosi alla stazione Termini la sera del 1° novembre 1975. Non fu casuale, ma fu un appuntamento già fissato in precedenza, in quanto i due si frequentavano da alcuni mesi. Quella notte il ruolo di Pelosi era solo quello di accompagnare l'intellettuale a Ostia per recuperare le bobine del film *Salò*, che i due fratelli Borsellino, amici di Pelosi, avevano rubato su commissione a fine di estorsione; fu a quel punto che scattò l'idea dell'omicidio. Quando Pelosi e Pasolini finirono di cenare al «Biondo Tevere», montarono in macchina e si avviarono in direzione di Ostia. I due furono seguiti dai fratelli Borsellino in sella alla loro Vespa e da una moto Gilera 125 rubata guidata da Giuseppe M. Lungo il percorso si accodarono una Fiat 1500 con a bordo tre balordi, che successivamente massacrarono di botte il Poeta, ed un'Alfa Romeo simile a quella di Pasolini, con una sola persona, la stessa che investì e uccise lo scrittore schiacciandolo sotto le ruote. Alla fine della mattanza, quando i sicari fuggirono, sul luogo del delitto rimasero solo in due: Pino Pelosi e Giuseppe M., che presero la macchina del Poeta per scappare. Percorsi pochi metri Pelosi si sentì male, scese dalla macchina e vomitò, mentre il suo «caro» amico proseguì la fuga, e, giunto sulla Tiburtina, abbandonò l'Alfa Romeo di Pasolini, e si dileguò. Pelosi, rimasto all'Idroscalo solo e appiedato, venne fermato a Ostia a piazza Gasparri dalle Forze dell'Ordine, a poche centinaia di metri dal luogo del delitto. Alle tre del mattino, due ore dopo l'omicidio, due poliziotti telefonarono a casa di Pasolini all'Eur, comunicando alla cugina Graziella Chiarcossi che la macchina di P.P.P. era stata trovata abbandonata sulla Tiburtina. Di questa telefonata la Chiarcossi ne parlò più volte con Sergio Citti, il

quale, cinque mesi prima della sua morte, verbalizzò il fatto alla presenza dell'avvocato Guido Calvi. Durante il processo, l'automobile di Pasolini fu periziata dai periti Ronchi, Ronchetti e Merli, e si capì immediatamente che si trattava di una blanda e superficiale perizia; i tre non si recarono mai sul luogo del delitto. Al contrario, quella presentata da Faustino Durante, nominato dalla famiglia, è ben diversa, e appare con chiarezza che ci fu un'altra macchina a uccidere l'intellettuale. All'indomani del delitto, quella stessa automobile fu portata da Antonio Pinna in riparazione presso una carrozzeria al Portuense. Il primo carrozziere, Marcello Sperati, viste le condizioni dell'auto, si rifiutò di eseguire il lavoro, mentre il secondo carrozziere, Luciano Ciancabilla, la riparò. Il 12 febbraio 1976, nell'indagine sull'omicidio di P.P.P., il maresciallo dei carabinieri Renzo Sansone fa arrestare i due fratelli Borsellino. La notizia venne data alla stampa il 14 febbraio 1976, lo stesso giorno in cui scomparve Antonio Pinna, la cui auto fu trovata all'aeroporto di Fiumicino, e del quale non si seppe più nulla fino al venerdì di Pasqua del 2006. Quel giorno venne a trovarmi nel mio studio di pittore e poeta un sedicente figlio di Antonio Pinna, tale Massimo Boscato, di cui nessuno conosceva l'esistenza, neanche i parenti più stretti, nato da una relazione tra Pinna e una donna del Nord Italia. Il sedicente figlio era alla ricerca del padre, e, tramite un suo amico che prestava servizio alla Digos ed una ricerca condotta da lui stesso, risultava che Antonio Pinna era stato fermato a Roma nel 1979, alla guida di un'auto con la patente scaduta. Oltre a questo, il fascicolo che lo riguardava recava la dicitura TOP SECRET.
Questa è la mia verità, ma purtroppo non posso documentarla.

Silvio Parrello
Roma, 19 luglio 2011[1]

Il libro di Pelosi-Olivieri-Bruno *Io so... come hanno ucciso Pasolini* non contiene ovviamente questo testo, anzi si premura di omettere tutto ciò che Parrello scrive a proposito di

Pelosi, ma prende in considerazione l'eventualità che l'arma del delitto non fosse l'Alfa Gt di Pasolini e che l'assassino materiale di Paolo possa essere stato questo fantomatico Antonio Pinna di cui non esiste una foto e di cui non si hanno notizie dal febbraio del 1976.

Antonio Pinna era un *driver* al servizio della criminalità organizzata, un pilota spericolato, ed era incensurato. Gli mancava il dito anulare della mano destra. Glielo avevano tagliato di proposito, secondo il rituale della yakuza (la mafia giapponese), alcuni amichetti suoi per farlo pentire di uno sgarro. Qualcuno dice che Antonio Pinna sia stato fatto sparire alla maniera di Mauro De Mauro. Altri segnalano che si troverebbe in Belgio, dove vivrebbe dal 1976 sotto falso nome.

Queste notizie me le fornisce Martina Di Matteo, una giovane giornalista che farà strada, autrice di molti articoli e saggi dedicati al Caso Pasolini. Ma nessuno si è ancora mosso per chiedere all'Interpol di provare a rintracciarlo. Fino a quel giorno, Antonio Pinna non potrà che continuare a essere un fantasma.

Il primo dicembre del 2014, Pino Pelosi confessa ancora una volta. E ancora una volta cambia in parte la sua versione dei fatti, dimenticando in un baleno ciò che ha scritto tre anni prima nel libro *Io so... come hanno ucciso Pasolini*. Quella mattina, davanti al pubblico ministero Francesco Minisci che era il magistrato responsabile della nuova indagine sulla morte di Pier Paolo Pasolini innescata dall'iniziativa dell'avvocato Stefano Maccioni e della criminologa Simona Ruffini, Pino Pelosi afferma: «Quella notte c'erano tre automobili, una motocicletta e almeno sei persone. Lo hanno picchiato a sangue davanti ai miei occhi. Due erano i fratelli Borsellino. È stato vittima di un agguato studiato in ogni dettaglio. Lo convinsero ad andare a Ostia con la scusa di trattare la vendita delle pizze del film *Salò o le 120 giornate di Sodoma*, rubate tempo prima. Lui aveva con sé i soldi. Era una scusa per tendergli un'imboscata».

Ancora una volta, Pelosi nega la presenza sul posto di Giuseppe Mastini detto Johnny lo Zingaro. Stavolta, le novità importanti che Pelosi ci propone sono due: Pino ora dice che a uccidere Pasolini furono addirittura sei persone ma soprattutto rivela che l'arma del delitto fu un'altra auto, identica all'Alfa Gt del poeta. «Dopo averlo pestato» racconta Pelosi, «uno di loro salì su un'Alfa identica a quella del regista e lo investirono. È la prova che avevano preparato tutto nei dettagli.»[2]

L'attendibilità di Pelosi, tuttavia, è sempre più precaria. A ogni nuova versione risulta sempre più difficile credergli. Si fa pagare per confessare in tv, tira in ballo i fratelli Borsellino solo molto tempo dopo la morte di entrambi, e tenta persino di addossare al defunto Sergio Citti una responsabilità del tutto inverosimile.

In *Io so... come hanno ucciso Pasolini*, Pino Pelosi coglie anche l'occasione per dire la sua su un altro drammatico episodio che l'ha visto protagonista. In un'appendice intitolata *Olimpio Marocchi 35 anni dopo... ecco che il destino si ripropone*, Pino la Rana ricostruisce ciò che accadde il 20 luglio del 2010, quando la Renault Clio da lui guidata andò a schiantarsi contro il guardrail dell'autostrada Roma-Fiumicino provocando la morte del passeggero seduto accanto a lui, il suo amico Olimpio Marocchi. Pelosi racconta che lui e Olimpio erano ubriachi fradici e spiega di aver perso il controllo dell'auto perché l'amico gli stava facendo dispetti a non finire, dispetti incoscienti e pericolosi mentre guidava su quella strada a scorrimento veloce.

Come rivela Claudio Marincola su «Il Messaggero» del 21 luglio del 2010, Olimpio Marocchi non era un amico qualsiasi di Pino Pelosi. Anch'egli pregiudicato, di undici anni più giovane di Pelosi, Olimpio era cresciuto proprio in una di quelle casupole abusive che si trovavano ai margini del campetto dell'Idroscalo dove Pasolini fu ammazzato, secondo la versione ufficiale, dal solo Pino Pelosi.

Una strana coincidenza. Alla quale se ne aggiunge un'altra ancora più inquietante. Appena due mesi prima di per-

dere la vita su quell'auto guidata da Pino Pelosi, Olimpio
Marocchi aveva rivelato al «Messaggero» ciò che nella sua
famiglia tutti sapevano a proposito dell'omicidio di Pier Paolo Pasolini. In cambio, per precauzione, aveva chiesto di
essere citato soltanto con le sue iniziali.

«Tutti, mia madre, gli zii, i nonni sapevano» disse Olimpio Marocchi. «Nessuno ha fiatato. Ero piccolo ma ricordo
le discussioni. Nessuno parlò, avevano paura che poi avrebbero buttato giù le loro casette abusive. La donna [la signora
Lollobrigida, *NdA*] che la mattina del 2 novembre, insieme
al marito, trovò il corpo di Pasolini, raccontò agli agenti che
era appena arrivata da Roma, ma aveva dormito lì e sentito
tutto. Pasolini urlava e invocava aiuto.»[3]

Claudio Marincola, nel suo articolo, riesce a trovare
un'ulteriore conferma alle rivelazioni di Olimpio Marocchi
rispolverando un articolo apparso poco dopo la morte di
Pasolini sul quotidiano «La Stampa» a firma di Furio Colombo. In quell'articolo, un anonimo abitante dell'Idroscalo
disse a Colombo: «Lo scriva che è tutto 'no schifo, che erano
in tanti, lo hanno massacrato quel poveraccio. Pe' mezz'ora
ha gridato mamma, mamma, mamma! Erano in quattro o
cinque...». Quando Colombo chiese al testimone se si fosse
premurato di riferire ciò che aveva visto e sentito alla polizia,
quello gli rispose senza esitazione: «Ma che, so' scemo?».

Quel testimone era Ennio Salvitti, il nonno di Olimpio
Marocchi.

Fa indubbiamente uno strano effetto scoprire che Pelosi era amico per la pelle di un testimone di quella notte
all'Idroscalo, anche se Olimpio a quel tempo era soltanto
un bambino. Lo stupore aumenta quando si apprende che
Olimpio Marocchi è morto due mesi dopo aver detto ciò che
sapeva su quella notte. Ma sarebbe ingiusto seminare sospetti dal momento che a bordo di quell'auto c'era anche Pelosi e
indubbiamente nell'incidente poteva morire pure lui.

Qualche sospetto ancor più vago, ma allo stesso tempo
più concreto, sorge spontaneo ai primi di dicembre del 2014,
quando scoppia lo scandalo denominato Mafia Capitale e

viene improvvisamente a galla l'esistenza di un'organizzazione criminale di stampo mafioso-politico-imprenditoriale che fa il bello e il cattivo tempo a Roma. Di questa organizzazione fanno parte ex picchiatori fascisti portati ai vertici del Campidoglio dall'ex sindaco Gianni Alemanno, uomini politici della destra parlamentare, imprenditori collusi, esponenti della 'ndrangheta, elementi corrotti delle forze dell'ordine e dei servizi segreti. Nel «pasticciaccio brutto» compare persino il direttore di un giornale, «Il Tempo», quotidiano storico della destra romana, indagato per favoreggiamento. Si parla di appalti truccati, di estorsione e di usura, di esportazione illegale di valuta, di traffico d'armi e di stupefacenti. E saltano fuori le fedine penali di tanti protagonisti di questa cricca, impreziosite da omicidi e rapine.

A capo dell'organizzazione troviamo due figure: Massimo Carminati detto er Cecato, ex terrorista fascista dei Nar poi confluito nella Banda della Magliana, e Salvatore Buzzi, uno che ha scontato ventiquattro anni di carcere per omicidio e che sembra capace di muoversi come un'anguilla fra gli ambienti di destra e gli ambienti di sinistra della capitale. Il *core business* dell'organizzazione, che gravita attorno alla cooperativa 29 Giugno, è di carattere spiccatamente umanitario: da una parte, la cooperativa è impegnata nel recupero sociale degli ex detenuti, dall'altra gestisce l'accoglienza agli immigrati extracomunitari che, come afferma Buzzi in un'intercettazione, «rende di più del traffico di droga». La cooperativa 29 Giugno, prima dello scandalo, era sinonimo di solidarietà e di riconoscimento sociale e poteva contare su appoggi influenti a destra come a sinistra. Il suo fatturato complessivo, nel 2013, aveva superato i cinquanta milioni di euro.

È assai sconcertante constatare, quarant'anni dopo, che l'organigramma di Mafia Capitale presenta lo stesso torbido intreccio fra gli stessi temibili personaggi che Pasolini denunciava già nei suoi articoli scritti alla metà degli anni Settanta per il «Corriere della Sera». In questo colossale intrigo si può notare la stessa, perversa confusione tra destra e sinistra che era alla base della strategia della tensione. Ci sono tutti. Manca solo la Cia.

In questa vicenda, troviamo persino Pino Pelosi. Per il suo status di ex detenuto, Pino ha trovato lavoro da anni presso la cooperativa 29 Giugno con mansioni di giardiniere-spazzino. I giornalisti gli piombano addosso per caso nella sede della cooperativa, a pochi giorni di distanza dalla sua quarta confessione, e Pelosi allarga le braccia: «So' stato vent'anni in galera, in manicomio e anche in casa di custodia, ma ancora mafioso non me l'aveva detto nessuno...».

Pino Pelosi non è un mafioso. È un ragazzo di strada che ha perduto tragicamente la sua innocenza il 2 novembre 1975. Vive da allora nel terrore, imprigionato per sempre in un'identità precaria resa ancor più precaria dalle sue periodiche, contraddittorie rivelazioni. Vedere il suo nome accostato a Mafia Capitale induce semplicemente a pensare che egli possa essere ancora prigioniero delle stesse minacce e delle stesse promesse di coloro che gli hanno sempre «consigliato» di tenere la bocca chiusa.

Forse occorre ormai accettare l'idea che Pelosi non dirà mai tutta la verità perché non può farlo. Onestamente, non è facile biasimarlo. Nemmeno i sicari di solito vuotano il sacco. Si rifugiano nella pazzia, nelle verità di comodo, negli alibi ideologici. Penso ad Ali Agca, ai tanti foschi protagonisti della strategia della tensione, ai carcerieri di Aldo Moro.

Perché mai dovrebbe parlare proprio Pino Pelosi, che ha già trascorso metà della sua vita in galera, e che dopotutto fu soltanto un'esca?

TERZA PARTE

Ricostruire la memoria

16

Dimenticare Pasolini

Alla fine del 2005, in seguito alla morte di Sergio Citti, preceduta dalla scomparsa di mio padre, Bruno Grieco, e dopo la nuova confessione di Pelosi in tv, improvvisamente mi rendo conto che non voglio più pensare a Pasolini, alla sua morte, alla sua opera, al suo messaggio.

Sono trascorsi trent'anni da quella tragica notte all'Idroscalo. Dopo tutto questo tempo, ho capito che per la verità non c'è più speranza. In questo momento, di Paolo ricordo soltanto l'idiosincrasia per la parola speranza. «Vedo di fronte a me un mondo doloroso e sempre più squallido. Non ho sogni, quindi non mi disegno neppure una vita futura. Vivo un giorno per l'altro, senza quei miraggi che sono alibi. La parola speranza è completamente cancellata dal mio vocabolario» disse un giorno Pasolini a Enzo Biagi.

Dall'inizio del 2006, guardo distrattamente le trasmissioni televisive o gli articoli di giornale, in verità piuttosto rari, che parlano ancora di Pasolini.

Nel 2011, scorgo sullo scaffale di una libreria *Io so... come hanno ucciso Pasolini* di Pino Pelosi, Alessandro Olivieri e Federico Bruno. Lo sfoglio ma non lo compro.

Mi colpisce molto di più la rivelazione di Silvio Parrello che squarcia finalmente il velo sulla presenza all'Idroscalo di un'altra Alfa Gt e parla per la prima volta di Antonio Pinna, il pilota provetto della Banda della Magliana scomparso misteriosamente pochi mesi dopo l'assassinio di Pier Paolo Pasolini.

Una debole fiammella si riaccende. È di breve durata. Sono contento che, col tempo, tante menzogne siano venute al pettine, ma resto impermeabile alla speranza che la verità sulla morte di Pasolini possa prima o poi venire a galla per intero.

Nell'estate del 2013, mi telefona Conchita Airoldi di Urania Pictures, una produttrice cinematografica che conosco da lungo tempo. Conchita mi propone di scrivere la sceneggiatura di un film su Pier Paolo Pasolini che dovrebbe essere diretto da un regista americano, Abel Ferrara. Non amo i film di Abel Ferrara e lui stesso mi è sempre parso un personaggio un po' inquietante. Ma Conchita parla per conto di Canal Plus, un'azienda a cui sono molto affezionato e per la quale ho lavorato, con notevole soddisfazione, tra il 1997 e il 2003. Sono loro in realtà a finanziare il film. Urania Pictures è la produzione italiana incaricata di realizzarlo, poiché il film verrà girato interamente a Roma.

A settembre, incontro Abel Ferrara in casa di Conchita Airoldi. Il regista americano ha deciso di usare come arco narrativo l'ultimo giorno di vita di Pier Paolo Pasolini inserendo molti flashback per raccontare i momenti fondamentali della sua vita. Gli faccio presente che oggi, volendo, ci sono elementi sufficienti per mettere in scena la morte di Pasolini mostrando esattamente cosa accadde quella notte all'Idroscalo e provando anche a individuare chi fossero i mandanti. Lui mi sembra quasi infastidito da questa proposta. Mi risponde: «I don't wanna do a spy story» («Non voglio fare un film di spionaggio»).

Allora mi chiedo perché Abel Ferrara si sia messo in testa di ambientare il film nell'ultimo giorno di vita di Pasolini. Si possono fare tanti film su Pasolini. Si può raccontare la sua infanzia, o la sua adolescenza, ci si può orientare sul rapporto con sua madre, sulla morte di suo fratello, sul suo arrivo a Roma. C'è solo l'imbarazzo della scelta, vista la complessità del personaggio. Ferrara non mi ascolta e non mi risponde.

Io getto uno sguardo su un primo abbozzo di sceneggiatura che lui mi ha dato, e vedo subito delle scene di sesso molto esplicite.

«Come farete con questa roba?» chiedo a Conchita. «È vero che la censura non esiste più, ma è anche vero che tutto questo sesso così compiaciuto rischia di far finire il film nel ghetto del porno o quantomeno del porno cosiddetto d'autore, dove come saprai lo vedranno in pochi.»

«Sì, lo so» risponde la produttrice, «con Abel si presenta spesso questo tipo di problema. Ci sarà da battagliare...»

Una settimana dopo, sempre in casa di Conchita Airoldi, mentre a cena parliamo di Pasolini, Abel Ferrara interrompe il discorso con una battuta che mi rimane sullo stomaco: «Let's face it, he was rich and he was buying bodies» («Diciamo la verità, Pasolini era ricco e comprava corpi»). Per quanto mi riguarda, ogni discorso con lui si arena su questa battuta. La serata è ancora lunga. Abel Ferrara mi vuole mostrare un film con Gérard Depardieu su Dominique Strauss-Kahn intitolato *Welcome to New York* che ha appena finito di montare.

Welcome to New York mi sembra un film scandalistico a basso costo. Depardieu va a zonzo per tutto il film con il culo di fuori, più che parlare emette grugniti, e passa da una prostituta all'altra in una maratona sessuale di una noia mortale. Mi chiedo dove sia, in questo film, il brillante economista francese che stava per diventare presidente della Repubblica a furor di popolo. Perché Dominique Strauss-Kahn sarà pure un uomo sessualmente alquanto disturbato, ma è e resta una delle teste più pensanti d'Europa.

Se tanto mi dà tanto, posso facilmente immaginare il film che Abel Ferrara ricaverà dalla vita di Pasolini. Pertanto, al termine di quella serata decido di uscire dalla casa di Conchita Airoldi e anche dal progetto.

Torno dunque alle mie faccende. Sto preparando a Praga un film che ho scritto e che sarà prodotto dalla donna della mia vita, Marina Marzotto, che dopo una lunga marcia di avvicinamento ha deciso di intraprendere la carriera di produttore. Allo stesso tempo, sto cercando di scrivere un *Re Lear* in chiave comica con un compagno di strada che ho appena incontrato ma che mi sembra di conoscere da sempre. Si chiama Guido Bulla, è un professore universitario in pensione ma è soprattutto il massimo studioso italiano di George Orwell ed è anche il miglior traduttore di William Shakespeare che mi sia capitato di leggere.

Lavoro a pieno ritmo ma non riesco a scacciare un senso di fastidio che mi accompagna giorno e notte. Passo in rassegna tutti i miei problemi e mi rendo conto che questo fastidio è qualcosa di nuovo, difficile da mettere a fuoco e difficile da localizzare. Finalmente capisco di cosa si tratta. Mi sento in colpa per il film su Pasolini che Abel Ferrara si accinge a realizzare, anche se io non c'entro niente, anche se ne sono fuggito appena ho capito che aria tirava. Ripenso ai film che sono stati realizzati in passato su Pasolini, generosi ma poco incisivi, come *Pasolini, un delitto italiano* (1995) di Marco Tullio Giordana e *Nerolio* (1996) di Aurelio Grimaldi, penso a *Pasolini, la verità nascosta* (2012) di Federico Bruno che non riesce a trovare una distribuzione, e mi rendo conto che il film dell'americano Abel Ferrara rischia di diventare un'ultima, oscena lapide cinematografica sulla vita e la morte di Pier Paolo Pasolini.

Il ragionamento fila, ma in definitiva che c'entro io? Perché dovrei vivere questo problema come un problema mio? Non sono il figlio o il fratello di Pasolini. Non ho nemmeno mai pensato di avere in sospeso crediti o debiti nei confronti di Pasolini. Trovo questo fastidio indebito e assurdo. Caccio via il pensiero molesto e vado avanti per la mia strada.

Un mese dopo, ai primi di novembre del 2013, il fastidio è sempre lì da qualche parte dentro di me. M'impedisce di concentrarmi su tutto quello che sto facendo.

A fine novembre, getto la spugna. Non riesco più a pensare al film che dovrei girare a Praga e nemmeno al *Re Lear* che sto scrivendo con Guido Bulla. A Marina e a Guido dico la verità. Nella mia testa c'è solo Pasolini. Sento il dovere di fare un film su di lui e sulla sua morte. Anche se Abel Ferrara arriverà prima di me. Poco importa, questa non è mica una gara olimpica.

Guido Bulla si ritira in buon ordine. Finiremo di scrivere quel *Re Lear* quando i tempi saranno più propizi. Io lo trattengo. Gli chiedo di rimanere accanto a me per aiutarmi nella sceneggiatura del film su Pasolini. Lui mi ascolta dubbioso. Non è un esperto di Pasolini, e nemmeno di sceneggiature. Io so che con lui ho un feeling speciale e sono convinto che la sua presenza sarà importante per me. Mi accingo a scavare dentro una storia in cui sono troppo coinvolto da troppo tempo e questa sceneggiatura sarà per forza di cose completamente diversa da tutte quelle che ho scritto in vita mia. Guido, per fortuna, accetta la sfida.

Marina è logicamente scombussolata dal cambiamento di programma. Capisce però che questa decisione così improvvisa deriva da un mio stato d'animo che ha visto crescere negli ultimi tempi. Alla fine, anche lei accetta la sfida. Con tutte le incognite previste. Marina ha ben assimilato le regole del suo nuovo mestiere. Marina sa che farà molta fatica a trovare i soldi per questo film, anche e soprattutto per la presenza simultanea del film di Abel Ferrara. Marina ha già in mente quale sarà la risposta dei suoi interlocutori italiani ed esteri: «Ma quanti film pensate che si possano fare su Pasolini?».

Marina intuisce presto come andrà a finire. Mi dice senza inutili giri di parole: «Dovrò indebitarmi, l'ho già capito». Quell'argomento mi frena subito ogni slancio. Lei invece mi spinge ad andare avanti.

«Perché?» le chiedo. «D'accordo che tu e io siamo una cosa sola, ma non posso pensare di farti affrontare un rischio del genere.»

«Chi ti ha detto che lo faccio per te?» risponde lei.

«Ah, sì? E allora spiegami per chi lo fai» dico io.

«Lo faccio per Pasolini» ribatte lei senza esitazioni.

Il 2 novembre del 1975, quando Pier Paolo Pasolini è morto, Marina Marzotto era entrata da poco alle elementari. Non avrei mai potuto immaginare una risposta più bella.

17

Diario di un film

Prima di ogni altra cosa, per fare un film su Pasolini ho bisogno di un attore che possa impersonare Pasolini. Secondo me in Italia esiste un solo attore in grado di farlo. Io lo conosco da sempre. Lo conosceva anche Pasolini.

Massimo Ranieri è un grandissimo attore, il migliore della mia generazione (generazione avara di talenti forse a causa della generazione precedente, fin troppo ricca di talenti), e le sue guance scolpite disegnano una somiglianza con il volto di Pasolini davvero impressionante. Quando Massimo Ranieri, nella seconda metà degli anni Sessanta, divenne un precoce cantante di successo, Sergio Citti e io ci divertimmo spesso a prendere in giro Pasolini insinuando che Ranieri poteva essere un suo figlio illegittimo. Paolo, infastidito, non raccoglieva mai la provocazione.

Un giorno, a metà degli anni Settanta, Pasolini riconobbe che la somiglianza tra lui e Ranieri era evidente: «Se qualcuno dovesse mai aver voglia di fare un film su di me, l'attore giusto è senz'altro lui».

Molto tempo dopo, lo stesso Massimo Ranieri mi rivelò che lui e Pasolini si erano incontrati per caso pochi mesi prima della sua morte: «Ci ritrovammo negli spogliatoi di un campo di calcio. Pasolini aveva finito di giocare e si stava rivestendo. Io ero appena arrivato e mi stavo spogliando. Lui mi guardò e mi disse a bruciapelo: "Hanno ragione a dire che ci somigliamo molto. È proprio vero"».

Massimo Ranieri è l'interprete ideale. È anche l'unico all'altezza del ruolo. Se dovesse rifiutare, immagino già che mi vedrei costretto a rinunciare al progetto.

Chiamo Massimo e vado a trovarlo a casa.

«Hai presente quell'argomento sul quale scherziamo sempre da quasi quarant'anni?» gli dico a bruciapelo.

«Di cosa parli?... Della somiglianza con Pasolini?» risponde lui a colpo sicuro.

«Esattamente. Non è più uno scherzo. Stavolta facciamo sul serio...» aggiungo io.

Massimo mi fissa preoccupato. Tira un sospiro profondo.

«Fammi capire. Che cosa ti sei messo in testa?» mi fa.

«Voglio fare un film su Pasolini. Anzi, no. Diciamo che sento il dovere di farlo» gli rispondo.

Massimo fa un'altra lunga pausa.

«Poi mi spiegherai, ma credo di aver già capito. Io però ho il dovere di dirti che mi cago sotto» è la sua risposta.

«Perfetto. Anch'io mi cago sotto. Mi pare un ottimo inizio.»

L'indomani, comincio a scrivere la sceneggiatura del film con il professor Guido Bulla. All'inizio, prima di affrontare la scalata di una montagna così alta, occorre leggere molto e parlare ancora di più. Prima della sceneggiatura viene la scaletta e, per come sono abituato a lavorare io, se non si riesce a costruire una scaletta robusta non c'è sceneggiatura che tenga. Per arrampicarsi bisogna sapere in anticipo dove mettere i piedi, altrimenti si cade presto nel vuoto.

Dico subito a Guido che ho intenzione di fondere, in questa sceneggiatura, verità consolidate e invenzioni dichiarate. Per esempio, vorrei dare corpo a due personaggi importanti, ancorché fantomatici. Uno è Giorgio Steimetz, l'autore del libro intitolato *Questo è Cefis*. L'altro è Antonio Pinna, il *driver* della Banda della Magliana scomparso pochi mesi dopo l'assassinio di Pier Paolo Pasolini.

Sono convinto che Paolo avrebbe pagato qualunque somma per incontrare Steimetz. Questo incontro nel film avrà luogo, e avverrà per iniziativa di Steimetz. Sarà l'autore di

Questo è Cefis a telefonare a Pasolini e a fissare con lui un appuntamento alla Casina Valadier in Villa Borghese che già fu teatro, durante il fascismo e l'occupazione tedesca, d'innumerevoli intrighi. Ecco il testo di quel primo incontro:

Seduto a un tavolo nella veranda sotto la cupola della Casina Valadier, Pasolini ha di fronte a sé Steimetz, un uomo che ha l'aspetto di un neonato adulto e uno sguardo tutt'altro che infantile.

PASOLINI: Premetto che io il suo libro non ce l'ho. O meglio, ne ho una fotocopia... Se lei me ne potesse dare una copia, magari autografata, mi farebbe molto piacere.

STEIMETZ: Mi dispiace. Non ce l'ho nemmeno io.

P: È andato proprio a ruba.

S: A quanto pare sì.

P: Immagino che quello che lei scrive, con impressionante meticolosità, sia tutto vero. Altrimenti Cefis l'avrebbe denunciata per diffamazione. Lei non è stato denunciato, vero?

S: No. Che io sappia, no.

P: E neanche Cefis, se non vado errato.

S: Questo non lo so. Lo deve chiedere a lui.

P: Ma perché lei ce l'ha così tanto con Cefis?

S: Senta, non per essere scortese, ma io quello che avevo da dire l'ho scritto. A lei perché interessa tanto il mio libro?

P: Perché anch'io sto lavorando alla storia di Cefis. Per me Cefis è il perfetto demonio dell'Italia di oggi. E quindi potrà immaginare con quale avidità ho letto il suo libro.

S: Esattamente che cosa sta scrivendo? Un romanzo? Vuol farci un film?

P: Ho scritto centinaia di pagine ma non posso dire che sia un romanzo, oppure un saggio. È come un incubo che lentamente si materializza e non ho la più pallida idea di cosa diventerà.

S: Pensa di pubblicarlo?

P: Per adesso non ci penso. Anche perché se lo pubblicassi non sarebbe certo per vincere il premio Strega. Se e quando uscirà, questo libro dovrà causare un terremoto.

S: Non si faccia troppe illusioni.

P: Ah, lei dice? Effettivamente... Se il suo libro, che è pieno di notizie criminali, non ha destato l'interesse della magistratura, il potere di Cefis è molto più tentacolare di quanto io possa immaginare. Dico bene?

S: Non vorrei deluderla, ma a parte quello che ho scritto, di Cefis io non so assolutamente nulla.

P: Ma chi le ha raccontato tutte quelle cose?

S: Qualcuno che, evidentemente, aveva interesse a raccontarle.

P: Non mi vuol dire di più, immagino.

S: Ma a cosa servirebbe? Io, lei, chiunque in questo Paese, siamo tutti nani. Con rispetto parlando, naturalmente.

P: Non si preoccupi, non mi offendo. Io ho sempre parteggiato per i nani.

S: Lo so, lei è un comunista. Io no. Io vengo da un altro mondo...

Steimetz a questo punto si alza.

S: ... Se permette, io credo che non abbiamo più niente da dirci.

Steimetz fa per avviarsi. Pasolini, restando seduto, lo costringe a fermarsi.

P: È stato Elvio Fachinelli a darle il mio numero?

S: Perché me lo chiede se lo sa già?

P: Perché l'ho sentito ieri sera... e non è stato lui. Chi le ha dato il mio numero?

S: L'ho trovato sull'elenco telefonico.

P: Ma se sono anni che non sono più sull'elenco.

S: Sono anni che io uso sempre lo stesso elenco... Mi dispiace, ma ora la devo lasciare. Arrivederci.

Sempre senza alzarsi, Pasolini lo trattiene nuovamente.

P: A me piacerebbe rivederla, però. Magari martedì prossimo, alla stessa ora. L'aspetto qui.

Steimetz esita. È evidente che sta cercando di inventare una scusa.

P: No, non risponda. Se può, venga. Arrivederci...

Questa scena sarà una delle prime che dovrò girare. Per i due attori che interpretano Pasolini e Steimetz, la scena coinciderà con il loro debutto sul set.

Massimo Ranieri, che ancora «si caga sotto», impiegherà non più di un'ora per calarsi nel personaggio afferrandone gli elementi essenziali: la postura, la timidezza, lo sguardo intenso dietro le immancabili lenti scure. Massimo nel film parlerà con la sua voce, e con il suo lievissimo accento partenopeo. Non mi serve un imitatore. Non ho bisogno di un Pasolini di superficie. Mi serve un Pasolini pensoso, angosciato, profondo. E sapevo di trovarlo in Massimo Ranieri ben oltre la sua somiglianza fisica con Paolo. Perché Massimo per molti versi è come Paolo. Massimo Ranieri è sempre stato un artista spavaldo, indipendente, mai incline al compromesso. All'apice del successo, ha sempre fatto scelte che nessun altro avrebbe osato fare, come smettere di cantare dopo aver vinto a furor di popolo il Festival di Sanremo con *Perdere l'amore*. Massimo è meridionale ed estroverso mentre Paolo era settentrionale e introverso. Ma il coraggio, la forza e il senso di giustizia sono le caratteristiche di entrambi. Tra l'altro, c'è un elemento filologico che mi appassiona. Pasolini ambientò il *Decameron* a Napoli perché solo in Campania (e non più in Toscana) sapeva di poter ritrovare lo spirito di Boccaccio. Immagino quindi che Pasolini capirebbe e forse approverebbe l'idea di essere impersonato sullo schermo da un attore napoletano.

L'attore che interpreta Giorgio Steimetz è Roberto Citran. Citran è un professionista che fa della sobrietà la sua bandiera e sa eccellere nelle sfumature, come gli attori inglesi di razza. Il cinema italiano l'ha etichettato sullo schermo come «vittima», ma se imprigioni un attore in un cliché finisci per sfruttare solo una piccola parte delle sue capacità. Chi ricorda l'interpretazione di Roberto Citran in *Hotel Rwanda* di Terry George sa cosa intendo.

La presenza di Antonio Pinna al volante della seconda Alfa Gt sulla scena del delitto all'Idroscalo finirà invece per suggerirmi il titolo del film, *La Macchinazione*. Per quanto riguarda Pinna, e gli altri balordi di periferia che ho intenzione di mettere in scena, dico a Guido che li vorrei molto diversi dai banditi duri e spietati che spesso s'incontrano nei film italiani e che a me sembrano inevitabilmente goffe imitazioni dei gangster americani. Ne ho conosciuti e frequentati molti di questi malavitosi, da ragazzo, per via della mia passione per le corse dei cavalli e per il gioco d'azzardo. Era gente disgraziata e disadattata, erano prosseneti e ladruncoli, sembravano cattivi ma spesso si trattava di brutti ceffi fondamentalmente ingenui, come li ha meravigliosamente descritti Pasolini in *Accattone*. Poi, a metà degli anni Settanta, è arrivata la droga e questi balordi ne sono stati travolti. Si sono montati la testa, sono finiti in un gioco troppo più grande di loro, e hanno cominciato a uccidere, anche ammazzandosi tra loro perché uno si era comprato la Porsche più bella dell'altro. Ho intenzione di raccontarli così, descrivendo la loro trasformazione tappa dopo tappa.

So già che prenderò un attore che mi ha molto impressionato nel pasoliniano *Razzabastarda*, primo film da regista di Alessandro Gassman. L'attore in questione interpretava alla perfezione un pappone rumeno. Credevo fosse realmente rumeno. Tutti lo credono rumeno. Invece è nato a La Spezia. Si chiama Matteo Taranto.

Per il ruolo di Antonio Pinna spero di riuscire ad avere con me un attore che conosco da quando era poco più che adolescente. Ora ha trentasette anni, e mi fa rabbia che il cinema italiano lo utilizzi ancora come fosse uno sbarbatello, trascurando il suo enorme potenziale. Si chiama Libero De Rienzo. Il giorno in cui un regista saprà cucirgli su misura il personaggio giusto, forse scopriremo che Libero De Rienzo vale più o meno quanto Montgomery Clift.

Gli altri balordi, e in particolare i «ragazzi di vita» come Pelosi e i fratelli Borsellino, non so proprio come trovarli. Vorrei tanta gente vera in questo film, per impersonare i personaggi che vengono dal sottoproletariato, dalle borgate, dalla strada. Sogno volti presi tra la folla, come si usava fare all'epoca del neorealismo italiano, come facevano Pasolini, De Sica, Fellini, Rossellini. Non posso certo sperare di scoprire nuovi interpreti usando i casting degli orrendi reality show televisivi.

A forza di pensarci, mi viene in mente una famiglia storica del cinema italiano. La famiglia Spoletini. È da quasi un secolo che la famiglia Spoletini rifornisce il cinema italiano di volti sconosciuti, più veri del vero. Ormai gli Spoletini lavorano quasi esclusivamente per gli americani che vengono a girare in Italia, poiché all'industria del cinema italiano, e in particolar modo alle fabbriche della fiction televisiva, la verità sembra interessare poco o nulla.

Incontro l'attuale capostipite della famiglia, Antonio Spoletini, che non vedevo da quasi mezzo secolo, e mi ritrovo davanti un uomo tale e quale al mio ricordo. Non rivelo la sua età perché nessuno la potrebbe indovinare, ma sto parlando di un fenomeno della natura. Come il mio aiuto regista Fabrizio Castellani, un altro che ha smarrito tanto tempo fa il certificato di nascita. Mi fa una strana impressione ritrovarmeli accanto adesso che sono diventato anch'io un signore di una certa età. Mi fa venire in mente quando a sedici anni arrivavo sul set. C'era sempre qualcuno della troupe che mi squadrava e alzando le sopracciglia mi chiedeva: «A' regazzi', ma se po' sape' quant'anni ciai?...».

È veramente buffo sentirsi per un attimo di nuovo così, all'alba dei miei sessantatré anni. Sarà questa la magia del cinema?

Chiedo ad Antonio Spoletini se è ancora in grado di trovarmi i «pischelli» e i balordi che vado cercando. In una lunga riunione, cominciamo a fare un elenco delle difficoltà oggettive con cui ci toccherà fare i conti nel tentativo di ricreare il mondo pasoliniano degli anni Settanta. I ragazzi di oggi si vestono tutti uguali. I ragazzi di oggi hanno dei tagli di capelli impossibili. I ragazzi di oggi sono pieni di tatuaggi. I ragazzi di oggi sono ben pasciuti. I ragazzi di oggi parlano un dialetto romanesco ormai irrimediabilmente imbastardito. I ragazzi di oggi comunicano soltanto attraverso i social network. I ragazzi di oggi seguono le mode e hanno facce che sembrano maschere prese in prestito. I ragazzi di oggi non hanno più un briciolo d'ingenuità nei loro sguardi.

Alla fine della riunione, l'inventario degli ostacoli appare scoraggiante. È una lista che somiglia, paradossalmente, a un anatema pasoliniano.

Io ho le gomme a terra. Antonio Spoletini, al contrario, mi sorride ottimista: «Ce la faremo, Da'. È solo questione di tempo. Qualcuno si può ancora trovare a Trastevere e a Campo de' Fiori. Gli altri ce li andremo a cercare in provincia di Roma, lì ci sono ancora tanti ragazzi che non sono poi così diversi dai ragazzi di allora. Abbi fede, vedrai...».

Io ci credo poco. Ma se questi attori inventati non riuscirà a inventarli Antonio Spoletini, nessun altro mi potrà aiutare. Questo è poco ma sicuro.

Un mese dopo, nei teatri di posa della ex De Paolis sulla via Tiburtina, dove lavorò tante volte anche Pasolini, i provini hanno inizio. Antonio Spoletini, le figlie Barbara e Romina, e il suo prezioso collaboratore Cristiano Cosimi mi portano centinaia di persone. Già al primo impatto, rimango sbalordito. Vedo un sacco di gente che sembra uscita dalla macchina del tempo.

Antonio Spoletini mi chiede se posso dare la precedenza a un ex pugile che ha due occhi che sembrano due fiamme ossidriche. Si chiama Carmelo Fresta. Ha fretta perché purtroppo deve recarsi a un funerale. Lo faccio entrare. Mi dice che è morto improvvisamente un suo nipote, trent'anni e tre figli. Immagino un cancro fulminante, non oso chiedere. Un attimo dopo, Carmelo sembra voler rispondere alla domanda che non gli ho posto: «Era disoccupato da un anno, con tre figli, non sapeva dove sbattere la testa, è andato a fare una rapina ma una guardia giurata gli ha sparato alle spalle. Lui ha sbagliato, per carità, ma quello nun doveva spara'. No, nun se fa così».

Il realismo e la dignità della sua sintesi mi lasciano di stucco. Gli domando se ha letto il testo che ha ricevuto e se la sente di sostenere il provino o preferisce ripassare un altro giorno. Lui è pronto. Il suo personaggio si chiama il Principe e Carmelo deve recitare un monologo di una cattiveria devastante. Effettivamente mi devasta. Lo prendo a bordo senza la minima esitazione. Scoprirò poi un compagno di lavoro di un'umanità, di un'allegria e di una generosità non comuni. Durante quello stesso provino, però, troverò altri «cattivi» commoventi, come Pietro Ingravalle e Massimiliano Pizzorusso, che indurranno me e Guido a creare, su due piedi, nuovi personaggi da inserire nel copione.

Anche Guido Bulla seguirà la stessa sorte e diventerà un personaggio del film. Lo costringo a interpretare un vecchio trombone fascista, segretario di una sezione del Msi. E lui, esimio professore di sinistra, non riesce a sottrarsi. Per questo fascista, Guido e io scriveremo un discorso singolare, un discorso di estrema destra che potrebbe anche somigliare a un discorso di estrema sinistra. Sarà un'occasione, una delle tante, per rappresentare la confusione ideologica di cui parlava continuamente Pasolini.

Nel corso dei provini, mi accorgo di un cambiamento epocale, indubbiamente positivo, sopraggiunto negli ultimi quarant'anni. Scopro che essere omosessuali o eterosessuali oggi è veramente la stessa cosa. La maggior parte dei maschi, tra i venti e i cinquanta anni, che vengono a sostenere i provini, sono apertamente gay o almeno lo sembrano. Eppure attorno a me non vedo traccia né delle occhiate maliziose né tantomeno delle battutacce che in passato si sarebbero sprecate in una situazione come questa. Una bella notizia.

Passo in rassegna molti candidati a interpretare Pino Pelosi e i fratelli Borsellino. Il volto di Luca Bonfiglio, un ragazzo che ha un taglio d'occhi veramente speciale, colpisce tutti. Somiglia molto al Massimo Ranieri diciottenne che interpretò *Metello* di Mauro Bolognini e si aggiudicò il David di Donatello. Luca Bonfiglio è però troppo contemporaneo e troppo sveglio per impersonare Pino Pelosi. Luca darà volto a uno dei fratelli Borsellino, Giuseppe. L'altro, Franco, lo affiderò a Marco D'Andrea, un ragazzo magro come un chiodo proprio come lo eravamo io e i miei amici di strada cinquant'anni fa.

«Sei proprio antico, Marco» gli dico scherzando.

«Lo so che sono antico. Faccio pure un mestiere antico» ribatte lui.

«Che mestiere fai?» gli chiedo io.

«Riparo vecchie macchine per cucire» mi risponde Marco.

Il ragazzo che impersonerà Pino Pelosi viene dai Castelli Romani, si chiama Alessandro Sardelli e non ha ancora compiuto diciassette anni. Mi conquista fin dal primo istante. È spontaneo, è ingenuo, è tenero, è entusiasta, è poesia pura. I suoi idoli sono Robert De Niro e Franco Citti, modelli impensabili per un adolescente di oggi. Il direttore della fotografia, Fabio Zamarion, mi fa notare che Alessandro Sardelli ha un sorriso obliquo e due profili, uno buono e uno cattivo, come un novello dottor Jekyll e mister Hyde. Ciò è semplicemente imputabile, come mi spiegano i suoi genitori, al fatto che portava un apparecchio dentale abbandonato solo da qualche giorno. Alla fine delle riprese, infatti, il suo sorriso ritornerà dritto e luminoso.

Il piano di lavorazione del film mi costringe a girare con Alessandro Sardelli, al secondo giorno di riprese, la sua scena finale. Per questa scena, Alessandro deve imparare a memoria un testo lunghissimo, deve prendere uno schiaffone, deve volare giù da una sedia, deve piangere come un vitello, deve ruggire come una belva feroce, deve capire e non capire tutto ciò che accade attorno a lui. Sono certo, anzi certissimo, che non ce la farà. Non ce la può fare. Anche uno come Al Pacino si rifiuterebbe di affrontare una prova del genere. Ogni personaggio ha una sua evoluzione laboriosa e complicata. Non si può chiedere a un attore di immedesimarsi, vivere e recitare, per prima cosa, l'ultimo tratto di questo percorso. Io invece adesso lo sto chiedendo a un ragazzo di diciassette anni che non ha mai fatto l'attore e sono consapevole dell'assurdità di questa pretesa. Ma non ho alternative. Questa scena posso girarla soltanto il secondo giorno.

Quando arrivo sul set, incontro per la prima volta Tony Laudadio, l'attore che interpreta l'avvocato di Pelosi. Il suo nome mi è stato suggerito da Giulio Baffi, massimo conoscitore della scena napoletana. Tony è un purosangue, me ne accorgo subito, bastano appena cinque minuti per impostare il suo personaggio. E allora gli chiedo di aiutarmi con Alessandro, che è solo un ragazzo debuttante ma deve scalare l'Everest tutto d'un fiato.

Alessandro Sardelli, però, lascia senza parole sia me che Tony Laudadio. Questo diciassettenne riesce a fare tutto con una passione, una convinzione e una credibilità impressionanti. A un certo punto, manca poco che non si spezzi un braccio a forza di cadere dalla seggiola ma quasi non se ne accorge. Ha una capacità di concentrazione che non ho mai visto in un ragazzo della sua età.

Grazie ad Alessandro Sardelli, quando si fa sera ritorno a casa con una forza e una sicurezza che non potevo neanche sognare di raggiungere dopo appena due giorni di riprese.

Amo gli attori e accetto la sfida di aiutare chiunque a recitare. Tutti sono potenzialmente attori. Tutti tranne me. Quel terrore che provavo da ragazzo quando la macchina da presa si avvicinava non mi ha mai abbandonato. Sarà per questo motivo che sono sempre solidale con gli attori e con loro non perdo mai la pazienza, neanche con quelli che fanno i capricci o mi tempestano di domande assurde. Capisco le loro insicurezze, le vivo insieme a loro, e noto l'ansia che li divora quando se ne stanno per ore a disposizione, immobili ad aspettare che venga il loro momento, cioè il momento in cui un aiuto regista un po' maleducato o molto stressato finalmente li chiamerà urlando il loro nome e aggiungendo «e sbrigati!».

Mentre sto facendo i provini in via Tiburtina, la provvidenza mi regala un attore particolare, del tutto inaspettato. All'ora di pausa, mi trovo in un bar per mangiare un tramezzino con il mio braccio destro Fabrizio Castellani. Quando esco, noto una bancarella dove vendono dvd e mi fermo a guardare i titoli dei film. Accanto a me, c'è un ragazzo con gli occhiali che sta facendo la stessa cosa. Io non mi accorgo di lui, ma lo vede Fabrizio che sottovoce mi chiede: «Come ti sembra questo ragazzo? Secondo me andrebbe bene come comparsa nella scena della manifestazione».

Io lancio un rapido sguardo al ragazzo e annuisco.

A quel punto, Fabrizio Castellani gli si avvicina.

«Come ti chiami?» gli chiede.

«Franzisko» risponde il ragazzo.

«Franzisko?» chiede ancora Fabrizio.

«No, Franzisko» fa lui.

«Ma ti chiami o non ti chiami Franzisko?» domanda Fabrizio.

«Nooo! Ho detto che mi chiamo Franzisko!» reagisce il ragazzo un po' seccato.

Fabrizio Castellani mi fissa disorientato. In quel momento, entrambi ci rendiamo conto che il ragazzo deve avere qualche problema di dizione.

«Ti chiami Francesco, giusto?» dico al ragazzo.

«Sì, bravo, mi chiamo Franzisko» sorride lui.

«Ti andrebbe di fare la comparsa in un film?» gli domanda Fabrizio.

«La comparza?... Perché no? Potrebbe ezzere un'esperienza interessante...» risponde lui.

Fabrizio Castellani mi dice chiaramente, solo con lo sguardo: «Poco male, tanto questo ragazzo non deve mica parlare». E così, portiamo Francesco su con noi nel teatro di posa dove stiamo facendo i provini.

Una volta seduto davanti alla telecamera, Francesco risponde alle mie domande. Si chiama Francesco D'Angelo, ha ventun anni, è figlio di una coppia di insegnanti, va all'università, studia storia, e i suoi genitori non gli consentono di avere un telefono cellulare. Quando mi accingo a congedarlo, Francesco non se ne va. Comincia di punto in bianco a raccontare la storia della sua vita, la sua infanzia, le sue difficoltà negli studi, e gli atti di bullismo che fin da piccolo è stato costretto a subire.

Francesco è un fiume in piena, non si ferma più. Fabrizio Castellani, io, Guido Bulla, mio figlio Giaime e Nicoletta Osci che sono gli altri assistenti alla regia e anche mio figlio Manuel che sta dietro la telecamera, nessuno sa più come fermarlo. In realtà, non vogliamo fermarlo. Francesco racconta qualunque cosa con uno stile tutto suo, pieno d'incisi e di parole obsolete, e ci fa morire dal ridere. Ha evidentemente un problema di autismo, ma è più esilarante di Woody Allen.

Quando finalmente Francesco ci lascia, continuiamo a commentare la sua performance per il resto della giornata. Per un attimo, penso che forse dovrei telefonare a Carlo Verdone e presentarglielo. Immagino Francesco nei panni del figlio e Carlo in quelli di suo padre. La sceneggiatura non sarebbe difficile da scrivere e forse ne verrebbe fuori una commedia travolgente.

La sera, a casa, continuo a pensare a Francesco. Marina e i nostri figli sono preoccupati. Temono che io possa trovargli una parte nel film. Li inquieta l'idea che *La Macchinazione* possa sfuggirmi di mano e diventare un film comico. In realtà, io Francesco lo trovo poetico. Trovo anche che lui sia la prova vivente della fragilità di una fra le tesi più estreme e più discutibili di Pier Paolo Pasolini: l'abolizione della scuola dell'obbligo. Che cosa sarebbe la vita di Francesco senza la scuola? Come potrebbe riuscire uno spilungone così apparentemente goffo a farsi accettare dagli altri se non avesse avuto la forza di arrivare fino all'università? È questo personaggio, sono questi concetti che mi piacerebbe inserire nel film e ho intenzione di farlo servendomi di Francesco D'Angelo così com'è nella realtà. La fantasia comincia a galoppare. Francesco deve incontrare Pasolini in un momento chiave del film, deve riconoscerlo, deve quasi aggredirlo, deve chiedergli conto delle sue affermazioni sull'abolizione della scuola dell'obbligo e deve farlo senza alcuna soggezione.

Quella notte stessa, scrivo una nuova scena. La spedisco a Francesco D'Angelo e lo convoco per un provino su parte. Quando Francesco fa ritorno nel teatro di posa dove stiamo lavorando, mi guarda sospettoso. Mostrandomi i fogli del copione, mi chiede: «Ma sono io, questo?...». Io gli spiego cosa sto cercando di fare. Lui capisce. Però trattiene il fiato. È molto emozionato.

Come prevedevo, Francesco D'Angelo recita la parte senza commettere il benché minimo errore. Gliela faccio recitare più volte, gli chiedo di cominciare sempre da una battuta diversa, cerco di complicargli la vita come posso. Non c'è verso di farlo sbagliare. Mi viene in mente Dustin Hoffman in *Rain Man* di Barry Levinson, dove interpretava da par suo quell'omino timido e impacciato che era capace di ricordare senza il minimo sforzo tutte le combinazioni della roulette.

Prima che se ne vada, dico a Francesco che non so ancora quando lo convocherò. Gli raccomando di tenersi pronto. Lo minaccio, scherzando, di dare la sua parte a un altro attore se mi dovesse capitare all'ultimo momento di non riuscire a trovarlo: «Guarda che se il giorno delle riprese non sarai disponibile, al tuo posto mi toccherà prendere Brad Pitt». Francesco mi fissa serissimo e mi risponde nel suo stile inconfondibile: «Mi scusi se glielo dico, ma non credo che Brad Pitt sia molto giusto per questa parte...».

Quando giriamo la scena alla trattoria Al Biondo Tevere, dove Pasolini quella notte si fermò a mangiare con Pino Pelosi prima di andare a farsi ammazzare all'Idroscalo, Francesco dimostra di essere una macchina infallibile. Gli chiedo di recitare la scena ventiquattro volte, la riprendo da ogni angolazione possibile, e lui non s'impappina neppure per un attimo. Alla fine, Francesco esce dal set tra gli applausi e dichiara soddisfatto: «È stata la più bella esperienza della mia vita. La consiglio a tutti».

La mia soddisfazione è persino maggiore della sua. Essere riuscito a portare alla luce il talento nascosto di questo ragazzo invisibile mi riempie di orgoglio e non mi vergogno a dirlo.

Questa è la scena:

Pasolini e Pino Pelosi stanno mangiando a un tavolo del ristorante Al Biondo Tevere, semideserto. In realtà, a mangiare un

piatto di spaghetti aglio e olio è soltanto Pelosi, sotto lo sguar-
do di Pasolini. Sul piatto dello scrittore c'è solo una buccia di
banana.

PELOSI: A' Pa', ma sei sicuro che nun ciai fame?

PASOLINI: Te l'ho già detto. Ho mangiato presto, con Ninetto.

PE: Me sa che me devo pure spiccia', che sennò famo tardi.

PA: Non preoccuparti. Non è ancora mezzanotte.

A un tavolo poco lontano, è seduta una coppia proletaria di
mezza età, insieme a un ragazzo con gli occhiali. Quest'ultimo,
che si chiama Francesco, improvvisamente si alza e si avvicina
al tavolo di Pasolini.

FRANCESCO: Non mi dica che lei è Pier Paolo Pasolini?! Sono
fisionomista, sa? È proprio lei, non dica di no!

Il ragazzo è piuttosto alto e parla con un difetto di pronuncia.
Pelosi lo squadra dall'alto in basso, continuando a riempirsi la
bocca di spaghetti.

PA: E tu chi sei?

F: Mi chiamo Francesco.

PA: Francesco?

F: Francesco, sì. Posso farle una domanda?

PA: Ma certo.

F: Lei ha scritto sul «Corriere della Sera» che vorrebbe abolire la scuola dell'obbligo, vero?

PA (infastidito): Sì, è vero. Ma è molto più complicato di così.

F: Lo so che il suo ragionamento è più complicato di così.
Ma lo sa perché lo so? Lo so perché vado a scuola, e studio
tanto, tantissimo, infatti soffro di emicrania, emicrania a
grappolo per essere precisi, ma sono arrivato fino all'università anche se mio papà fa l'operaio e mia mamma è una
massaia. Le sembra sbagliato questo?

Al tavolo poco lontano, i genitori di Francesco guardano il
figlio con ruvida apprensione.

PA: Che studi fai Francesco?

F: Non ha risposto alla mia domanda. Le sembra sbagliato
che uno come me vada all'università?

Il padre di Francesco richiama con voce energica il figlio.

PADRE DI FRANCESCO: France'?! Vieni subito qua! Smettila!

Francesco si volta per un attimo verso il padre.

F: Vengo subito, papà! Sto parlando con Pasolini. Lo conosci Pasolini?...

Il padre di Francesco fissa la madre e abbassa gli occhi sul piatto. Pasolini cerca di allentare quell'improvvisa tensione.

PA: Forse è meglio che torni dai tuoi genitori, Francesco.

F: Le voglio soltanto dire una cosa, dottor Pasolini. Se non andassi a scuola, io sarei morto. Ha notato che ho dei difetti di pronuncia?

PA: Sì, certo. L'ho notato, sì.

F: Bravo! Ma io ne sono consapevole, cosa crede? Lo so benissimo che ho dei difetti di pronuncia. Come so di essere miope e di non essere quello che si dice un fusto. Allora le chiedo: se lo immagina lei cosa sarebbe la mia vita senza la scuola?

Pasolini sembra colpito dalle parole del ragazzo.

PA: Vedi Francesco, quello che ho scritto sul «Corriere della Sera» non riguardava te. Tu sei una persona molto speciale e continua a esserlo.

Francesco spalanca un sorriso commosso.

F: Grazie. Detto da lei è un complimento grandissimo. Anche lei è una persona speciale, sa?

PA: Arrivederci. E buona fortuna.

Pasolini congeda Francesco con un sorriso e si volta verso Pelosi. Ma quest'ultimo continua a fissare Francesco che è rimasto impalato accanto al tavolo e non sembra volersene andare.

PE: A' France'?! Ma te ne voi annà?! E daje!...

Pasolini guarda con severità Pelosi.

F: È suo figlio?

PA: No.

F: Eppure le assomiglia molto. Posso chiederle un'ultima cosa?

PA: Ma certo.

Il padre di Francesco si alza dal tavolo per andare a pagare il conto.

F: Posso avere un suo autografo?

PA: Perché?

F: Voglio tenere il suo autografo nel portafogli. Sono sicuro che mi porterà fortuna.

PA: Hai una penna?

F (prende una penna dal taschino): Ma certo che ce l'ho. Ecco!

Pasolini prende la penna, strappa la tovaglia di carta, ne prende un pezzetto e comincia a scrivere una dedica a Francesco seguita dalla sua firma.

Pelosi osserva divertito Francesco.

Pasolini gli consegna il suo autografo.

PA: Ecco.

F: Grazie mille.

Non appena Francesco prende l'autografo, il padre lo afferra brutalmente per un braccio e lo trascina verso l'uscita del locale accompagnato da sua moglie.

F: Ma papà?! Aspetta!...

PE: Anvedi che attrezzo!...

Con la penna di Francesco ancora in mano, Pasolini rimane di stucco vedendolo andare via in quel modo.

Devo coprire ancora molti altri ruoli con attori veri, attori professionisti. Sono i ruoli «borghesi», come direbbe Pasolini. Scelgo prevalentemente attori di teatro (come Fabio Gravina per la parte del montatore di *Salò o le 120 giornate di Sodoma*, Emidio La Vella per impersonare il produttore cinematografico Alberto Grimaldi, Gianluigi Fogacci nei panni di un regista di serie B cocainomane e cialtrone) che in assoluto tendo a preferire. Gli attori di teatro hanno una formazione solida alle spalle. Se alle volte fanno troppe smorfie, gesticolano o parlano con voce troppo alta perché sono abituati a farsi vedere e a farsi sentire anche dagli spettatori seduti in piccionaia, non è un problema. Basta correggerli. Loro, a differenza di tanti attori inventati dalle fiction televisive, sono preparati, sono duttili e capiscono al volo.

La Macchinazione è un film particolare. Guido e io abbiamo messo in scena più di sessanta personaggi parlanti. Mi vedo costretto a mettere in campo i figli (Giaime, Manuel,

Viola, Beatrice), gli amici dei figli (Marco Innocenti, Niccolò Ventura), la mia compagna produttrice Marina Marzotto, la sua amica fotografa Susannah Baker Smith, e anche alcuni membri della troupe come Fabrizio Castellani, che stavolta deve interpretare il ruolo più importante della sua carriera di attore occasionale, quello di un politico corrotto che non muoverà un dito per fermare gli assassini di Pasolini. A sua volta, Fabrizio coinvolge suo cognato Umberto Buttafava, un distinto avvocato e un celebre collezionista di dischi, che accetta di diventare per un giorno un bieco dirigente dei servizi segreti. Quando si dice lavorare in famiglia.

Dopo aver trovato anche l'attrice che interpreterà la cugina di Pasolini, Graziella Chiarcossi (è Laura Pellicciari, miracolosamente identica a Graziella nei modi e nella voce), mi manca soprattutto la protagonista femminile, cioè Susanna Colussi, la madre di Pasolini. In cima ai miei desideri c'è una grandissima attrice, Milena Vukotic, che oltretutto somiglia molto a Susanna. Lei è molto impegnata, ma accetta. Quando la incontro, mi confida che una ventina d'anni fa un uomo basso e tozzo la avvicinò una sera in un ristorante romano e senza neppure presentarsi le disse: «Se mai farò un film sulla vita di Pier Paolo Pasolini, vorrei che lei interpretasse la madre, Susanna Colussi». E se ne andò. Milena rimase interdetta. Un amico seduto al tavolo con lei le rivelò chi era quell'uomo piccolo e tozzo. Era Sergio Citti. L'uomo al quale intendo dedicare, nella prima immagine dei titoli di testa, il film *La Macchinazione*.

Una presenza alla quale non intendo rinunciare è quella di Paolo Bonacelli, un amico fraterno che fu l'attore protagonista dell'ultimo film di Pier Paolo Pasolini *Salò o le 120 giornate di Sodoma*. Gli offro un ruolo piccolo piccolo, che in gergo si chiama cammeo, quello di un vescovo ieratico. Dopo aver letto il copione, Paolo mi risponde così: «È un film coraggioso, è uno di quei film che mi piacerebbe vedere. Non solo ci sto, ma lo faccio gratis».

Finiti i provini, rivedo gli attori alle prove dei costumi in una grande sartoria nei pressi di piazzale degli Eroi. Ci vado volentieri, anche quando avrei altro da fare, perché mi piace scegliere i vestiti insieme alla costumista Nicoletta Taranta e alle sue collaboratrici. Non ho mai visto nessuno lavorare come Nicoletta. Ci sono centinaia di persone da vestire e nel film tutti indosseranno abiti rigorosamente originali degli anni Settanta. Nicoletta va e viene dalla Campania e dalla Calabria dove seleziona, arrampicata in cima a montagne di vestiti usati, i costumi del film. Ha un occhio clinico impressionante. Per la prima volta, mi rendo conto di quanto possa essere importante, in un film in costume, che un attore indossi qualcosa di autentico anziché un capo confezionato apposta per il film.

Nel copione della *Macchinazione* sono presenti due lunghe scene parlate in francese, che sugli schermi italiani saranno accompagnate dai sottotitoli. Queste due scene raccontano la conversazione tra Pier Paolo Pasolini e un giornalista del quotidiano «Libération» arrivato da Parigi per intervistarlo. Anche questo incontro in realtà non è mai avvenuto. Guido e io lo abbiamo scritto per offrire a Pasolini l'occasione di esprimere le sue idee più radicali e più discusse, come l'abolizione della scuola dell'obbligo o la dittatura del consumismo. Ho scelto di far parlare Pasolini in francese per un motivo molto preciso. Quando Paolo scriveva, elaborava concetti complessi ma riusciva sempre a farsi capire da chiunque. Quando invece parlava alla radio o in televisione, la sua timidezza lo portava a esprimersi in modo spesso tortuoso e involuto, finendo per lasciare perplessi molti ascoltatori che non riuscivano a capire cosa volesse dire. Ma quando Pasolini parlava in francese, tutto appariva improvvisamente chiaro. Paolo teneva molto a parlare francese pur non padroneggiando la lingua. In francese, con pochi vocaboli a disposizione, Pasolini riduceva i concetti all'essenza e in questo modo risultava sempre comprensibilissimo.

Massimo Ranieri non avrà problemi, parla il francese anche meglio di Pasolini. Quanto all'attore francese che dovrà interpretare il giornalista, sogno di scritturare un artista che in Francia è sulla bocca di tutti. Riempie i teatri tutte le sere, è un funambolo, è il Robin Williams parigino. Si chiama François-Xavier Demaison. Come ho detto, è solo un sogno. Non abbiamo molti soldi per lui, e lui è carico d'impegni. Eppure, dopo aver ricevuto la sceneggiatura, François-Xavier Demaison accetta con entusiasmo: «Non posso perdere l'occasione di parlare con Pier Paolo Pasolini» mi fa sapere dalla sua agente. I soldi per lui non sono un problema. Sono problematici, piuttosto, tutti i suoi impegni. Verrà a Roma per due giorni, ma il secondo giorno dovrò liberarlo nel primo pomeriggio perché la sera stessa deve andare in scena con un suo spettacolo a Marsiglia. L'idea non mi spaventa. Anche Massimo Ranieri spesso scappa per andare a cantare in giro per l'Italia. Il mattino dopo torna sul set e non sembra mai affaticato. Non so come faccia, ma ci riesce. Dopotutto, è nato in palcoscenico e il palcoscenico è ancora e sempre la sua prima casa.

Se i provini per il film si sono rivelati entusiasmanti, non posso dire altrettanto dei sopralluoghi. Mi reco tutti i giorni, i giorni e le notti, nei quartieri di Roma cari a Pasolini («Giro per la Tuscolana come un pazzo / per l'Appia come un cane senza padrone» scriveva Paolo in una delle sue poesie più fiammeggianti) e scorgo solo tracce evidenti di degrado. Di giorno, la via consolare prediletta da Pasolini, la Tiburtina, è un percorso a ostacoli in mezzo alle buche e alle cataste di rifiuti. Vi s'incrociano solo i volti smarriti di poveri extracomunitari che vivono molto peggio di come vivevano i romani durante la guerra. Di notte, non passa un'anima. In compenso, quando si fanno le ore piccole, la periferia di Roma Sud si trasforma in una miserabile Las Vegas, sotto le grandi insegne luminose di capannoni scuri pieni di slot machines, di prostitute, di soldi sporchi, di droga e di revolver. «Per uno scrittore» diceva Alberto Moravia, «vivere in una città come questa, in preda a una vera e propria putrefazione sociale, è una cosa stimolante.»

Sarà pure stimolante, ma io finirò per arrendermi. Decido di girare buona parte degli esterni a Roma Nord, assai più praticabile, nonostante Pasolini la frequentasse poco.

Si possono raccontare un'infinità di aneddoti sulle riprese di un film. Si lavora sempre a una velocità disumana, poiché il fattore più costoso di tutti è sempre il tempo che scorre a un minimo di cento euro al minuto, e di conseguenza sul set ne succedono spesso di tutti i colori. Ma ciò che è accaduto una notte all'Idroscalo (ricostruito alla perfezione dallo scenografo Carmelo Agate e dai suoi collaboratori in una cava sulla Portuense) mi ha fatto gelare il sangue.

Sono le due di notte e stiamo girando l'agguato a Pasolini, appena arrivato nel campetto di calcio con l'Alfa Gt in compagnia di Pino Pelosi, quando i suoi aggressori lo tirano fuori di peso dall'auto e cominciano a picchiarlo. Subito dopo il secondo ciak, mi si avvicina pallido Salvatore Gagliano, che si occupa delle auto d'epoca, e mi dice con voce incrinata che gli attori stanno danneggiando gravemente l'Alfa Gt che abbiamo preso in affitto da un collezionista napoletano. Mi avvicino all'auto e mi rendo conto che Salvatore ha ragione. Sulla fiancata sinistra, all'altezza del bagagliaio, si nota una rientranza notevole, dovuta al fatto che gli aggressori, istintivamente, sbattono sempre Massimo Ranieri contro la macchina per tenerlo fermo mentre lo picchiano. Dico a tutti di fare più attenzione. Ma è inutile. Nella realtà succederebbe inevitabilmente questo, e io tengo parecchio al realismo di questa scena.

All'alba, torno a casa e accendo il computer. Cerco su internet le foto dell'Alfa Gt di Pasolini dopo il delitto. Le trovo. E cosa vedo? Vedo la stessa, notevole rientranza della carrozzeria dell'Alfa Gt di Pasolini nello stesso identico punto dove l'ho appena vista sull'Alfa Gt che stiamo usando per il film. Una rientranza che non può essere causata da un incidente automobilistico. Si trova troppo in alto per subire l'urto di un altro veicolo, ma soprattutto la vernice è intatta perché l'impatto è avvenuto con qualcosa di morbido. Morbido come un corpo umano.

Sarebbe bastato questo a dimostrare che quella notte Pasolini è stato aggredito, picchiato e ammazzato da un gruppo di persone.

A quanto pare, però, nessuno se n'è mai accorto.

Pensando alle musiche del film, ho inviato la sceneggiatura in inglese ad Angelo Badalamenti, il compositore di *Twin Peaks* che ha già firmato la colonna sonora del mio primo film *Evilenko*. Angelo ha letto il copione ma aspetta le immagini per trovare ispirazione. Mi telefona e mi chiede di inviargli appena possibile le prime scene che girerò.

Una notte che stento a prendere sonno, ascolto vecchi dischi. Riprendo in mano per caso, dopo tanti anni, un album che ha segnato profondamente i miei gusti musicali. È *Atom Heart Mother* dei Pink Floyd. Uscì nel 1970 e rivoluzionò la musica pop. Una suite di ventitré minuti, senza una voce solista, io e i miei coetanei cresciuti a suon di Beatles e Rolling Stones non l'avevamo mai ascoltata. Continuammo poi ad ascoltarla per anni prima di riuscire ad afferrarla. Ora che la riascolto dopo tanto tempo, rivivo le emozioni che quella musica così insolita mi suscitò a quel tempo e le rivivo tutte insieme, tutte in una volta, come se fossi un *surfer* australiano che viaggia su un'onda altissima, maestosa e potente.

Quando quel disco uscì, Roger Waters dichiarò ai giornalisti che i Pink Floyd consideravano *Atom Heart Mother* «la colonna sonora di un western immaginario, un film tipo *I magnifici sette*». Io improvvisamente penso che potrebbe essere la colonna sonora ideale della *Macchinazione*. Farei esattamente come faceva Pier Paolo Pasolini, che non chiedeva mai a un compositore di comporre una colonna sonora per i suoi film ma preferiva sempre usare musiche già esistenti.

La mattina dopo chiamo Riccardo Giovannini, un amico d'infanzia, compositore e direttore d'orchestra. Gli parlo dell'idea di usare *Atom Heart Mother* e gli chiedo di aiutarmi a capire come utilizzarla più avanti, quando avrò finito di montare il film. Mi eccito sempre di più. Fingo di dimenticare che i Pink Floyd concedono di rado al cinema le loro musiche, lo fanno esclusivamente se si tratta di documentari, e hanno già rifiutato tanti anni fa *Atom Heart Mother* a Stanley Kubrick che la desiderava per *Arancia meccanica*.

Chiedo a Marina di formulare la richiesta alla casa discografica, agli editori, agli agenti, ai Pink Floyd stessi. Se non ci prendono per matti, poco ci manca. Allora scrivo una lettera agli interessati e tento di spiegare perché vorrei usare *Atom Heart Mother* per il film *La Macchinazione*. Marina Marzotto acclude la versione inglese del copione e spedisce il tutto.

Tre settimane dopo, la risposta è affermativa. I Pink Floyd non solo accettano, ma approvano il progetto nel suo insieme. Dicono che per un film che parla di Pasolini fanno volentieri un'eccezione. Ci autorizzano a usare il brano per il film.

Nel tripudio generale, io non sono per nulla soddisfatto. Che diamine ci faccio con un brano? Da *Atom Heart Mother* io vorrei ricavare tutta la colonna sonora del film.

Parte una nuova lettera e una nuova richiesta. Tutti ci riprendono per matti. Anzi, di più. Il commento generale suona come una minaccia: se non tenete a freno le pretese del regista finirete sicuramente per perdere ciò che avete miracolosamente ottenuto.

Un mese dopo, la risposta è nuovamente affermativa. Anzi, di più. I Pink Floyd sono entusiasti quanto me all'idea che *Atom Heart Mother* diventi la colonna sonora di un film. Del resto, l'avevano scritta a questo scopo.

Quarant'anni dopo, i Pink Floyd hanno trovato il film che indosserà, da capo a piedi, *Atom Heart Mother*.

E ora io mi sento il regista più felice del mondo.

18

L'ultima verità, la più inquietante

Riattraversando questa storia in lungo e in largo, mi ha sempre accompagnato una sensazione che faccio fatica a descrivere. È come quando stai guardando un film dell'orrore ambientato in una casa stregata e a poco a poco ti accorgi (dal cigolio di una porta, da un refolo di vento, da un rantolo appena percettibile, o da un grido senza volto che proviene da chissà dove) di essere circondato da tante presenze invisibili, sempre più numerose e sempre più minacciose, che incombono su di te ma anche su quel signore o quella signora seduti accanto a te, davanti a te o dietro di te nella penombra di un mondo che improvvisamente ti sembra tutto racchiuso in quella sala cinematografica dove hai avuto la malaugurata idea di entrare.

L'ultima, possibile verità sulla morte di Pier Paolo Pasolini che ora mi appresto a esporvi ha preso forma lentamente, durante la scrittura di questo libro, e adesso mi appare un'ipotesi chiara, fin troppo netta, che mi spaventa più di ogni altra.

Se questa ipotesi fosse vera, andrebbe riscritta la storia del nostro Paese dal dopoguerra in poi, prima ancora di riscrivere la vicenda della morte atroce e misteriosa di un grande, generoso poeta.

Se questa ipotesi fosse vera, potremmo finalmente capire tutti fino in fondo l'ansia, la frenesia, la paura, il coraggio e la disperata solitudine che si erano impadroniti di Pier Paolo Pasolini negli ultimi mesi della sua esistenza.

Se questa ipotesi fosse vera, questo libro avrebbe un senso che va ben oltre la mia esperienza personale con Pier Paolo Pasolini. E ciò mi toglierebbe di dosso un peso che non porto volentieri.

Mi sono tenuto in disparte in tutti questi anni perché a differenza di altri non ho voluto considerare la memoria di Pasolini alla stregua di un intimo, inestimabile patrimonio della mia esistenza. Ho sempre pensato che Pasolini non appartiene né a me né a nessun altro. Ho sempre pensato che Pasolini appartiene a tutti, soprattutto a coloro che non hanno avuto la fortuna di incontrarlo, e in particolare a coloro che sono nati dopo la sua morte ma hanno voluto interessarsi, spesso anche appassionarsi, alle sue opere e al suo pensiero.

Sono loro, molto più di me, che lo tengono ancora in vita e saranno loro a continuare a tenerlo in vita quando anche la mia generazione avrà tolto il disturbo.

La notte del 2 novembre 1975, in quello sterrato all'Idroscalo c'era gente. Fra tutta quella gente che non ha visto, non ha sentito e non ha parlato, forse l'unico che non c'era era proprio l'unico che secondo tutte le versioni ufficiali c'è sempre stato: Pino Pelosi. Carlo Alfredo Moro, il giudice del processo celebrato dal tribunale dei minori aveva già adombrato questa ipotesi nella sentenza di primo grado: «Potrebbe astrattamente ritenersi, una volta accolta la tesi della presenza di altre persone all'Idroscalo, che il Pelosi sia restato estraneo al delitto, semplice spettatore di una drammatica scena in cui altri soli erano i protagonisti».[1]

Quella notte, in quel luogo, c'era un testimone che finalmente ha parlato. Si chiama Misha Bessendorf, è un ebreo russo. Il 2 novembre del 1975 abitava con altri profughi come lui in una palazzina poco distante dallo sterrato dell'Idroscalo. Aveva venticinque anni. Poi è andato negli Stati Uniti, si è laureato nel 1980, e ora insegna matematica a New York.

Bessendorf l'ha rintracciato e intervistato Paolo Brogi il 20 marzo del 2012 per conto del «Corriere della Sera». Il giornalista italiano è riuscito a sapere di Bessendorf perché quest'ultimo, sul web, aveva raccontato ad alcuni amici della sua presenza in quel luogo e in quel momento. I social network hanno fatto il resto.

Bessendorf abitava con alcuni connazionali in una palazzina distante un centinaio di metri dallo sterrato dell'Idroscalo. A Ostia in quel periodo c'era una colonia di profughi russi, prevalentemente ebrei, fuggiti dall'Unione Sovietica. Vivevano sul litorale perché gli affitti erano più bassi rispetto a Roma ma non riuscivano quasi mai a trovare lavoro. Sbarcavano il lunario vendendo al mercato di Porta Portese macchine fotografiche, colbacchi, medaglie e medagliette con la falce e il martello. Non volevano rimanere in Italia. Il loro obiettivo finale era raggiungere gli Stati Uniti o Israele.

La notte del 2 novembre 1975, prima di mettersi a letto, Bessendorf si trovava in bagno, seduto sul water, con la finestra aperta. Improvvisamente, udì delle grida. Si affacciò e vide tre o quattro uomini sulla trentina, attorno a un'auto, e un altro uomo disteso in terra. Bessendorf corse giù per le scale e li raggiunse, pensando che quegli uomini stessero simulando un incidente per mettere a segno una truffa ai danni dell'assicurazione.

Bessendorf afferma che la scena del delitto, in pochi minuti, si era riempita di gente. Erano arrivati anche dei carabinieri. Uno dei carabinieri gli chiese cosa aveva visto e annotò il suo nome e le sue dichiarazioni. Gli chiese anche il numero di telefono. Ma poi nessuno si fece vivo con lui, nessuno lo chiamò.

Le affermazioni di Bessendorf sono sconvolgenti non tanto per la presenza all'Idroscalo di numerosi assassini. Questo fatto lo darei ormai per scontato. Neppure la presenza di tanti curiosi sulla scena del delitto può sorprendere più di tanto. Quei curiosi, molto probabilmente, erano gli abitanti delle casupole abusive che si trovavano ai margini del campetto di calcio. Ciò che appare sconvolgente, nelle affermazioni di Bessendorf, è l'idea che a quell'ora, in piena notte, fossero già presenti all'Idroscalo dei carabinieri. La notizia è sconvolgente perché fino a oggi tutti avevamo creduto che il corpo di Pasolini fosse stato trovato dalla signora Maria Teresa Lollobrigida alle 6.30, quando ormai s'era fatto giorno.

Se ciò che Bessendorf afferma risponde al vero, tutta la vicenda della morte di Pasolini andrebbe osservata e interpretata in modo completamente diverso da com'è stata osservata e interpretata finora, anche in questo libro che avete tra le mani e state finendo di leggere.

Se ciò che Bessendorf afferma risponde al vero, bisognerebbe ripensare a quella strana telefonata ricevuta durante la notte del 2 novembre 1975 dalla cugina di Pasolini, Graziella Chiarcossi. Una telefonata dei carabinieri che la informavano soltanto del furto dell'Alfa Gt, precisando che l'avevano trovata al Tiburtino, ma senza dire una parola sulla sorte del proprietario Pier Paolo Pasolini.

Se ciò che Bessendorf afferma risponde al vero, si capirebbe perché il primo giornale radio del mattino del 2 novembre 1975 riuscì a divulgare la notizia della morte di Pasolini alla stessa ora, le 6.30 minuto più o minuto meno, in cui la signora Lollobrigida dichiarò di essere inciampata in quel corpo senza vita, che le era parso soltanto un mucchio di stracci, sullo sterrato dell'Idroscalo.

Se ciò che Bessendorf afferma risponde al vero, si verrebbe a configurare una rete di complicità a dir poco immane messa a guardia della verità su ciò che accade quella notte.

Se ciò che Bessendorf afferma risponde al vero, comincerebbe finalmente a trovare spiegazione uno dei particolari più inquietanti ed enigmatici di tutta questa vicenda.

Facciamo un passo indietro. Com'è noto, la sera del primo novembre 1975, alle 23.15, Pier Paolo Pasolini e Pino Pelosi fanno tappa al ristorante Biondo Tevere prima di recarsi all'Idroscalo. Il locale sta chiudendo ma i proprietari, Vincenzo Panzironi e Giuseppina Sardegna, non se la sentono di mandare via un cliente importante e affezionato come il «professor Pasolini». Paolo ha già mangiato tre ore prima da Pommidoro, a piazza dei Sanniti in San Lorenzo, in compagnia di Ninetto Davoli e della sua famiglia. Pelosi invece non ha ancora cenato e ha una fame da lupo. La cucina è già spenta. L'oste propone al ragazzo l'unico piatto che è in grado di improvvisare a quell'ora: spaghetti aglio, olio e peperoncino.

Pochi minuti prima della mezzanotte, Pasolini e Pelosi escono dal Biondo Tevere. Vincenzo Panzironi li accompagna fino all'Alfa Gt posteggiata appena fuori, saluta Pasolini con deferenza e chiude il cancello del civico 178 di via Ostiense.

Circa quattordici ore dopo, alle 14.15 del 2 novembre 1975, quattro poliziotti fanno il loro ingresso al Biondo Tevere e chiedono a Vincenzo Panzironi di seguirli alla questura centrale.

In questura, il proprietario del Biondo Tevere viene interrogato da due agenti di polizia. Vincenzo Panzironi parla della visita di Pasolini nel suo locale e descrive dettagliatamente il giovane accompagnatore del poeta. I poliziotti stendono il verbale. «Il giovane che accompagnava Pasolini corrisponde ai seguenti connotati: età al di sotto dei venti anni, alto m. 1,70 e forse più, di corporatura normale, capelli biondi, mossi, lunghi fino al collo e pettinati all'indietro.»

La descrizione non corrisponde minimamente al ritratto di Pelosi. Il ragazzo di cui parla Panzironi è completamente diverso da Pelosi. Eppure, l'oste del Biondo Tevere questo ragazzo l'ha visto meno di ventiquattr'ore prima, non si capisce proprio come possa prendere un abbaglio del genere.

I poliziotti però mostrano a Panzironi una foto del ragazzo in questione. Panzironi conferma senza esitazioni che la foto ritrae proprio il ragazzo che ha visto la sera prima in compagnia di Pier Paolo Pasolini.

«Panzironi a domanda risponde: il giovane che ho su descritto che nella tarda serata di ieri era in compagnia di Pier Paolo Pasolini è proprio quello che mi mostrate in fotografia e che mi dite chiamarsi Pelosi Giuseppe. Controfirmo per avvenuto riconoscimento la stessa fotografia.»

Il verbale esiste ancora ma la fotografia, guarda caso, si è volatilizzata.

La notte del 2 novembre 1975, Pino Pelosi viene condotto al carcere minorile di Casal del Marmo ma non viene fotografato. Nel 1975, le foto segnaletiche vengono realizzate con un apparecchio Polaroid che si trova soltanto presso il carcere di Regina Coeli. Il 3 novembre del 1975, Pelosi viene infatti condotto a Regina Coeli e lì viene fotografato.

Il 2 novembre del 1975, dunque, non esistevano foto segnaletiche di Pino Pelosi.

Nel febbraio del 1976, il teste Vincenzo Panzironi si reca al tribunale dei minori per deporre nel processo a porte chiuse che vede Giuseppe Pelosi unico imputato per l'omicidio di Pier Paolo Pasolini.

Appena Panzironi entra in aula, Pino Pelosi gli si fa incontro.

«Ahó! Me riconosci?» dice Pelosi a Panzironi.

Vincenzo Panzironi lo guarda smarrito.

«Come, nun me riconosci? M'hai fatto quegli spaghetti ajo, olio e peperoncino, te ricordi? Ma che ciai messo dentro? Me so' rimasti sullo stomaco, me c'è voluta una settimana pe' digerilli!»

Sempre più smarrito, Vincenzo Panzironi fissa il volto di quel ragazzo.

Più tardi, quando viene chiamato a deporre, Panzironi si sente chiedere se riconosce in Pino Pelosi, seduto sul banco degli imputati, il ragazzo che la sera del 2 novembre entrò nel suo locale in compagnia di Pier Paolo Pasolini.

«Mi pare di sì» risponde frastornato Vincenzo Panzironi.[2]

Chi era dunque quel ragazzo con i «capelli biondi, mossi, lunghi fino al collo» che Panzironi ha riconosciuto senza esitazioni nella foto che gli agenti gli mostrano nel primo pomeriggio del 2 novembre 1975 quando lo interrogano presso la questura centrale?

La descrizione fatta da Vincenzo Panzironi corrisponderebbe all'identikit di un personaggio spesso menzionato in questi quarant'anni ma chissà perché mai veramente tirato in ballo in indagini e processi. È lo stesso personaggio che all'epoca era costretto a portare, a causa di una ferita rimediata in un conflitto a fuoco con la polizia, un plantare del tutto simile a quello ritrovato dopo il delitto nell'Alfa Gt di proprietà di Pier Paolo Pasolini. Un personaggio di cui Pelosi ha sempre negato la presenza quella notte all'Idroscalo, alterandosi non poco ogni volta che qualcuno lo nominava.

Il personaggio in questione potrebbe essere Giuseppe Mastini, detto Johnny lo Zingaro. Ha una fedina penale lunga un braccio: rapina, omicidio, sequestro di persona. Nel 1989 è stato condannato all'ergastolo. Il 12 marzo del 2014 ha goduto di un permesso premio di alcune ore per recarsi al concerto dei Prodigy a Roma. È diventato, nel tempo, un fosco mito di alcuni gruppi rock come i Gang che gli hanno dedicato una canzone intitolata *Johnny lo Zingaro*. Mastini vorrebbe diventare critico musicale ma la sua rabbia innata non si è mai spenta. «Una volta fuori vorrei vendicarmi di questa società che mi ha maltrattato» avrebbe confidato a un altro detenuto prima di uscire in permesso premio.

Giuseppe Mastini detto Johnny lo Zingaro in questo momento forse si trova in carcere, o forse no. Qualcuno mormora che sia libero e che circoli sotto falso nome, privilegio che gli sarebbe stato concesso perché sarebbe divenuto nel frattempo un «collaboratore di giustizia». Quale collaborazione avrebbe fornito alla giustizia non è dato saperlo.

Se ciò che afferma il testimone oculare Misha Bessendorf risponde al vero, il cosiddetto *Romanzo delle stragi* scritto da Pier Paolo Pasolini e pubblicato in forma di editoriale dal «Corriere della Sera» il 14 novembre del 1974 con il titolo *Cos'è questo golpe?*, andrebbe riletto molto attentamente come un testo assai più realistico che metaforico:

> Io so i nomi del gruppo di potenti che, con l'aiuto della Cia
> (e in second'ordine dei colonnelli greci e della mafia), hanno

prima creato (del resto miseramente fallendo) una crociata anticomunista, a tamponare il '68, e in seguito, sempre con l'aiuto e per ispirazione della Cia, si sono ricostituiti una verginità antifascista, a tamponare il disastro del «referendum». Io so i nomi di coloro che, tra una Messa e l'altra, hanno dato le disposizioni e assicurato la protezione politica a vecchi generali (per tenere in piedi, di riserva, l'organizzazione di un potenziale colpo di Stato), a giovani neo-fascisti, anzi neo-nazisti (per creare in concreto la tensione anticomunista) e infine criminali comuni, fino a questo momento, e forse per sempre, senza nome (per creare la successiva tensione antifascista). Io so i nomi delle persone serie e importanti che stanno dietro a dei personaggi comici come quel generale della FSrestale che operava, alquanto operettisticamente, a Città Ducale (mentre i boschi italiani bruciavano), o a dei personaggi grigi e puramente organizzativi come il generale Miceli. Io so i nomi delle persone serie e importanti che stanno dietro ai tragici ragazzi che hanno scelto le suicide atrocità fasciste e ai malfattori comuni, siciliani o no, che si sono messi a disposizione, come killer e sicari. Io so tutti questi nomi e so tutti i fatti (attentati alle istituzioni e stragi) di cui si sono resi colpevoli. Io so. Ma non ho le prove. Non ho nemmeno indizi.

D'altra parte, le «fantasiose» asserzioni di Pier Paolo Pasolini sono già state confermate, quasi parola per parola, il 4 agosto del 2000 a «la Repubblica», dal generale dei servizi segreti, già iscritto alla P2, Gianadelio Maletti.

Maletti, naturalizzato sudafricano e oggi in esilio a Johannesburg, concede al giornalista Daniele Mastrogiacomo un'intervista che lascia senza fiato.

«So di avere un debito di verità nei confronti dell'Italia» esordisce Maletti. In seguito, il generale racconta come la cosiddetta strategia della tensione – cioè l'insieme di attentati, bombe e stragi che ha insanguinato l'Italia – sia stata orchestrata dai servizi segreti e da uomini di governo con la regia della Cia e quindi affidata a sicari fascisti o mafiosi.

«La Cia voleva creare» spiega Maletti, «attraverso la rinascita di un nazionalismo esasperato e con il contributo dell'estrema destra, Ordine Nuovo in particolare, l'arresto di questo scivolamento verso sinistra. Questo è il presupposto di base della strategia della tensione. [...] La Cia ha cercato di fare ciò che aveva fatto in Grecia nel '67 quando il golpe mise fuori gioco Papandreu. In Italia, le è sfuggita di mano la situazione. L'effetto che alcuni attentati dovevano produrre è andato oltre. Per piazza Fontana, che io sappia, è andata così. Devo presumere anche per piazza della Loggia, per l'Italicus, per Bologna. Riguardo ai politici, voglio aggiungere una sensazione che per me è quasi una certezza. A quel tempo, molti di loro, compreso il capo dello Stato, Leone, furono costretti ad accettare il gioco. Perché ognuno aveva avuto la garanzia che il gioco non avrebbe superato certi limiti.»[3]

Se ciò che afferma Bessendorf corrisponde al vero, Pier Paolo Pasolini sarebbe stato assassinato con premeditazione, con cinismo e con ferocia da un'organizzazione imponente che si è avvalsa di una rete di complicità talmente estesa da poter occultare qualsiasi verità. Questa organizzazione, nata subito dopo la fine della guerra, ha scritto col sangue molte pagine fondamentali della storia del nostro Paese. Il 2 novembre del 1975, l'organizzazione era più forte e più determinata che mai. Talmente forte e determinata da riuscire a portare a termine, tre anni dopo, nel 1978, quello che resterà il suo mostruoso capolavoro: il colpo di Stato tanto agognato che di fatto si realizzò attraverso il più clamoroso attentato alla democrazia che si sia mai verificato in Europa dal dopoguerra a oggi, cioè il rapimento e l'uccisione di Aldo Moro, presidente della Democrazia cristiana, partito di maggioranza nel Paese e nel governo a quel tempo presieduto da Giulio Andreotti.

Se ciò che afferma Bessendorf corrisponde al vero dovremmo accettare il fatto, per quanto inaccettabile, che alla fine della Seconda guerra mondiale l'Italia ha abdicato alla sua sovranità nazionale e si è fatta dirigere in modo occulto da una grande potenza straniera tramite uomini politici senza scrupoli, funzionari corrotti, manovalanza fascista e veri e propri delinquenti di professione.

Se ciò che afferma Bessendorf corrisponde al vero, una nuova classe politica italiana oggi insediata al potere, formata da uomini e donne che il 2 novembre del 1975 non erano ancora nati o erano ancora in fasce, avrebbe il dovere storico e morale di ricostruire ciò che è accaduto in quegli anni per voltare definitivamente pagina e dare finalmente al nostro Paese un futuro che l'Italia non può più aspettare.

In quegli anni, l'Italia è stata un vero e proprio laboratorio di macchinazioni. Nel marzo del 1982, esattamente un anno dopo lo scoppio della «bomba P2», un altro ordigno mediatico dalla miccia lunga esplode fragorosamente nella redazione de «l'Unità».

Alcuni mesi prima, una giovane giornalista proveniente dalla redazione di Napoli, Marina Maresca, viene reclutata a Roma per lavorare alle cronache provinciali. È una ragazzona entusiasta, le sembra di toccare il cielo con un dito, sparge allegria nei corridoi.

Marina Maresca mi vede come un veterano, il veterano giovane, e facciamo subito amicizia. Un giorno, entra eccitata nella mia stanza e mi confida che ha per le mani una storia che scotta. Marina ha incontrato un uomo sposato e ne è divenuta l'amante. Naturalmente, non è questa la notizia. Quell'uomo non è un uomo qualsiasi. Si chiama Luigi Rotondi, e dice di lavorare all'ufficio Affari Riservati del ministero degli Interni. Questo Rotondi ha mostrato a Marina la prova di una trattativa segreta tra la Democrazia cristiana e il boss della camorra Raffaele Cutolo mirata a ottenere la liberazione dell'assessore napoletano Ciro Cirillo rapito dalle Brigate Rosse. Un documento scritto sulla carta intestata del ministero degli Interni dimostrerebbe che una personalità di spicco della Dc, Vincenzo Scotti, e una specie di agente segreto, Francesco Patriarca, si sarebbero recati nel carcere di Ascoli Piceno a trovare Cutolo chiedendogli di darsi da fare per ottenere la liberazione di Cirillo. Quel documento, Marina non lo possiede. Rotondi, però, ha promesso di darglielo se riuscirà a farlo pubblicare. Marina Maresca ora scalpita, sembra la figlia di Woodward e Bernstein, i due giornalisti del «Washington Post» che nel 1972 hanno affondato il presidente americano Richard Nixon con il Caso Watergate e nel 1973 hanno vinto il Premio Pulitzer.

Io raffreddo i suoi ardori, le rispondo che potrebbe essere una bufala. Le chiedo di incontrare questo Rotondi. Lei lo chiama e fissa un appuntamento ma Rotondi ci dà buca. Allora le consiglio di lasciar perdere questa faccenda e le raccomando, da giovane veterano, di non fare più confusione tra la sua vita privata e il mestiere di giornalista.

Qualche giorno dopo, il famoso documento si trova sul tavolo del direttore Claudio Petruccioli. Spalleggiato dal redattore capo Marcello Del Bosco, il direttore freme dalla voglia di pubblicarlo. La notizia è indubbiamente ghiotta. Dopo il lungo, drammatico sequestro e la spietata uccisione di Aldo Moro, la Dc ora si sarebbe messa a trattare con la camorra la liberazione di Ciro Cirillo?! E cosa potrebbe aver promesso in cambio la Dc a Raffaele Cutolo?! Ma pur ammettendo per un attimo che ciò possa essere vero, come si fa a fidarsi di questo Rotondi, che nessuno ha mai visto in faccia, e dell'adorabile Marina Maresca che ormai crede di essere Mata Hari?

La redazione si spacca in due. Petruccioli e Del Bosco hanno già deciso. Il redattore capo esce dalla stanza piena di fumo proclamando che «questo sarà il nostro Watergate». Io, che specie in momenti come questo non riesco mai a tenere la bocca chiusa, gli rispondo: «Speriamo solo di non ritrovarci noi nella parte di Richard Nixon...».

Il 16, il 17 e il 18 marzo del 1982, «l'Unità» esce in pompa magna con il suo micidiale scoop. Pochi giorni dopo, ci risvegliamo tutti quanti a Waterloo. Il documento che abbiamo pubblicato è falso, e Vincenzo Scotti, diffamato, chiede al giornale un risarcimento di due miliardi di lire.

Più avanti, si scoprirà che la trattativa con la camorra ebbe effettivamente luogo, ma ciò che avevamo pubblicato era oggettivamente sbagliato, non foss'altro perché il documento era una patacca.

Per quanto mi riguarda, questa è la goccia che fa traboccare il vaso. Un anno prima, quando ci è piovuta sulla testa la P2, noi de «l'Unità» abbiamo improvvisamente scoperto che eravamo all'oscuro di tutto ciò che stava accadendo nei tetri corridoi del potere. Ora divulghiamo un fatto clamoroso, sostanzialmente vero, ma si tratta di una polpetta avvelenata che lo farà sembrare del tutto falso per sempre.

Tre mesi dopo, decido di lasciare il giornale pur non avendo la minima idea di dove andare a lavorare. Per trattenermi, a «l'Unità» mi offrono sei mesi di ferie (meno di quelle che avevo accumulato non andando mai in vacanza), poi Parigi o un'altra capitale europea per ricoprire il ruolo di corrispondente dall'estero. Rifiuto qualunque cosa. Mi continuano a chiedere perché me ne voglia andare. Continuo a rispondere che non voglio più fare il giornalista. Ho capito che non sopporto più la realtà. Voglio tornare al cinema. Fa meno male.

Non saprei dire quante verità, quante prove e quanti indizi sul Caso Pasolini contenga questo libro. Diciamo pure che sono solo indizi. Quand'ero ragazzo, negli ambienti giudiziari circolava una battuta che a lungo andare è diventata una sorta di proverbio: «Tre indizi costituiscono una prova».

Ammesso che si tratti soltanto d'indizi, in tutta questa vicenda dovremmo avere trenta, o forse persino trecento indizi su come sono andate veramente le cose quella notte del 2 novembre 1975 all'Idroscalo. Ma se tre indizi costituiscono una prova, cosa costituiscono allora trenta o forse trecento indizi?

Nel caso dell'assassinio di Pier Paolo Pasolini, trenta e forse persino trecento indizi non costituiscono un bel NIENTE. Il 25 maggio del 2015, nonostante ulteriori nuovi elementi di indagine proposti dall'avvocato Stefano Maccioni, la procura di Roma archivia repentinamente, ancora una volta, il Caso Pasolini.

Niente, la stessa parola che Sergio Citti, anch'egli profetico come il suo maestro, ha fatto incidere a caratteri cubitali sulla sua lapide nel cimitero di Fiumicino.

19

Ritorno al futuro

Dopo aver esposto tutto ciò che a mio avviso era importante conoscere sul Caso Pasolini, vi invito a fare un brusco salto indietro nel tempo.

Vi riporterò al primo novembre 1975, tra le 16 e le 18, poche ore prima che Pier Paolo Pasolini venga assassinato all'Idroscalo.

Tra le 16 e le 18 del primo novembre 1975, Pier Paolo Pasolini è in compagnia di un giornalista che lo sta intervistando. Il giornalista è Furio Colombo de «La Stampa», un liberale di sinistra, pupillo di Gianni Agnelli. L'intervista uscirà postuma, l'8 novembre del 1975, nell'inserto «Tuttolibri» de «La Stampa». Pasolini suggerirà a Colombo persino come intitolare l'articolo: *Perché siamo tutti in pericolo*. Si è parlato spesso di questo titolo. Molti l'hanno visto come un oscuro presagio e penso che abbiano visto giusto. Ma se il lettore si vuol prendere la briga di soppesare attentamente le parole di Pasolini, e di interpretare col senno di poi la sua ultima intervista, si potrà forse accorgere che Pasolini parlava già *post mortem*, e faceva già ipotesi interessanti sulle conseguenze della sua possibile dipartita.

Tra le 16 e le 18 del primo novembre 1975, Pier Paolo Pasolini sa che poche ore dopo incontrerà Pino Pelosi e che si recherà in sua compagnia all'Idroscalo per riprendersi le bobine di *Salò o le 120 giornate di Sodoma*. Pasolini è consapevole del fatto che quell'appuntamento può nascondere una trappola. Pasolini però non ha deciso di morire e di emulare Cristo come teorizza il suo vecchio amico Giuseppe Zigaina. Pasolini informa Furio Colombo di aver accettato di intervenire al congresso del Partito radicale che si terrà da lì a breve. Pasolini è un uomo lucido e coraggioso ma non è un kamikaze. Pasolini sa bene, sa ormai fin troppo, e quindi sa perfettamente che ciò che sa potrebbe essergli fatale.

Furio Colombo comincia l'intervista con una domanda lunghissima, contorta, allusiva, involuta. Ve la ripropongo perché la trovo utile a constatare oggi la profonda distanza cognitiva che esisteva tra Pier Paolo Pasolini e gli intellettuali italiani dell'epoca.

Chiede Colombo:

Pasolini, tu hai dato nei tuoi articoli e nei tuoi scritti, molte versioni di ciò che detesti. Hai aperto una lotta, da solo, contro tante cose, istituzioni, persuasioni, persone, poteri. Per rendere meno complicato il discorso io dirò «la situazione», e tu sai che intendo parlare della scena contro cui, in generale ti batti. Ora ti faccio questa obiezione. La «situazione» con tutti i mali che tu dici, contiene tutto ciò che ti consente di essere Pasolini. Voglio dire: tuo è il merito e il talento. Ma gli strumenti? Gli strumenti sono della «situazione». Editoria, cinema, organizzazione, persino gli oggetti. Mettiamo che il tuo sia un pensiero magico. Fai un gesto e tutto scompare. Tutto ciò che detesti. E tu? Tu non resteresti solo e senza mezzi? Intendo mezzi espressivi, intendo...

Leggendo alcuni brani di questa intervista ho provato a interpretarli secondo quello che ritengo fosse lo stato d'animo di Pier Paolo Pasolini in quel preciso momento. Sono interpretazioni più che discutibili, ci mancherebbe. Ma io continuo ancora a pensare che discutere sia l'unico mezzo per tentare di capire gli altri e noi stessi in rapporto agli altri.

Dice Pasolini:

Questo è un paesaggio diverso. Qui c'è la voglia di uccidere. E questa voglia ci lega come fratelli sinistri di un fallimento sinistro di un intero sistema sociale. Piacerebbe anche a me se tutto si risolvesse nell'isolare la pecora nera. Le vedo anch'io le pecore nere. Ne vedo tante. Le vedo tutte. Ecco il guaio, ho già detto a Moravia: con la vita che faccio io pago un prezzo... È come uno che scende all'inferno. Ma quando torno – se torno – ho visto altre cose, più cose.

Se torno, puntualizza Pasolini. Pasolini sa che poche ore dopo andrà in un posto dal quale potrebbe non tornare. Sa che non può fare a meno di andarci. Sa che la sua curiosità e la sua sensibilità implicano spesso un prezzo alto da pagare. Sa anche che gli altri non possono capire, perché non riescono a vedere ciò che lui riesce a vedere solo avendo accettato di pagare quel prezzo.

Dice Pasolini:

La cosiddetta scuola dell'obbligo fabbrica per forza gladiatori disperati. La massa si fa più grande, come la disperazione, come la rabbia [...]. Voglio dire fuori dai denti: io scendo all'inferno e so cose che non disturbano la pace di altri. Ma state attenti. L'inferno sta salendo da voi [...]. La sua voglia, il suo bisogno di dare la sprangata, di aggredire, di uccidere, è forte ed è generale. Non resterà per tanto tempo l'esperienza privata e rischiosa di chi ha, come dire, toccato «la vita violenta». Non vi illudete. E voi siete, con la scuola, la televisione, la pacatezza dei vostri giornali, voi siete i grandi conservatori di questo ordine orrendo basato sull'idea di possedere e sull'idea di distruggere. Beati voi che siete tutti contenti quando potete mettere su un delitto la sua bella etichetta. A me questa sembra un'altra, delle tante operazioni della cultura di massa. Non potendo impedire che accadano certe cose, si trova pace fabbricando scaffali.

Pasolini dichiara fuori dai denti al suo interlocutore che il mondo terrificante che lui vede crescere indisturbato attorno a sé è purtroppo, a tutti gli effetti, il mondo reale, mentre il mondo che vedono gli altri intellettuali gli appare falso e consolatorio. Non c'è autocompiacimento nella sua grinta. C'è solo il tentativo inutile e disperato, consapevolmente inutile e disperato, di far capire a Furio Colombo, e ai futuri lettori dell'intervista, che non si torna più indietro, che l'umanità ha smarrito i valori elementari della vita e che sta entrando in un tunnel buio dal quale sarà difficile uscire. Pasolini conosce questo tunnel perché ci è entrato da tempo, spinto dalla sua scelta di vita, e ci preannuncia che in quel tunnel finiremo presto per entrarci tutti, volenti o nolenti.

Il dettaglio del delitto da etichettare potrebbe essere la notizia della sua stessa morte. Pasolini usa la parola «delitto» all'improvviso e senza motivo apparente. Quella parola non ha niente a che vedere con le domande che gli ha posto Furio Colombo. Pasolini forse intuisce già i titoli dei giornali, e già immagina che, se il suo appuntamento sarà effettivamente un appuntamento con la morte, la sua morte potrebbe essere etichettata come quella di «un frocio che se l'era andata a cercare».

Dice Pasolini:

> Il mondo diventa grande, tutto diventa nostro e non dobbiamo usare né la Borsa, né il consiglio di amministrazione, né la spranga, per depredarci. Vedi, nel mondo che molti di noi sognavano c'era il padrone turpe con il cilindro e i dollari che gli colavano dalle tasche e la vedova emaciata che chiedeva giustizia con i suoi pargoli. Il bel mondo di Brecht, insomma. [...] Ho nostalgia della gente povera e vera che si batteva per abbattere quel padrone senza diventare quel padrone. Poiché erano esclusi da tutto nessuno li aveva colonizzati. Io ho paura di questi negri in rivolta, uguali al padrone, altrettanti predoni, che vogliono tutto a qualunque costo.

Questa cupa ostinazione alla violenza totale non lascia più vedere «di che segno sei». Chiunque sia portato in fin di vita all'ospedale ha più interesse – se ha ancora un soffio di vita – in quel che gli diranno i dottori sulla sua possibilità di vivere che in quel che gli diranno i poliziotti sulla meccanica del delitto.

Pasolini continua a parlare di delitto, e usa altre parole (Borsa, consiglio di amministrazione) che gli sono familiari solo da un paio d'anni a questa parte, da quando indaga su Cefis e si è messo a scrivere *Petrolio*. Accanto a quelle parole ne aggiunge un'altra: spranga. Lui sa che il potere ha bisogno della Borsa e dei consigli di amministrazione, ma anche delle spranghe, per realizzare i suoi oscuri disegni. La decisione della sua morte potrebbe infatti essere stata presa una settimana fa in una lussuosa sala riunioni dove si tiene un consiglio d'amministrazione, ma saranno poi questi «negri in rivolta, uguali al padrone, altrettanto predoni» che materialmente se ne incaricheranno, forse stanotte, con le loro spranghe.

Dice Pasolini:

> Per voi una cosa accade quando è cronaca, bella, fatta, impaginata, tagliata e intitolata. Ma cosa c'è sotto? Qui manca il chirurgo che ha il coraggio di esaminare il tessuto e di dire: signori, questo è cancro, non è un fatterello benigno. Cos'è il cancro? È una cosa che cambia tutte le cellule, che le fa crescere tutte in modo pazzesco, fuori da qualsiasi logica precedente. È un nostalgico il malato che sogna la salute che aveva prima, anche se prima era uno stupido e un disgraziato? Prima del cancro, dico. [...] Io ascolto i politici con le loro formulette, tutti i politici e divento pazzo. Non sanno di che Paese stanno parlando, sono lontani come la Luna. E i letterati. E i sociologi. E gli esperti di tutti i generi.

Alla fine dell'intervista, Pasolini parla di cancro, e dei medici senza coraggio che non sono più capaci di individuarlo e di diagnosticarlo. Quei medici sono i suoi colleghi intellettuali, ormai completamente scollati dalla realtà. Paolo non sa come trasmettere a Furio Colombo e ai suoi lettori la drammaticità della situazione che lui solo sembra intuire, vedere, capire. Lo fa suggerendogli quel titolo, *Perché siamo tutti in pericolo*, specificando di non metterci il punto interrogativo perché si tratta di un'affermazione, un'affermazione grave e solenne, non una provocazione. Di più non può dire e non può fare. Paolo dà quindi appuntamento a Furio Colombo la settimana seguente per finire l'intervista e si avvia verso il suo destino.

In questi quarant'anni, in tante occasioni ci siamo chiesti cosa avrebbe detto Pasolini. In quest'intervista rilasciata quasi in punto di morte, sembra esserci molto di ciò che avremmo voluto sapere. «Questi negri in rivolta, uguali al padrone, altrettanto predoni» non somigliano forse ai jihadisti che imperversano ovunque nei nostri attuali incubi quotidiani? Pasolini usa la parola «negri» non per intendere il colore della pelle, ma per alludere a un mondo di oppressi che lui ha individuato prima di chiunque altro. Questi versi sono tratti dal finale di *Profezia*, originariamente pubblicata nel 1965 all'interno del suo *Poesia in forma di rosa* per Garzanti. Mancavano tre anni al 1968 e circa una quarantina ai fenomeni dell'emigrazione di massa e del terrorismo islamista. Non sarà stata una profezia, ma certamente è la visione di un uomo che aveva gli occhi bene aperti sul mondo:

> Alì dagli Occhi Azzurri
> uno dei tanti figli di figli,
> scenderà da Algeri, su navi
> a vela e a remi. Saranno
> con lui migliaia di uomini
> coi corpicini e gli occhi
> di poveri cani dei padri

sulle barche varate nei Regni della Fame. Porteranno con
sé i bambini, e il pane e il formaggio, nelle carte gialle del
Lunedì di Pasqua.
Porteranno le nonne e gli asini, sulle triremi rubate ai porti
coloniali.

> Sbarcheranno a Crotone o a Palmi,
> a milioni, vestiti di stracci
> asiatici, e di camicie americane.
> Subito i Calabresi diranno,
> come da malandrini a malandrini:
> «Ecco i vecchi fratelli,
> coi figli e il pane e formaggio!»
> Da Crotone o Palmi saliranno
> a Napoli, e da lì a Barcellona,
> a Salonicco e a Marsiglia,
> nelle Città della Malavita [...].

> ... deponendo l'onestà
> delle religioni contadine,
> dimenticando l'onore
> della malavita,
> tradendo il candore
> dei popoli barbari,
> dietro ai loro Alì

dagli Occhi Azzurri – usciranno da sotto la terra per rapinare – saliranno dal fondo del mare per uccidere – scende-
ranno dall'alto del cielo per espropriare – e per insegnare ai
compagni operai la gioia della vita –

> per insegnare ai borghesi
> la gioia della libertà –
> per insegnare ai cristiani
> la gioia della morte
> – distruggeranno Roma
> e sulle sue rovine
> deporranno il germe
> della Storia Antica.

Quando il 18 marzo del 2015, i jihadisti ammazzano a Tunisi venti persone facendo irruzione al museo nazionale del Bardo, io rimango maggiormente colpito da un'altra notizia in prima pagina, molto più piccola, molto più in basso: la Turchia espelle 1500 aspiranti jihadisti provenienti dai Paesi dell'Unione Europea. Per quale misterioso motivo migliaia di ragazzi europei, anzi decine di migliaia, vogliono andare a combattere in nome di un dio che neppure conoscono sapendo che quel dio, o meglio chi dietro quel dio si nasconde, pretende innanzitutto di sacrificare le loro vite?

Pochi sanno che i jihadisti dell'Isis sono pronti a eseguire qualunque ordine, anche il più efferato, e non hanno alcun timore di morire perché sono imbottiti di droga, esattamente come i malviventi romani assoldati dalla Banda della Magliana. Questi ultimi hanno perso la testa quando è arrivata la cocaina. I jihadisti dell'Isis assumono il Captagon, un mix chimico allucinogeno a base di anfetamina che li rende insensibili alla paura, alla fatica e soprattutto al dolore. I combattenti curdi che li hanno affrontati parlano di guerrieri selvaggi che avanzano sghignazzando e crollano soltanto dopo numerose raffiche di mitra. Il Captagon è una sostanza brevettata dalla Nato, inizialmente prodotta in un laboratorio della stessa Nato in Bulgaria. Anche questo è un esempio, per quanto folle, di consumismo.

Non serve chiedersi come combattere il terrorismo o la criminalità organizzata. Serve piuttosto uno sforzo straordinario per capire com'è stato possibile che il consumismo e l'omologazione culturale di cui parlava Pasolini siano riusciti perfino a cancellare il valore più elementare della vita umana e a riportarci, con mezzi tecnologici, al Medioevo.

Pasolini era uno dei pochi intellettuali che faceva ciò che tutti gli intellettuali avrebbero il dovere di fare. Guardare oltre. Mettere insieme i frammenti di una società disgregata fino alle estreme conseguenze allo scopo di ricostruire un quadro sociale corrispondente alla realtà per quanto orrendo possa poi rivelarsi. Cercare la radice dei problemi senza mai fermarsi al sintomo. Curare il cancro prima che possa diffondersi in tutto l'organismo.

Se queste mie considerazioni vi possono sembrare azzardate, vi riporto indietro di appena settantadue ore rispetto a quel fatidico giorno dei Morti. Il 30 ottobre 1975, sul «Mondo», viene pubblicata una *Lettera luterana a Italo Calvino* firmata da Pier Paolo Pasolini. In data 8 ottobre, sul «Corriere della Sera», Italo Calvino aveva commentato i fatti del Circeo parlando di un delitto borghese, commesso dai rampolli di una borghesia ricca, viziata e corrotta, esistenzialmente fascista. Pasolini non è d'accordo con Calvino. E lo attacca.

Parlare ancora come colpevole di «parte della borghesia» è un discorso antico e meccanico perché la borghesia, oggi, è nel tempo stesso troppo peggiore che dieci anni fa, e troppo migliore. Compresa quella dei Parioli o di San Babila. È inutile che ti dica perché è peggiore (violenza, aggressività, dissociazione dall'altro, razzismo, volgarità, brutale edonismo) ma è inutile che ti dica perché è migliore (un certo laicismo, una certa accettazione di valori che erano solo di cerchie ristrette, votazioni al referendum, votazioni al 15 giugno). [...] Tu hai privilegiato i neofascisti pariolini del tuo interesse e della tua indignazione perché sono borghesi. La loro criminalità ti pare interessante perché riguarda i nuovi figli della borghesia. Li porti dal buio truculento della cronaca alla luce dell'interpretazione intellettuale perché la loro classe sociale lo pretende. Ti sei comportato – mi sembra – come tutta la stampa italiana, che negli assassini del Circeo vede un caso che la riguarda, un caso, ripeto, privilegiato. Se a fare le stesse cose fossero stati dei «poveri» delle borgate romane, oppure dei «poveri» immigrati a Milano o a Torino, non se ne sarebbe parlato tanto in quel modo. Per razzismo. Perché i «poveri» delle borgate o i «poveri» immigrati sono considerati delinquenti a priori. Ebbene, i «poveri» delle borgate romane e i «poveri» immigrati, cioè i giovani del popolo, possono fare e fanno effettivamente (come dicono con spaventosa chiarezza le cronache) le stesse cose che hanno fatto i giovani dei Parioli: e con lo stesso identico spirito, quello che è oggetto della tua «descrittività». I giovani delle borgate di Roma fanno tutte le sere centinaia di orge (le chiamano «batterie») simili a quelle del Circeo; e inoltre, anch'essi drogati. [...] L'impunità di tutti questi anni per i delinquenti borghesi e in specie neofascisti non ha niente da invidiare all'impunità dei criminali di borgata. [...] Cosa dedurre da tutto questo? Che la «cancrena» non si diffonde da alcuni strati della borghesia (romana e neofascista) contagiando il paese e quindi il popolo. Ma che c'è una fonte di corruzione ben più lontana e totale. Ed eccomi alla ripetizione della litania. È cambiato il «modo di produzione» (enorme quantità, beni superflui, funzione edonistica). Ma la produzione non produce solo merce, produce insieme rapporti sociali, umanità. Il «nuovo modo di produzione» ha prodotto quindi una nuova umanità, ossia una «nuova cultura» modificando antropologicamente l'uomo (nella fattispecie l'italiano). Tale «nuova cultura» ha distrutto cinicamente (genocidio) le culture precedenti: da quella tradizionale borghese, alle varie culture particolaristiche e pluralistiche popolari. Ai modelli e ai valori distrutti essa sostituisce modelli e valori propri (non ancora definiti e nominati): che sono quelli di una nuova specie di borghesia. I figli della borghesia sono dunque privilegiati nel realizzarli, e realizzandoli (con incertezza e quindi con aggressività) si pongono come esempi a coloro che economicamente sono impotenti a farlo, e vengono ridotti appunto a larvali e feroci imitatori. Di qui la loro natura sicaria, da SS. Il fenomeno riguarda così l'intero paese. E i perché sono ben chiari.

Profetico, no? Profetico per la sorte imminente di Pasolini e profetico ancora oggi, per come sembra descrivere esattamente il mondo in cui viviamo e sopravviviamo quarant'anni dopo. Talmente profetico da togliere il fiato allo stesso Italo Calvino, che il 4 novembre 1975 scrive sul «Corriere della Sera»:

Non farò più in tempo a rispondere a quella lettera. Sul «Mondo» del 30 ottobre, Pasolini mi indirizzava una lettera aperta sulla violenza nel mondo d'oggi, che resterà uno dei suoi ultimi scritti. Polemizzava con il mio articolo del «Corriere» sul delitto del Circeo perché io descrivevo un processo di degradazione della società senza darne spiegazioni e soprattutto senza parlare della spiegazione che da tempo ne dava lui: il «consumismo» che distrugge tutti i valori precedenti e al loro posto instaura un mondo senza principi e spietato. Durante la settimana scorsa, a chi mi chiedeva cosa aspettavo a rispondere, mi venne da dire una battuta cinica: «Aspetto il prossimo delitto». Non si deve mai essere cinici, nemmeno per scherzo. Appena la pronunciai mi resi conto che poteva essere una di quelle battute che non ci si ricorderà volentieri d'aver detto. Ma non mi fermai su questo pensiero. Il mondo in cui avvengono i delitti sembra così lontano, rassicurantemente lontano, a chi si trova di scrivere di delitti nella tranquillità del proprio studio. Ed ecco, sono passati pochi giorni. Non ha tardato a succedere, il delitto su cui il giornale mi chiede un nuovo articolo. Ma a Pasolini non posso più rispondere, la vittima è lui.

Più avanti in quell'articolo del 4 novembre 1975, Italo Calvino diviene anch'egli profetico:

> La violenza che ora esplode nella nostra società senza forma è un fenomeno nuovo in quanto le società dei tempi passati incanalavano le proprie spinte aggressive verso esiti spesso altrettanto spietati ma collettivi. Solo una trasformazione in energie dirette verso fini comuni ci salverà dalla forza distruttiva della violenza. So che dico cose terribilmente generiche e forse banali, ma è un punto di metodo che voglio segnare. Voglio dire che le scuole sono in crisi in tutto il mondo, ma nel resto del mondo bene o male funzionano e da noi no. E che l'Italia può temere di diventare per almeno cinquant'anni una periferia coloniale, una enorme borgata disoccupata e violenta.

Anche Italo Calvino, come Pier Paolo Pasolini, è stato spesso profetico. Erano intellettuali con gli occhi spalancati. Oggi abbiamo intellettuali da baraccone, intellettuali da talk show televisivo. Il consumismo ha divorato anche loro.

Pasolini non era un veggente. Leggendo *Petrolio*, a un certo punto tanti l'hanno paragonato a Nostradamus. È successo quando i lettori si sono imbattuti nella descrizione della strage alla stazione di Bologna annunciata sei anni prima che accadesse davvero.[1] Come diamine aveva fatto Pasolini a prevederla?

Nella notte fra il 3 e il 4 agosto del 1974, una bomba ad alto potenziale era esplosa nella quinta vettura del treno Italicus presso San Benedetto Val di Sambro, in provincia di Bologna. Nell'attentato morirono dodici persone e altre quarantotto rimasero ferite. La bomba in realtà sarebbe dovuta esplodere nella Grande galleria dell'Appennino, provocando un'autentica carneficina.

A bordo di quel treno, si venne a sapere soltanto molti anni dopo, ci doveva essere Aldo Moro, che per sua fortuna non riuscì a salirvi in tempo. O meglio, Aldo Moro in realtà era salito su quel treno. Lo fecero scendere dei funzionari del suo ministero (era ministro degli Esteri) che avevano urgentemente bisogno di fargli firmare delle carte. Così il treno partì senza di lui. Questo dettaglio è stato svelato dalla figlia dello statista, Maria Fida Moro nell'aprile del 2004.

Come sempre, anche questo fatterello può essere soggetto a varie interpretazioni. Probabilmente, quei funzionari potevano anche fargli firmare le carte mentre il treno viaggiava e sarebbero poi potuti scendere alla prima fermata. Perché gli hanno fatto perdere il treno? È stata una fatalità o l'hanno fatto di proposito perché sapevano che su quel treno c'era una bomba? E se per pura ipotesi fossero stati a conoscenza dell'attentato, perché salvare Moro con lo stratagemma della carte da firmare ma condannare gli altri passeggeri mantenendo il silenzio?

Tornando alla «profezia» di Pasolini, evidentemente Paolo pensò che Bologna, la città dove era nato nel 1922, la città emblema della sinistra, sarebbe stata un obiettivo assai ghiotto per il terrorismo di marca fascista e di conseguenza immaginò che prima o poi ci avrebbero provato. Tutto qui.

Pasolini mi ha sempre insegnato, ci ha sempre insegnato a riflettere. Cosa che quasi nessuno, purtroppo, sembra più disposto a fare in quest'epoca in cui buona parte dell'umanità si adegua alla deriva lasciandosi vivere e lasciandosi morire.

Quante volte, in questi quarant'anni, ci siamo improvvisamente resi conto che Pasolini aveva visto giusto? È accaduto anche di recente, il 7 aprile del 2015, quando la corte europea dei diritti umani ha condannato l'Italia per i pestaggi del 21 luglio del 2001 nei locali della scuola Diaz a Genova, dove la polizia massacrò letteralmente studenti italiani e stranieri che vi si erano rifugiati dopo aver manifestato contro il vertice del G8. La corte europea ha infine sentenziato, quattordici anni dopo, che l'irruzione delle forze dell'ordine italiane e la conseguente mattanza «deve essere qualificata come tortura». In quell'occasione, l'Italia del governo Berlusconi-Fini si è cioè comportata in modo non dissimile dal Cile del dittatore fascista Augusto Pinochet. La corte europea ha condannato l'Italia anche perché il nostro Paese non dispone «di una legislazione adeguata a punire il reato di tortura», e di conseguenza i responsabili di quel massacro non saranno puniti come meriterebbero. Un ovvio paradosso. Perché l'Italia è e resta pur sempre, almeno ufficialmente, una delle democrazie più evolute dell'Occidente.

La vittima più anziana di quel pestaggio si chiama Arnaldo Cestaro. Aveva sessantuno anni allora. Quella notte, i poliziotti gli ruppero dieci costole, un braccio e una gamba. «Oggi ho settantacinque anni» ha dichiarato Cestaro dopo la sentenza della corte europea, «ma non cancellerò mai l'orrore vissuto. Ho visto il massacro in diretta, ho visto l'orrore del nostro Stato. Dopo quattordici anni, le scuse migliori sono le risposte reali, non i soldi. Il reato di tortura in Italia è una cosa legale.»[2]

Tre giorni dopo, il 10 aprile del 2015, un magistrato che

in quell'estate del 2001 era a capo dell'ufficio ispettorato del Dap (Dipartimento dell'amministrazione penitenziaria), lancia accuse molto gravi. Si chiama Alfonso Sabella. In un'intervista a Giovanna Vitale di «Repubblica», Sabella dichiara: «A Genova sono successe cose molto strane. [...] È possibile che qualcuno a Genova volesse il morto, ma doveva essere un poliziotto, non un manifestante, per criminalizzare la piazza e metterla a tacere una volta per sempre».[3]

Pasolini aveva previsto anche questa «scientificità» nell'uso mirato della violenza per condizionare l'opinione pubblica e squalificare o scoraggiare il dissenso:

Le stragi quindi sono state compiute sempre dalle stesse persone. Prima hanno fatto la strage di Piazza Fontana accusando gli estremisti di sinistra, poi hanno fatto le stragi di Brescia e di Bologna accusando i fascisti e cercando di rifarsi in fretta e furia quella verginità antifascista di cui avevano bisogno, dopo la campagna del referendum e dopo il referendum, per continuare a gestire il potere come se nulla fosse accaduto.[4]

Questo libro è di Pier Paolo Pasolini, perché non esisterebbe senza il suo pensiero, il suo esempio e il suo coraggio. Per questa ragione mi sembra giusto lasciare le battute finali a lui, citando un brano tratto da *Il vuoto del potere in Italia*, un suo editoriale apparso sul «Corriere della Sera» il primo febbraio del 1975 e passato alla storia come «L'articolo delle lucciole».

Non siamo più di fronte, come tutti ormai sanno, a «tempi nuovi», ma a una nuova epoca della storia umana, di quella storia umana le cui scadenze sono millenaristiche. Era impossibile che gli italiani reagissero peggio di così a tale trauma storico. Essi sono diventati in pochi anni (specie nel centro-sud) un popolo degenerato, ridicolo, mostruoso, criminale. Basta soltanto uscire per strada per capirlo. Ma, naturalmente, per capire i cambiamenti della gente, bisogna amarla. Io, purtroppo, questa gente italiana, l'avevo amata: sia al di fuori degli schemi del potere (anzi, in opposizione disperata a essi), sia al di fuori degli schemi populisti e umanitari. Si trattava di un amore reale, radicato nel mio modo di essere. Ho visto dunque «coi miei sensi» il comportamento coatto del potere dei consumi ricreare e deformare la coscienza del popolo italiano, fino a una irreversibile degradazione.

Questo testo sembra scritto cinque minuti fa. Purtroppo.

Epilogo

Due fratelli

Ho ampiamente detto, e cercato di dimostrare, che Pier Paolo Pasolini aveva probabilmente messo in conto di trovare la morte all'Idroscalo. Ho anche ipotizzato che questo supremo sacrificio poteva rappresentare, per lui, l'indispensabile prezzo da pagare per riuscire a mandare a monte in un sol colpo, con la sua morte clamorosa e violenta, tutte le trame del potere che Paolo aveva dettagliatamente descritto nei suoi articoli per il «Corriere della Sera».

Ho dato conto, altresì, delle teorie del suo vecchio amico Giuseppe Zigaina che riteneva Pasolini da sempre attratto dal mito di Cristo al punto da volerne ripeterne il percorso fino al martirio finale. Di più: disseminando innumerevoli indizi e segnali all'interno della sua opera narrativa, cinematografica, saggistica e poetica, Pasolini avrebbe da sempre lavorato ad allestire con estrema consapevolezza la propria morte rituale (di Zigaina basti consultare *Pasolini e la morte*, Marsilio, Venezia 2005).

Ora vorrei esporre, nel modo più semplice e meno enfatico possibile, ciò che penso in proposito. Io sospetto, semmai, che lo scrittore avesse in mente un altro sacrificio, frutto di un senso di colpa che per trent'anni continuò a lacerare la sua coscienza.

Non mi è mai capitato di parlare con Pasolini della morte di suo fratello Guido, assassinato da partigiani come lui il 12 febbraio del 1945 a Bosco Romagno in una delle vicende più tragiche e controverse della Resistenza.

Pubblicamente, che io sappia, Paolo l'ha fatto soltanto una volta, il 15 luglio del 1961, nella rubrica intitolata *Il Caos* che teneva sul periodico comunista «Vie Nuove». La missiva di un lettore gli offrì l'occasione di affrontare l'argomento e lui non si tirò indietro.

Il lettore scrisse:

Caro Pasolini, mi rivolgo a lei non già per un dialogo o per esporre le mie idee e sentire poi la sua opinione: le scrivo per chiederle di illuminarmi su un avvenimento, cosa che nessuno può fare meglio di lei. La prego quindi di rispondere a questa lettera un po' fuor del comune, anche se ciò che sto per chiederle potrà arrecarle dispiacere. Nella ricorrenza del 25 aprile, sui muri di Roma sono apparsi dei manifesti fascisti i quali, con l'evidente scopo di gettar fango sulla Resistenza, si chiedevano perché mai non si commemorassero anche quei partigiani (e facevano alcuni nomi di quei partigiani) trucidati per ordine dell'Internazionale comunista. A questo manifesto, come a tutti i manifesti e altre notizie fasciste, avrei dato poca importanza se non fosse stato nominato fra gli altri «trucidati per ordine dell'Internazionale comunista», suo fratello. Ciò mi ha stupito e mi ha indotto a scriverle affinché voglia far conoscere a me e a tutti gli altri, la storia di suo fratello ed onorare così la sua memoria che hanno cercato di infangare. Distinti saluti.

Giovanni Venenzani
Roma

Pasolini rispose:

Non so cosa sia questa Internazionale comunista: solo la fantasia infantile e provinciale dei fascisti può immaginare siffatte entità, nebulose e nemiche, veri e propri mostri del sonno della ragione. Non fosse che per questa orrenda genericità, il manifesto di cui lei mi parla non dovrebbe nemmeno essere preso in considerazione. Non rispondo a quel manifesto, dunque, ma a lei che mi chiede notizie del mio povero fratello con animo così amico. La cosa si racconta in due parole: mia madre, mio fratello ed io eravamo sfollati da Bologna in Friuli, a Casarsa. Mio fratello continuava i suoi studi a Pordenone: faceva il liceo scientifico, aveva diciannove anni. Egli è subito entrato nella Resistenza. Io, poco più grande di lui, l'avevo convinto all'antifascismo più acceso, con la passione dei catecumeni, perché anch'io, ragazzo, ero soltanto da due anni venuto alla conoscenza che il mondo in cui ero cresciuto senza nessuna prospettiva era un mondo ridicolo e assurdo. Degli amici comunisti di Pordenone (io allora non avevo ancora letto Marx, ed ero liberale, con tendenza al Partito d'Azione) hanno portato con sé Guido ad una lotta attiva. Dopo pochi mesi, egli è partito per la montagna, dove si combatteva. Un editto di Graziani, che lo chiamava alle armi, era stata la causa occasionale della sua partenza, la scusa davanti a mia madre. L'ho accompagnato al treno, con la sua valigetta, dov'era nascosta la rivoltella dentro un libro di poesia. Ci siamo abbracciati: era l'ultima volta che lo vedevo. Sulle montagne, tra il Friuli e la Jugoslavia, Guido combatté a lungo, valorosamente, per alcuni mesi: egli si era arruolato nella divisione Osoppo, che operava nella zona della Venezia Giulia insieme alla divisione Garibaldi. Furono giorni terribili: mia madre sentiva che Guido non sarebbe tornato più. Cento volte egli avrebbe potuto cadere combattendo contro i fascisti e i tedeschi: perché era un ragazzo di una generosità che non ammetteva nessuna debolezza, nessun compromesso. Invece era destinato a morire in un modo più tragico ancora. Lei sa che la Venezia Giulia è al confine tra l'Italia e la Jugoslavia: così, in quel periodo, la Jugoslavia tendeva ad annettersi l'intero territorio e non soltanto quello che, in realtà, le spettava. È sorta una lotta di nazionalismi, insomma. Mio fratello, pur iscritto al Partito d'Azione, pur intimamente socialista (è certo che oggi sarebbe stato al mio fianco), non poteva accettare che un territorio italiano, com'è il Friuli, potesse esser mira del nazionalismo jugoslavo. Si oppose, e lottò. Negli ultimi mesi, nei monti della Venezia Giulia la situazione era disperata, perché ognuno era tra due fuochi. Come lei sa, la Resistenza jugoslava, ancor più che quella italiana, era comunista: sicché Guido, venne a trovarsi come nemici gli uomini di Tito, tra i quali c'erano anche degli italiani, naturalmente le cui idee politiche egli in quel momento sostanzialmente condivideva, ma di cui non poteva condividere la politica immediata, nazionalistica. Egli morì in un modo che non mi regge il cuore di raccontare: avrebbe potuto anche salvarsi, quel giorno: è morto per correre in aiuto del suo comandante e dei suoi compagni. Credo che non ci sia nessun comunista che possa disapprovare l'operato del partigiano Guido Pasolini. Io sono orgoglioso di lui, ed è il ricordo di lui, della sua generosità, della sua passione, che mi obbliga a seguire la strada che seguo. Che la sua morte sia avvenuta così, in una situazione complessa e apparentemente difficile da giudicare, non mi dà nessuna esitazione. Mi conferma soltanto nella convinzione che nulla è semplice, nulla avviene senza complicazioni e sofferenze: e che quello che conta soprattutto è la lucidità critica che distrugge le parole e le convenzioni, e va a fondo nelle cose, dentro la loro segreta e inalienabile verità.

Leggendo queste sue parole, a quasi quarant'anni dalla sua morte, mi sembra di rivedere Pier Paolo Pasolini seduto a tavola con Ninetto Davoli e la sua famiglia. Sono al ristorante Pommidoro, in piazza dei Sanniti a San Lorenzo. È la sua ultima cena.

Paolo è cupo, chiacchiera con Ninetto e Patrizia parlando ossessivamente della violenza che ormai si respira a Roma a ogni angolo di strada. Ma poi sorride ai loro figli, scherza e gioca con loro rivelando tutta la tenerezza di cui era capace. Quei due bambini si chiamavano, e si chiamano, Pier Paolo e Guido. Quest'immagine, ora, mi spezza letteralmente il cuore. Nei volti di quei due bambini, Paolo non può non rivedere e non rivivere, proprio quella sera, proprio in quel momento, la sua infanzia con suo fratello Guido.

Dopo la morte di Guido, a caldo, Pasolini scrive *I turcs tal Friûl*, un dramma teatrale in lingua friulana, ambientato nel 1499 durante l'invasione turca in Friuli. È la storia di due fratelli, Meni e Pauli. Meni combatte fino alla morte e salva il Paese. Pauli rimane a casa a pregare e salva la sua vita. Di *I turcs tal Friûl* si conoscerà l'esistenza solo nel 1976, dopo la morte di Pier Paolo Pasolini.

La morte di Guido, Pier Paolo Pasolini l'aveva chiusa a doppia mandata nel suo cuore e l'ha portata con sé per tutta la vita, indissolubilmente legata a un profondo, incancellabile senso di colpa: «Io, poco più grande di lui, l'avevo convinto all'antifascismo più acceso».

Fin dall'infanzia, Pier Paolo Pasolini era stato l'esempio e il modello per suo fratello Guido. Dopo la sua morte, Guido è diventato l'esempio e il modello per suo fratello Pier Paolo: «Io sono orgoglioso di lui, ed è il ricordo di lui, della sua generosità, della sua passione, che mi obbliga a seguire la strada che seguo».

Ferito ma scampato al massacro dei suoi compagni, in nome dei suoi ideali Guido Pasolini ha voluto far ritorno nel luogo dove sapeva che avrebbe perso la vita.

Trent'anni dopo, Pier Paolo Pasolini ha fatto esattamente la stessa cosa.

Postfazione

di *Stefano Maccioni*

Quando negli ultimi mesi del 2008 ho iniziato a occuparmi dell'omicidio di Pier Paolo Pasolini, insieme alla criminologa Simona Ruffini, non avrei mai minimamente immaginato che cosa sarebbe successo negli anni seguenti. Non conoscevo la vicenda processuale di uno degli omicidi più discussi del nostro Paese, e proprio per questo ho potuto studiare le carte processuali – peraltro raccolte con molta difficoltà – senza preconcetti di alcun genere.

Il primo documento che ho esaminato è stata la sentenza emessa dal tribunale dei minori di Roma nei confronti dell'unico imputato: Giuseppe Pelosi. Consiglio a chiunque voglia chiarirsi le idee su cosa veramente accadde quella notte tra il primo e il 2 novembre del 1975 di leggere integralmente quella decisione. La sentenza smentiva i risultati raggiunti dagli inquirenti ritenendo impossibile, in base agli elementi raccolti e alle dichiarazioni dell'imputato, che quest'ultimo avesse agito da solo. Cadeva, inoltre, la tesi della difesa in base alla quale Pelosi non aveva fatto altro che difendersi da un tentativo di violenza sessuale da parte di Pasolini. Il presidente e relatore Carlo Alfredo Moro ricostruiva dettagliatamente e razionalmente la scena del delitto giungendo a una perentoria conclusione: Giuseppe Pelosi non poteva aver ucciso da solo Pier Paolo Pasolini.

Una simile conclusione avrebbe dovuto comportare l'immediata riapertura delle indagini, allo scopo di individuare gli altri responsabili di un omicidio così brutale. Ma le cose non andarono come sarebbe stato legittimo aspettarsi: non solo non si approfondirono le ricerche, ma la sentenza venne impugnata dai difensori di Pelosi e – incredibilmente – dalla procura generale della Repubblica, con il risultato che il verdetto di Moro fu ribaltato dalla corte d'appello di Roma e definitivamente smentito dalla corte di cassazione. Secondo i giudici di secondo e terzo grado, Giuseppe Pelosi aveva sicuramente agito da solo.

Il nostro lungo e complesso percorso di ricostruzione dei fatti è partito proprio dalle tre sentenze emesse. Tanto era logica e coerente quella del tribunale dei minori, tanto era illogica e contraddittoria quella della corte d'appello. Colpiti da questa sostanziale dimostrazione di incoerenza, abbiamo cominciato a esaminare le riaperture delle indagini succedutesi negli anni e le relative ordinanze di archiviazione con cui si sono puntualmente chiuse. Ad accomunare i vari tentativi di riapertura, c'era il focus principale delle loro ipotesi investigative: Giuseppe Mastini alias Johnny lo Zingaro, un pluriergastolano che all'epoca dei fatti aveva appena quindici anni. Nel maggio 1987, il sostituto procuratore generale della corte d'appello Antonio Listro, che aveva provveduto a riaprire le indagini sull'omicidio Pasolini, inviò una comunicazione giudiziaria a Giuseppe Mastini.

La comunicazione [...] è un passo obbligato, essendoci una denuncia circostanziata presentata dall'avvocato Nino Marazzita, che assiste i famigliari del regista. Il penalista sostiene che all'epoca del fatto Pelosi e Mastini avevano rapporti di amicizia. Proprio sul luogo del delitto, ricorda Marazzita, fu trovato un anello con l'aquila americana raffigurata. Scoperto il presunto omicida nel giovane Pino Pelosi, lo stesso si autoaccusò e dichiarò che quell'anello era suo, lo aveva avuto in dono da un'hostess statunitense. La versione però crollò in seguito alle domande degli inquirenti. Pelosi disse allora che era un dono del suo amico Johnny, aggiungendo che non conosceva le sue vere generalità. Il pregiudicato Giuseppe Mastini, però, nega qualsiasi complicità, ammettendo soltanto d'aver conosciuto Pelosi durante la detenzione in un carcere minorile di Casal del Marmo. Uscirono insieme dal carcere durante l'estate 1975 e cominciarono a frequentare un circolo monarchico in via Donadoni. Alcuni testimoni dissero che erano amici inseparabili. Ma oltre l'anello che apparteneva a Johnny ci sono altri indizi, sostiene l'avvocato Nino Marazzita, che vanno riesaminati. Si parla di impronte digitali rilevate sul tetto dell'auto dello scrittore che non portarono a risultati concreti ma che potrebbero essere rivelatrici ora che Giuseppe Mastini è in carcere. L'avvocato Rocco Mangia, difensore di Pino Pelosi, che è di nuovo in carcere per rapina, ha già detto che si tratta di fantasie di poco conto: il suo assistito era solo quando uccise Pasolini.[1]

Quella condotta da Listro fu la prima di una serie di nuove riaperture dell'inchiesta tutte terminate con nuove archiviazioni. La seconda avvenne nel 1995, sull'onda di un'intervista rilasciata il 20 marzo di quell'anno a «Oggi» dall'ex maresciallo dei carabinieri Renzo Sansone, coinvolto in prima persona nelle indagini che seguirono il delitto Pasolini.

Nel 1975, infatti, Sansone era stato incaricato dal suo comandante di compagnia, il capitano Giuseppe Gemma, di individuare ed entrare in contatto con due minorenni soprannominati «fratelli Braciola»: Giuseppe e Franco Borsellino, rispettivamente di quindici e tredici anni. Sansone, restando in incognito, avrebbe dovuto avvicinare i due nel loro habitat naturale – il Tiburtino III di Roma – per sentire dalla loro viva voce le circostanze relative all'omicidio di Pier Paolo Pasolini.

Per farlo, il maresciallo si spacciò per un appartenente alla mala e iniziò a frequentare un circolo ricreativo nella zona di Pietralata. Lì conobbe i due Borsellino e, per non destare sospetti nel corso delle prime due conversazioni, Sansone non fece alcun riferimento all'omicidio Pasolini.

Durante il terzo incontro, Giuseppe rivelò di conoscere da molto tempo Pelosi e che – la sera dell'omicidio Pasolini –

aveva un appuntamento con lui. Secondo il più giovane dei fratelli Borsellino, Pino aveva concordato con loro un piano: avrebbero rapinato il poeta. Il progetto coinvolgeva anche un quarto minorenne, un ragazzo denominato il Biondino che viveva dalle parti di Villa Gordiani e che aveva tatuaggi in varie parti del corpo, tra i quali risaltava una scritta sul polso: «Amo mamma». Nel corso di una successiva inchiesta, attraverso le dichiarazioni di tal Marco Lori, detto Sceriffetto, che da ragazzo abitava con i genitori nel quartiere di Pietralata-Tiburtino e aveva conosciuto i fratelli Borsellino, Giuseppe Pelosi e Giuseppe Mastini, si sarebbe accertato che tale descrizione poteva corrispondere a un certo Stefano Carapelli, comunemente chiamato Stefanino o il Biondino.

La sera del primo novembre 1975, mentre Pelosi si sarebbe mosso in macchina con Pasolini, i tre li avrebbero seguiti a breve distanza, giungendo sul luogo del delitto a bordo di una moto Benelli 125. Poco dopo, resisi conto delle violente avances di Pasolini ai danni di Pelosi, i tre sarebbero intervenuti in difesa del loro amico, aggredendo Pasolini con calci e pugni e colpendolo con mazze di legno trovate lì per caso.

Alla luce di quanto accaduto, i complici non si sarebbero più preoccupati di prendere il denaro e si sarebbero dati alla fuga: i Borsellino e il Biondino con la moto e Pelosi con l'auto di Pasolini, nonostante gli amici gli avessero consigliato di unirsi a loro.

Nel corso del quarto incontro, avvenuto il 12 febbraio 1976, entrambi i fratelli riproposero l'identica versione dei fatti. Franco, inoltre, aggiunse che Pelosi conosceva già da un pezzo Pasolini e che l'idea della rapina era stata concepita e resa possibile proprio grazie al rapporto di confidenza tra Pino e Pasolini. I tre, infatti, erano riusciti a seguire l'Alfa Gt a bordo della moto rubata e messa a loro disposizione da Pelosi, proprio perché durante il tragitto Pino aveva ripetutamente chiesto al poeta di non correre.

Raccolte queste informazioni, Sansone scrisse una dettagliata dichiarazione datata 13 febbraio 1976. Il giorno successivo, i fratelli Braciola furono arrestati. Franco, all'epoca non imputabile, rilasciò sommarie informazioni testimoniali. Mentre Giuseppe venne interrogato con l'assistenza del difensore.

La notizia del fermo dei due non fece però in tempo a ripercuotersi pienamente sul processo in corso nei confronti di Pelosi, perché il procedimento si chiuse rapidamente. Il 16 febbraio, Sansone venne sentito dal sostituto procuratore della Repubblica presso il tribunale dei minori di Roma.

> Escludo che i fratelli Borsellino nel farmi le loro confidenze fossero già a conoscenza della mia qualità di carabiniere in borghese e intendessero, pertanto, prendermi in giro. L'atteggiamento dei medesimi non era tale, infatti, di chi nel fare rivelazioni di fatti delittuosi intende, narrando gli stessi, burlarsi dell'interlocutore. Certamente non mi sarebbe sfuggito se i due avessero voluto giocarmi, a prescindere dalla ulteriore considerazione che gli stessi non mi avrebbero certo reso partecipe della refurtiva che custodivano nella loro abitazione frutto di delitti dagli stessi commessi sulle macchine in sosta.

Eppure, nonostante tale importante riscontro, le indagini furono chiuse soltanto quattro giorni dopo. Il 20 febbraio 1976, infatti, Giuseppe Santarsiero, procuratore della Repubblica presso il tribunale dei minori di Roma, ordinò l'immediata scarcerazione di Giuseppe Borsellino con le seguenti motivazioni:

> Ritenuto che dalle approfondite indagini di polizia giudiziaria e dagli atti istruttori immediatamente assunti non sono emersi elementi relativi ad una effettiva partecipazione di Borsellino Giuseppe e del di lui fratello Franco, minore non imputabile, al delitto di omicidio dello scrittore Pier Paolo Pasolini; che la confidenza fatta dai fratelli Borsellino al carabiniere Sansone Renzo in ordine alla loro pretesa partecipazione al delitto, peraltro dai medesimi negata davanti al magistrato, è da ritenersi inattendibile e completamente infondata, in mancanza di ri-

scontri obiettivi nelle risultanze processuali; che pertanto può ben ritenersi verosimile la versione resa dai fratelli Borsellino al magistrato secondo cui la confidenza sulla loro partecipazione al delitto Pasolini aveva lo scopo di far acquistare all'uomo – che essi ritenevano pregiudicato – la completa fiducia sulla loro capacità a delinquere per essere associati dallo stesso all'attuazione di un progetto criminoso; che pertanto si è trattato di una vanteria del tutto gratuita, anche se rischiosa, per darsi importanza e acquistare peso e notorietà nell'ambiente di pregiudicati da essi frequentato.

Oltre alle confessioni raccolte da Sansone, nell'ambito della riapertura delle indagini effettuata nel 1995 emersero anche le dichiarazioni rese da Pasquale Mercurio, condannato all'ergastolo per omicidio e collaboratore di giustizia, e da un altro detenuto, Valter Carapacchi.

A entrambi, durante una delle sue permanenze in carcere, Giuseppe Mastini avrebbe confidato di aver partecipato all'omicidio di Pasolini.

Il 9 novembre 1995, Mercurio riferì di aver conosciuto Giuseppe Mastini durante i periodi di detenzione che entrambi avevano condiviso nel carcere di Spoleto e in quello di Voghera. In quelle occasioni, Giuseppe Mastini gli avrebbe apertamente confessato di aver partecipato all'omicidio Pasolini, offrendogli una versione dei fatti che gli sarebbe stata in seguito confermata da Carapacchi, che incontrò Mercurio a Rebibbia. Nel carcere romano, Carapacchi aveva conosciuto Mastini e Pelosi, e sosteneva di aver ricevuto da entrambi confidenze circa la loro comune partecipazione all'omicidio.

La procura della Repubblica di Roma non tenne però in considerazione le storie di Mercurio e Carapacchi, ritenendo i testimoni scarsamente credibili. L'inchiesta venne così archiviata e la richiesta di riapertura delle indagini si concluse con un nulla di fatto. Questo tentativo, però, si lascia alle spalle due elementi che vale la pena ricordare. Nella richiesta di archiviazione, infatti, vennero riportati come fatti dirimenti due dettagli che in seguito si sarebbero rivelati del tutto infondati.

Uno dei motivi per cui le testimonianze a carico di Mastini vennero ritenute infondate era che Carapacchi non era mai stato detenuto insieme a lui nel reparto G11 del carcere di Rebibbia, una circostanza smentita nel corso della più recente inchiesta.

La richiesta di archiviazione si incentrava, inoltre, sul fatto che Pelosi e Mastini non si fossero ancora conosciuti all'epoca dei fatti.

In base ad una nota della Squadra Mobile di Roma del 15 novembre 1995 si sottolinea la totale assenza di qualunque elemento che possa far concludere per rapporti o soltanto contatti di conoscenza tra il Pelosi e il Mastini all'epoca dei fatti.

Come è possibile una simile affermazione? Pelosi e Mastini, in realtà, si conoscevano da tempo. Troviamo tracce di Mastini già nella corrispondenza intercorsa tra i Borsellino e Pelosi nel novembre 1975, dopo che quest'ultimo era detenuto presso il carcere minorile di Casal del Marmo.

In una cartolina, Pelosi scriveva a Giuseppe Borsellino: «Vai da Johnny lo Zingaro che sta a l'Ina casa alle giostre digli di scrivermi lui lo sa». E Borsellino gli rispondeva: «Sono andato all'Ina casa però Johnny non c'era. Vorrà dire che glielo dirò appena lo vedrò che deve scriverti».

Pelosi conosceva Johnny lo Zingaro, come dimostrò Salvatore Giannella in un articolo per «L'Europeo» del 6 febbraio 1976.

Sappiamo ora che l'anello era stato dato al Pelosi da un certo Johnny. Sappiamo ora che un Johnny esiste. È il soprannome di Giuseppe Mastini, reo confesso di un altro delitto commesso recentemente a Roma, che presenta straordinarie e sinistre analogie con l'omicidio di Pier Paolo Pasolini.

Questo Johnny, il quale dichiara di avere ucciso sotto l'effetto della droga, conosceva il Pelosi e ne era amico. Dopo averne dato per primi la notizia, «Paese Sera» e «l'Unità» hanno pubblicato che Johnny nega di essere amico del Pelosi: «Lo conobbi solo in carcere tempo fa». E il giudice Giunta, lo stesso che avviò l'istruttoria dell'omicidio Pasolini, accetta tale smentita [...]. Oltre ai bar, Pelosi e Johnny frequentavano anche il circolo ricreativo di via Donati 140, aperto nel 1969 come sezione dell'Unione monarchica nazionale (anche se non c'è nessuna insegna che avverta che il locale è una sede monarchica). Quattro mesi fa, il 19 ottobre, la polizia fece irruzione nel locale e denunciò 24 persone sorprese a giocare d'azzardo grosse somme. Fra i denunciati c'era anche un noto pregiudicato, un particolare che conferma che nel «giro» delle bische sono coinvolti non solo pesci di piccolo calibro, ladri d'auto minorenni, com'erano, prima di diventare assassini, Pelosi e Mastini [...]. Si conoscevano e si conoscono tanto bene, Pino Pelosi e Giuseppe Mastini detto Johnny, che quando si sono incontrati sabato 17 gennaio scorso nel carcere di Casal del Marmo, subito si sono salutati e abbracciati. Era presente l'avvocatessa di Johnny, Maria Causarano, che lo testimonia. C'era anche Mauro Giorgio, il sedicenne arrestato insieme a Mastini.

Nello stesso articolo, Giannella offriva un ritratto molto dettagliato di Johnny, parlando del suo passato di piccoli crimini e del suo presente di violenze e umana miseria.

È un ragazzo di quindici anni, analfabeta (firma con la croce), violento, sembra dedito alla droga (ha dichiarato di aver ucciso sotto l'effetto della droga). Suo padre è titolare di una giostra parcheggiata in fondo a via Diego Angeli. La sua casa è una roulotte. Il suo giovane passato è una lunga e quasi incredibile lista di furti, rapine, violenze: motociclette rubate, automobili rubate, tassisti aggrediti. (Un tassista, da lui colpito con una spranga poche ore prima del delitto, ci ha rimesso un occhio). A undici anni, colpito da una revolverata della polizia mentre forzava un posto di blocco guidando un'auto rubata, rimase ferito a una gamba e da allora zoppica. In quattro anni è stato arrestato ben quattro volte e per valutare il suo grado di pericolosità, basta pensare che nella settimana successiva al delitto, quando la polizia era ancora sulle sue tracce, ha compiuto altre cinque rapine a tassisti. Sempre con Mauro Giorgio e con la stessa tecnica: uno dei due immobilizza l'aggredito alle spalle e l'altro lo picchia selvaggiamente con calci, pugni e oggetti contundenti [...]. Prima dell'omicidio di Pasolini, e cioè dal 16 settembre al 31 ottobre, Johnny è stato detenuto nel carcere minorile di Casal del Marmo per uno dei soliti furti. E, a Casal del Marmo, in quei giorni, ha rivisto (incontrato per la prima volta, dice lui) Pino Pelosi: arrestato per il furto di una motoretta. Per la cronaca ricordiamo che l'omicidio di Pasolini è stato commesso la notte tra il primo e il 2 novembre. E cioè poco dopo che Johnny era stato rimesso in libertà. Viene arrestato di nuovo il 6 novembre, e cioè cinque giorni dopo l'omicidio di Pasolini. Ancora per furto. E di nuovo torna nel carcere minorile dove rivede Pelosi [...]. Il 10 novembre Johnny viene scarcerato. E resta libero fino all'8 gennaio quando lo arrestano di nuovo per l'assassinio del tranviere dell'Atac Vittorio Bigi, avvenuto la notte tra il 30 e il 31 dicembre in un campo di cavoli alla periferia di Roma.

L'archiviazione delle indagini, nonostante si fondasse su due pilastri estremamente fragili, restituì al silenzio la vicenda Pasolini, cancellando con un colpo di spugna un ventennio di dubbi e domande senza risposta.

Trascorsero altri dieci anni prima che altri elementi complicassero ulteriormente il quadro. A mischiare nuovamente le carte in tavola non fu un personaggio secondario, di retrovia, ma proprio Pino Pelosi, l'unica persona che per la legge italiana aveva eseguito materialmente l'omicidio. Erano passati trent'anni e Pelosi aveva scontato da tempo la sua pena, ma sentiva il bisogno di togliersi un sasso dalla scarpa. E lo fece in una maniera irrituale. Non in un'aula di tribunale né davanti a un rappresentante delle forze dell'ordine, ma in televisione.

Nel maggio 2005 Pelosi era l'ospite a sorpresa di una trasmissione della Rai durante la quale, con la presenza in studio degli avvocati Marazzita e Calvi, era stato ricostruito il Caso Pasolini.

Pelosi, intervenendo nel programma, gettò all'aria tutte le confessioni che all'epoca gli erano costate la condanna per omicidio volontario. Disse di essere stato un mero spettatore, che il delitto era stato commesso da soggetti a lui ignoti.

La sera di quel primo novembre, Pasolini lo aveva «abbordato» nei pressi della stazione Termini per poi portarlo a Ostia, nella zona dell'Idroscalo, a bordo della sua Alfa Gt. Arrivati là, si erano appartati in auto nei pressi di un campetto di calcio e avevano avuto un rapporto orale. Subito dopo, Pelosi era sceso dall'auto per urinare e, proprio in quel momento, era stato aggredito da una persona che lo aveva percosso e immobilizzato, mentre altri due – da lui solo intravisti – si erano accaniti su Pasolini picchiandolo e insultandolo: «Arruso, fetuso, sporco comunista».

Gli sconosciuti lo avevano minacciato di morte ed erano fuggiti a bordo di una Fiat 1300 o 1500, prima però gli avevano intimato di prendere la macchina di Pasolini e di fuggire con quella. Pelosi si era accertato delle condizioni della vittima, ma sentendolo rantolare era fuggito terrorizzato. Il buio, la sua poca pratica al volante e la paura, fecero sì che Pelosi sormontasse involontariamente con l'auto il corpo di Pasolini, causandone la morte.

Davanti ai telespettatori, Pelosi giustificò trent'anni di silenzio con le minacce di morte rivoltegli dai tre sconosciuti. Dopo tutto quel tempo, non avendo più nulla da rischiare, si era deciso a rivelare come si erano svolti i fatti.

In seguito a queste dichiarazioni pubbliche, e al confronto che durante la trasmissione Pelosi aveva avuto con Calvi e Marazzita, la procura della Repubblica di Roma decise di riaprire l'inchiesta. Era necessario verificare l'attendibilità di questa nuova versione dei fatti che, pur non convincendo in alcuni dettagli, rimetteva al centro la tesi suggerita fin dalla prima sentenza: Pelosi non poteva essere stato l'unico autore dell'omicidio e il delitto era maturato in ben altro contesto rispetto a quello della prostituzione minorile.

Anche quella volta, spuntò il nome di Giuseppe Mastini.

Oltre agli elementi valutati in precedenza, a carico di Mastini si aggiunsero le dichiarazioni inviate alla procura della Repubblica di Milano da Damiano Fiori, un detenuto sottoposto a programma di protezione. Fiori riferiva che tra il 1994 e il 1995, durante la detenzione presso la sezione collaboratori del carcere di Brescia, aveva incontrato Aldo Mastini, lo zio di Giuseppe, il quale gli aveva confidato che il nipote aveva materialmente partecipato all'omicidio Pasolini assieme ad altre tre persone. I quattro avevano poi concordato di far ricadere la responsabilità su Pelosi.

L'11 luglio 2005 la procura di Roma interpellò Mastini, il quale escluse ogni suo coinvolgimento nella vicenda, precisando che all'epoca conosceva Pelosi solo di vista e che, avendolo incontrato in carcere negli anni successivi, Pino aveva a più riprese dichiarato – davanti a lui e ad altri compagni di detenzione – d'aver agito da solo la notte del primo novembre 1975.

La procura della Repubblica di Roma questa volta riesaminò anche alcune deposizioni che avevano giocato un ruolo chiave nella costruzione dell'ipotesi di un omicidio commesso da una sola persona. A questo proposito furono interpellate alcune persone informate sui fatti, come il professor Giancarlo Umani Ronchi. Si trattava di uno dei consulenti che all'epoca erano stati nominati dalla stessa procura, un medico legale che continuava a sostenere credibile lo scenario in base al quale Giuseppe Pelosi avrebbe agito da solo. Umani Ronchi, sentito il 13 giugno 2005, insisteva su un dettaglio rilevato sul corpo della vittima: un grosso ematoma allo scroto.

Ciò vuol dire verosimilmente che Pasolini venne colpito da un violento calcio o da un corpo contundente in quella regione. Il colpo deve essere stato molto violento tanto che si formò un vasto ematoma in poco tempo, ovvero nel breve lasso di tempo in cui Pasolini decedette. A seguito di tale colpo è plausibile che il Pasolini sia stato messo nella incapacità di difendersi in ragione del notevole dolore avvertito. Ciò può senz'altro aver consentito ad un unico aggressore, anche non particolarmente robusto di avere il sopravvento e soprattutto di infierire con il corpo contundente non incontrando una effettiva reazione.

Tali considerazioni, però, vengono smentite in pieno dall'analisi della scena del crimine. Il corpo di Pasolini, infatti, era stato trovato a una considerevole distanza dalla sua auto. Come può un uomo immobilizzato da un simile colpo, «messo nella incapacità di difendersi in ragione del notevole dolore avvertito», aver coperto una simile distanza, considerato che la colluttazione era iniziata proprio vicino alla sua autovettura?

Tuttavia, i pubblici ministeri ribadirono che le nuove dichiarazioni di Pelosi, tutte incentrate sul coinvolgimento diretto di altre persone nell'omicidio, non trovavano riscontro con quanto già provato nelle precedenti sentenze e le dichiararono inattendibili. A indebolire ulteriormente la sua credibilità c'era il fatto che, per apparire in quel programma tv, Pelosi era stato pagato.

Anche l'ipotesi di Sergio Citti, secondo il quale il delitto era stato il risultato di un fallito tentativo di estorsione in seguito al furto delle pizze del film *Salò o le 120 giornate di Sodoma*, venne ritenuta implausibile. Del resto Domenico Naldini, cugino di Pasolini, affermò che il danno subito a seguito di tale furto era risultato «minimo e risolvibile nel senso che, per ciascuna pellicola, esisteva un negativo da cui ricavare una nuova copia. Pertanto il problema fu presto accantonato ed i film trafugati uscirono regolarmente».

Nel corso di questa terza indagine, la procura della Repubblica di Roma esaminò la possibilità che l'omicidio di Pasolini – come sostenne Paolo Di Stefano in un suo articolo pubblicato in quei giorni sul «Corriere della Sera»[2] – potesse essere messo in correlazione con la stesura del suo *Petrolio*, libro incompiuto di cui sarebbe scomparsa buona parte del dattiloscritto.

In quest'opera Pasolini sostiene la tesi di un coinvolgimento di Eugenio Cefis, all'epoca presidente dell'Eni, nella morte del predecessore Mattei. *Petrolio* è un atto d'accusa a un potere politico-economico oscuro, talmente deviato da aver forse risposto agli attacchi di Pasolini screditandone la figura nel modo più violento e becero: architettando un omicidio maturato in un ambiente di profondo degrado.

Di Stefano concludeva il suo articolo affermando che «l'ipotesi che l'ambiente politico economico avesse tutto l'interesse ad eliminare Pasolini merita un serio approfondimento specialmente dopo che Pelosi ha fatto le sue ammissioni».

Di tutt'altro parere furono i pubblici ministeri che, nella loro richiesta di archiviazione, scrissero:

> Compito dell'Autorità Giudiziaria è quello di accertare lo svolgimento dei fatti e non di occuparsi di mere congetture, sfornite di qualsiasi elemento ancorato ai dati processuali, che pertanto non meritano di essere prese in considerazione in un contesto giudiziario. Tutti i dati processuali acquisiti, l'attività di indagine svolta all'epoca dell'omicidio e quella sviluppatasi nel corso degli anni successivi, portano a definire l'omicidio Pasolini come un delitto maturato in un contesto di prostituzione giovanile e commesso unicamente da Pelosi. Tale dato, che non ha evidentemente alcuna influenza sulla valutazione artistica di Pier Paolo Pasolini, deve ritenersi ormai definitivamente accertato e non confutato in alcuna parte dalle periodiche «rivelazioni» che si sono succedute nel corso degli anni.

La perentorietà di queste argomentazioni azzerava il lavoro d'indagine svolto nelle due riaperture e ribadiva il ruolo di Pino Pelosi come unico esecutore materiale dell'omicidio. A questo punto, effettuare un ulteriore tentativo di portare alla luce la verità adombrata dalla prima sentenza dell'aprile 1976 sembrava impossibile.

Tuttavia Simona Ruffini e io non ritenevamo condivisibili le conclusioni alle quali era giunta la procura della Repubblica. Messa in relazione alle prove raccolte all'indomani dell'omicidio, la versione dei fatti suggerita dalle parole di

Carlo Alfredo Moro ci suonava più logica e coerente di tutte quelle che l'avevano seguita.

La circostanza che balzava immediatamente agli occhi esaminando l'intera documentazione processuale era essenzialmente la mancanza di un valido movente. Se, come era logico pensare, Giuseppe Pelosi non aveva agito da solo, perché Pier Paolo Pasolini era stato ucciso con un simile accanimento? L'omicidio rispecchierebbe le modalità di un'aggressione da rapinatori che ha preso una «brutta piega»? E, in tal caso, che senso avrebbe uccidere – e così brutalmente – se il solo scopo dell'aggressione è la rapina?

Il movente, quindi, come in tutti gli omicidi, era il primo aspetto da ricercare. Eppure la causa di quanto accaduto era stata incredibilmente ignorata sia nei vari gradi di giudizio sia nelle varie riaperture delle indagini che si erano succedute fino al 2005.

Per far luce su questo aspetto, era necessario ricostruire la vita di Pasolini nei mesi che precedettero l'omicidio. Chi era Pier Paolo Pasolini? Di cosa si stava occupando? Poteva esistere un motivo per il quale qualcuno volesse ucciderlo?

La risposta non poteva che essere affermativa. Pasolini era un personaggio scomodo. Scriveva in prima pagina sul principale quotidiano nazionale, il «Corriere della Sera», in un'epoca in cui, in assenza di internet e di televisione su larga scala, le opinioni viaggiavano quasi esclusivamente sulla carta stampata. Firmava editoriali come *Cos'è questo golpe?* e *Perché il Processo*, nei quali sferrava un attacco frontale al potere politico italiano, inchiodandolo alle proprie responsabilità. Aveva dedicato gli ultimi anni della sua vita alla stesura di *Petrolio*, con il quale si proponeva di rivelare i retroscena dell'ascesa di Cefis, che nel testo diventava Troya, ai danni di Mattei, rinominato Bonocore.

> Aldo Troya, vicepresidente dell'Eni, è destinato a diventare uno dei personaggi chiave della nostra storia. [...]
> Lui, Troya, è un uomo sui cinquant'anni [...]. La prima cosa che colpisce in lui è il sorriso. [...] Il sorriso di Troya è inve-

ce un sorriso di complicità, quasi ammiccante: è decisamente un sorriso colpevole. Con esso Troya pare voler dire a chi lo guarda che lui lo sa bene che chi lo guarda lo considera un uomo abbietto e ambizioso, capace di tutto [...].

Il linguaggio con cui egli si esprimeva era la sua attività, perciò io, per interpretarlo, dovrei essere un commercialista oltre che un detective. Mi sono arrangiato, ed ecco cosa sono venuto a sapere. [...]

Troya emigrato a Milano nel 1943, fu colto non inaspettatamente impreparato alle proprie scelte, a quanto pare, dalla fine del fascismo e dall'inizio della Resistenza. Partecipò infatti alla Resistenza [...]. Il capo di quella formazione partigiana era l'attuale presidente dell'Eni, Ernesto Bonocore. [...] Le madri: una certa Pinetta Sprìngolo di Sacile, per Troya, e una certa Rosa Bonali, di Bescapè per Bonocore. [...] La cosa che vorrei sottolineare è la seguente: Troya nella formazione partigiana era *secondo*. E la cosa pareva gli si addicesse magnificamente fin da allora. [...] Sarebbe troppo lungo, e per me, poi, impossibile, seguire tutta la lenta storia (due decenni) di questa accumulazione e di questa espansione. Mi limiterò dunque a dare un panorama [...].

Dunque, Troya è attualmente vicepresidente dell'Eni. Ma questa non è che una posizione ufficiale, premessa per un ulteriore balzo in avanti dovuto non tanto a una volontà ambiziosa quanto all'accumularsi oggettivo e massiccio delle forze guidate da tale volontà. La vera potenza di Troya è per ora nel suo impero privato, se queste distinzioni sono possibili. [...] L'altro fondamento primo dell'impero di Troya era la Società Immobiliari e Partecipazioni (?) [...].

Era [...] di Cividale, Civitas: la Città del Friuli [...].[3]

Pasolini aveva quindi elencato una lunga serie di società tra loro collegate, amministrate da persone riconducibili al vicepresidente dell'Eni. Si trattava di alcune delle società citate da Giorgio Steimetz in *Questo è Cefis. L'altra faccia dell'onorato presidente*, libro immediatamente ritirato dal mercato e che sarà una fonte primaria di ispirazione per *Petrolio*. I nomi di tali società sono stati sostituiti con altri assonanti. Alla Immobiliari e Partecipazioni di Pasolini, corrisponde la In.Im.Par. (Iniziative partecipazioni immobiliari) di Steimetz. Alla Spiritcasauno e Spiritcasadieci di Pasolini, che devono il nome «al fatto che presentemente Carlo Troya abitava in Via di Santo Spirito, a Milano», corrispondono, nella realtà, la Chiocasauno e Chioscasadue così chiamate perché Eugenio Cefis abitava in via Chiossetto a Milano. Mentre Steimetz citava la Ge.Da., poi Pro.De. (Profili demografici SpA), Da.Ma. (Data management SpA) e quindi System-Italia (la stessa società che aveva assunto la figlia del contadino Mario Ronchi, il testimone oculare che aveva assistito alla caduta dell'aereo di Mattei), Pasolini le elencava con acronimi assonanti. Ma *Petrolio* non si limita a radiografare la rete di potere su cui Troya/Cefis può fare affidamento. Fa molto di più: dichiara apertamente la responsabilità del suo protagonista nella morte di Bonocore/Mattei e il disegno politico alla base dell'omicidio.

> In questo preciso momento storico (I blocco politico) Troya (!) sta per essere fatto presidente dell'Eni: e ciò implica la soppressione del suo predecessore (caso Mattei, cronologicamente spostato in avanti). Egli con la cricca politica ha bisogno di anticomunismo ('68): *bombe attribuite ai fascisti*
> (Restivo lo conosciamo nel salotto della signora F.)

> Il II blocco politico (app. sarà caratterizzato dal fatto che la stessa persona (Troya) sta per essere fatto presidente della Montedison. Ha bisogno, con la cricca dei politici, di una verginità fascista (*bombe attribuite ai fascisti*)[4]

Petrolio verrà pubblicato soltanto nel 1992 a ben diciassette anni dalla morte dello scrittore. Nel testo mancano alcune parti, inclusa una di quelle che era destinata a far parlare di sé: l'Appunto 21. Il movente dell'omicidio potrebbe essere ricondotto proprio a quelle carte? L'ipotesi che con il contenuto di *Petrolio* – e soprattutto con quello dei suoi brani scomparsi – Pasolini abbia firmato la propria condanna a morte non è certo nuova e, nonostante nel 2005 sia stata superficialmente cassata dalla richiesta di archiviazione delle indagini, è tornata a destare interesse nel marzo 2009, quando uscì per Chiarelettere *Profondo nero*, libro in cui Giuseppe Lo Bianco e Sandra Rizza ricostruiscono l'indagine svolta dal giudice Calia sulla morte di Enrico Mattei, collegandola ad altri due «cadaveri eccellenti» dell'epoca: il giornalista dell'«Ora» Mauro De Mauro (scomparso mentre raccoglieva materiali sugli ultimi giorni in Sicilia di Enrico Mattei per il regista Francesco Rosi) e – appunto – Pier Paolo Pasolini, che a Cefis e Mattei stava dedicando la sua ultima imponente fatica letteraria.

Ma al di là di queste teorie, davanti a noi si stava dispiegando un'altra traiettoria di indagine. Una pista che si prospettava molto più promettente: quella offerta dai progressi delle scienze forensi.

Perché nella riapertura delle indagini del 2005 non si era ritenuto opportuno ricorrere all'ausilio della scienza per verificare se effettivamente Pelosi avesse agito da solo?

Oggi gli strumenti per esaminare la scena di un delitto sono infinitamente più sofisticati e risolutivi di quelli a disposizione quarant'anni fa. Attualmente possiamo contare su test come l'esame del Dna – tanto per citare il più noto – e c'è da chiedersi come mai nessuno avesse mai pensato di ricorrere a questi strumenti per far luce sul delitto Pasolini.

Avevamo individuato i punti deboli degli scenari ricostruiti dalle inchieste precedenti e finalmente eravamo in possesso del materiale sufficiente per avanzare una motivata istanza di riapertura delle indagini al procuratore capo della Repubblica di Roma. Era il 27 marzo del 2009.

Ho dedicato sei anni alla ricerca della verità sul Caso Pasolini. Durante questa lunga e intensa esperienza di lavoro, ho avuto modo di conoscere molte persone che, a vario titolo, mi hanno aiutato a ricostruire quel che accadde quella notte e le circostanze che precedettero quel sanguinoso evento.

Il primo che ho incontrato, insieme a Simona Ruffini, è stato Silvio Parrello, un artista di Donna Olimpia soprannominato er Pecetto. Poeta e pittore, Parrello realizza i suoi quadri accostando una dopo l'altra piccole tessere di colore. Una tecnica che ricorda da vicino la procedura che noi stessi abbiamo seguito per ricomporre il puzzle dell'assassinio di Pasolini.

Parrello nutre una profonda ammirazione nei confronti di Pasolini e ci racconta di averlo conosciuto personalmente quando era ancora un bambino. Ha sempre fatto il possibile per offrire il suo contributo alle indagini, ma – nonostante tutto – non è mai stato sentito dagli inquirenti.

La sua versione dei fatti è incentrata su un nome: Antonio Pinna, meccanico e membro della Banda dei Marsigliesi che aveva frequentato Pasolini. Nel 2004, un tale Walter aveva riferito una strana conversazione a Parrello. L'uomo aveva incontrato in un bar di Donna Olimpia un carrozziere che gli aveva detto: «Antonio Pinna ha ammazzato Pasolini». Il carrozziere affermava che il giorno dopo l'omicidio, qualcuno gli portò in officina un'Alfa. L'auto riportava tracce di sangue e fango e aveva una botta sulla fiancata. L'auto, pressoché identica a quella di Pasolini, era stata usata per uccidere il poeta ed era necessario ripararla per cancellare ogni traccia. L'Alfa, sosteneva il carrozziere che la riparò, era di Antonio Pinna.

Il coinvolgimento di Pinna è stato confermato a Parrello anche da un altro carrozziere, Marcello Sperati, che di Pinna era stato socio. Secondo Sperati, il giorno dopo l'omicidio il Pinna aveva portato in carrozzeria la sua Alfa ma, notate le macchie di sangue, Sperati si era rifiutato di ripararla.

Perché la storia di Parrello trovi ascolto, si dovrà attendere l'interessamento della trasmissione televisiva *Chi l'ha visto?* che, sull'onda delle rivelazioni del pittore, rintraccia Sperati e ottiene da lui una conferma di quanto Parrello ha sempre sostenuto.

La pista, che sembra promettente, si rivela però un vicolo cieco: Pinna risulta essere scomparso in circostanze misteriose il 16 febbraio 1976, lo stesso giorno in cui vennero arrestati i fratelli Borsellino. Da allora, non si sono più avute sue notizie. La sua auto, un'Alfa Romeo 1750 di colore amaranto, è stata ritrovata presso l'aeroporto di Fiumicino il 16 aprile 1976, regolarmente chiusa a chiave. Nonostante la giustizia abbia provato a rintracciarlo – prima con un mandato di cattura, poi con un provvedimento di carcerazione per i reati di associazione a delinquere, concorso in tentata rapina e altro – Pinna rimane tuttora irreperibile.

L'intervento di *Chi l'ha visto?* mi ha permesso di conoscere un'altra persona che mi avrebbe aiutato a raccogliere altri elementi utili al caso: il giornalista Domenico Valter Rizzo.

Rizzo mi ha raccontato che, intorno al 1985, aveva conosciuto un professore di Letteratura italiana, allora docente all'Università di Catania, che era stato amico di Pier Paolo Pasolini. Secondo il professore, agli inizi degli anni Settanta Pasolini frequentava assai spesso Catania, al punto di affittare un appartamento in città, nella zona del tribunale.

Nei suoi soggiorni siciliani, Pasolini aveva preso a frequentare giovani legati alla destra catanese, allo scopo di raccogliere informazioni sull'eversione nera in Italia. Nel 2010, Rizzo ha avuto nuovamente modo di contattare il professore, il quale non solo gli ha confermato quanto dichiarato quindici anni prima, ma ha anche ammesso che secondo lui Pasolini era stato ucciso proprio per le troppe domande che aveva fatto nel giro della destra catanese.

Una conferma della pista siciliana arriva sempre da *Chi l'ha visto?* che, il 19 aprile 2010, manda in onda un'intervista di Rizzo a Giuseppe Pelosi. Nel servizio, Pelosi conferma le sue dichiarazioni pubbliche del 2005 e specifica che tra gli aggressori c'era di certo qualcuno che parlava in dialetto siciliano, poiché durante la colluttazione ricorda di aver sentito la parola «arruso», un insulto usato esclusivamente nei dialetti siciliani e che deriva dall'arabo «harus», termine con cui si indicavano i giovani addetti all'hammam che spesso erano strumenti di piacere per i clienti delle terme.

Pelosi, che non conosce il siciliano, la storpia in «iarruso», anche perché può soltanto averla sentita in una situazione confusa come quella dell'aggressione.

Tutto il materiale raccolto in questi anni è stato depositato presso la procura della Repubblica, ma a nulla sono valse le nostre richieste di interpellare Rizzo e successivamente il professore sopra citato di cui il giornalista vuole garantire l'anonimato. Eppure Catania non è una città che spunta a caso nelle indagini. Da lì era partito l'aereo sabotato di Enrico Mattei, da lì Mauro De Mauro aveva fatto partire la sua attività di inchiesta sulla morte del presidente dell'Eni, e sempre a Catania Pasolini avrebbe frequentato ambienti di estrema destra.

A sostegno delle centralità di questa ipotesi, il 19 settembre 2012 ho depositato presso la segreteria del pubblico ministero una copia della sentenza emessa poco tempo prima dalla corte di assise di Palermo nei confronti di Salvatore Riina, proprio in relazione all'omicidio del giornalista dell'«Ora». A essere particolarmente rilevante era, a mio giudizio, il movente individuato dalla corte siciliana.

L'omicidio De Mauro s'inscrive a pieno titolo nel filone dei «delitti politici», intendendo per tali quelli commessi per finalità strategiche da un'organizzazione criminale come Cosa Nostra, nella cui evoluzione fenomeni e processi di produzione mafiosa della politica si alternano e si intrecciano a fenomeni e processi di produzione politica della mafia (secondo un noto e convincente paradigma sociologico). Ma l'omicidio De Mauro è un delitto politico anche nel senso che alla genesi della deliberazione omicidiaria non è estranea, come si vedrà, una parte del mondo della politica e delle istituzioni [...]. Mauro De Mauro si avvicina inesorabilmente alla sua fine quando, nella prima decade di Agosto, inizia a «puntare» i cugini Salvo, potenti esattori di Salemi, in una solitaria e perigliosa indagine che minaccia di violare uno dei massimi santuari del potere in Sicilia, andando ad incrociarsi con l'inchiesta che stava conducendo, in quegli stessi giorni, sulla morte di Enrico

Mattei. Inchiesta scaturita da un lavoro commissionatogli dal regista Francesco Rosi, che, nelle intenzioni del committente, avrebbe dovuto, almeno in una prima fase, limitarsi alla raccolta di materiale utile alla sceneggiatura del film che progettava di realizzare sulla figura e sulla vita di Mattei. Ma quel lavoro prese la mano al giornalista, lo intricò, lo appassionò: e lo condusse alla morte. Fu quell'inchiesta, e le conclusioni a cui De Mauro era giunto, a fornire la causa più prossima che fece precipitare gli eventi. Ma fu solo la causa scatenante di una deliberazione omicidiaria che rimanda ad un movente più complesso e articolato, diverse essendo le forze e gli interessi che hanno concorso a farla lievitare. Il suo lavoro e le sue ultime indagini hanno suscitato e coagulato contro di lui un fronte vasto e variegato di ostilità facenti capo a soggetti eterogenei, ben radicati nei circuiti criminali ma anche in ambienti istituzionali: diversi ma accomunati dall'obbiettivo di far tacere per sempre una delle più note firme del giornalismo d'inchiesta, un giornalista scomodo perché non inquadrato in nessuna consorteria; che poteva anche scrivere articoli (magari sotto pseudonimo o senza firma come pure è accaduto) a pagamento, ma mai a comando o contro le proprie convinzioni. Era sempre lui a scegliere se e cosa e a favore o contro chi scrivere. Ed ha pagato con la vita la passione per il suo lavoro e la scelta di essere, al di là d'ogni più gretta convenienza, prima di tutto e soprattutto un cronista: cioè (etimologicamente) un «agente» del tempo, una voce libera che fa rivivere i fatti, quelli accaduti e quelli che accadono, raccontandoli a chi vuole conoscerli o vuole saperne di più e a chi comunque aneli alla verità.

Ma vi è di più. Alle pagine 1943 e 1944 della sentenza si legge:

Ma non bastava eliminare quel giornalista ficcanaso. Se è vero, come si è dimostrato, che egli aveva già confezionato un dossier in cui adombrava la verità sul caso Mattei, bisognava assolutamente mettere le mani su quel dossier, prima che il giornalista sparisse o contemporaneamente alla sua soppressione, che altrimenti rischiava di essere inutile. Certo è che il dossier, o se si preferisce, il copione approntato per Rosi, esisteva davvero, ma non è stato trovato. E questa assenza-scomparsa si converte quindi in un formidabile riscontro logico all'ipotesi che De Mauro sia stato eliminato per la ragione anzidetta. Ma, a ben vedere, non è scomparso solo il copione per Rosi, a riprova del fatto che gli assassini hanno riposto particolare cura nell'impossessarsi (preventivamente) o nel fare sparire tutto il materiale che De Mauro aveva raccolto sul caso Mattei, almeno per quanto poteva essere a loro conoscenza. [...] È poi scomparso il materiale che verosimilmente doveva essere contenuto in uno dei raccoglitori in cui era raccolto e ordinato lo sconfinato materiale giornalistico rinvenuto a casa De Mauro (all'interno di un armadio): e precisamente il raccoglitore dal titolo «Petrolio», che è stato rinvenuto praticamente vuoto (conteneva solo varia corrispondenza con Gianfranco Cobor, direttore dell'agenzia giornalistica Radiocor di Milano) secondo quanto indicato al punto 3) e foglio 23 del verbale di repertamento che ha richiesto alcune settimane per la sua redazione avvenuta a cura del M.llo Francesco Vecchio a casa De Mauro.

Tutti questi elementi, collocati in relazione alla pista *Petrolio*, meriterebbero un maggiore approfondimento investigativo.

Un altro aspetto su cui abbiamo sentito il bisogno di far chiarezza è quello del furto delle pizze di *Salò o le 120 giornate di Sodoma*. Volevamo capire se Pasolini avesse avuto un concreto interesse a recuperare la refurtiva.

Per farlo ho convocato presso il mio studio Ugo De Rossi, noto montatore cinematografico e televisivo che nel 1975 lavorava alla Pea, la casa cinematografica per la quale Pasolini aveva prodotto i suoi ultimi film. Insieme a quelle di *Salò*, ricorda De Rossi, vennero rubate alcune pizze di altri due film: *Il Casanova di Federico Fellini* e *Un genio, due compari, un pollo* di Damiano Damiani.

De Rossi, che lavorò come assistente al montaggio su *Salò* e sul *Casanova*, sostiene che, contrariamente alla versione più rassicurante fornita da Naldini, il danno era particolarmente grave, perché non era stata effettuata una copia del negativo (operazione che di solito viene fatta alla fine della lavorazione). Era stato infatti necessario portare a termine il nuovo montaggio avvalendosi dei «doppi scarto», pertanto il risultato conseguito non poteva che essere diverso dal montato originale.

Tale discrepanza verrà evidenziata da un personaggio chiave della vicenda, un uomo che all'epoca dei fatti aveva fornito anonimamente a Oriana Fallaci dettagli preziosi, confluiti in un articolo che apparve il 21 novembre 1975 sull'«Europeo».

Si tratta del barista Gianfranco Sotgiu, che aveva confidato alla Fallaci di aver visto presso il bar Grande Italia di piazza Esedra, verso le 16.30 del 30 ottobre 1975, una persona somigliante a Pelosi che parlava al telefono e si accordava con il suo interlocutore per picchiare una persona non meglio specificata. Risentito dalla polizia giudiziaria nel 2011, Sotgiu ha affermato di aver sentito: «Mi raccomando, ho un appuntamento con Pasolini. Fatevi trovare lì». Secondo la sua testimonianza, il ragazzo al telefono era in compagnia di altri due giovani clienti del bar.

L'episodio coincide con il racconto di Sergio Citti, che è sempre stato convinto che al centro dell'omicidio ci fosse il furto delle pizze di *Salò*. Secondo Citti Pasolini era intenzionato a recuperarle e, facendolo, era caduto in una trappola nella quale Pelosi non era che un'esca. Prima di morire, Citti aveva dichiarato che qualche giorno prima dell'omicidio aveva appreso da Sergio Placidi – un esponente della Banda della Magliana – che le pizze erano state rubate da un gruppo di persone che pretendeva una somma di denaro per la restituzione e che Pasolini aveva fissato con loro un incontro per il primo novembre 1975. Placidi, dopo un'iniziale ritrosia, ha confermato che Citti si era rivolto a lui perché si interessasse del recupero delle pizze ma di non aver fatto alcunché.

Le dichiarazioni di Placidi confermano quindi che – contrariamente a quanto si è sempre pensato – Pasolini stava cercando di recuperare le pizze rubate e, alla luce della testimonianza di Sotgiu, possiamo pensare che si fosse recato all'Idroscalo di Ostia proprio per recuperare il materiale trafugato.

Stimolati dall'aiuto di Valter Rizzo e dalla collaborazione della giornalista Martina Di Matteo, abbiamo compreso la necessità di riguardare la deposizione resa da Vincenzo Panzironi, il proprietario del ristorante Al Biondo Tevere, il giorno dopo l'omicidio. Il verbale, redatto a macchina su carta intestata della questura di Roma, riporta la descrizione del ragazzo che si era presentato in trattoria in compagnia di Pasolini intorno alle 23.15 del primo novembre. Nelle parole di Panzironi, il giovane non aveva più di vent'anni, era alto poco più di un metro e settanta, era di corporatura normale e aveva i capelli biondi e mossi, pettinati all'indietro e lunghi fino al collo. Inoltre, Panzironi, dopo aver visto la foto segnaletica mostratagli dagli agenti, confermava che in quell'immagine riconosceva Pelosi. La descrizione, però, non corrisponde in alcun modo a Pelosi, che di certo non ha mai avuto i capelli biondi né lunghi.

Chi era ritratto in quella foto? Perché gli agenti della questura l'avevano mostrata a Panzironi spacciandogliela per un'immagine di Pelosi? Il giallo si infittisce quando salta fuori che la foto, che di regola deve essere allegata al verbale, non si trova più.

Diventava necessario rintracciare la foto che Panzironi aveva visionato e firmato al termine della sua deposizione, che doveva essere allegata al verbale ma, non riuscivo a trovarla. Che foto era stata mostrata a Panzironi? Di certo non quella di Pelosi, considerata la descrizione fornita dal testimone e la circostanza che l'unico istituto attrezzato a scattare foto segnaletiche era quello di Regina Coeli, mentre il ragazzo era stato arrestato durante la notte e condotto direttamente al carcere minorile di Casal del Marmo. Nonostante questa evidente contraddizione, la presenza di Pelosi al ristorante Al Biondo Tevere è sempre stata considerata un fatto oggettivo anche sulla base delle parole di un personaggio chiave: Ubaldo De Angelis, un barista che incrociò per puro caso Pasolini e Pelosi a un distributore di benzina, poche ore prima dell'omicidio.

L'incontro era avvenuto presso un self service al 401 di via Ostiense e, appresa la notizia della morte del poeta, De Angelis aveva immediatamente contattato le autorità[5] per offrire la propria testimonianza spontanea. Allo scopo di chiarire queste circostanze, De Angelis è stato nuovamente sentito il 21 giugno 2012, per riconfermare la tesi secondo cui Pelosi era con Pasolini al ristorante Al Biondo Tevere.

> Fui io ad avvisare telefonicamente personale della Questura di Roma, tramite il 113, dopo aver appreso dalla televisione e dai notiziari radio mandati in onda all'ora di pranzo del 2 novembre 1975, la notizia dell'uccisione di Pier Paolo Pasolini che veniva collocata verso le ore 20-21 del giorno prima, informandoli del fatto che la notte del 2 novembre 1975, intorno alle ore 00,15, avevo visto il regista in compagnia di un ragazzo, successivamente da me riconosciuto previa visione delle fotografie in Pelosi Giuseppe, intento a fare rifornimento all'autovettura Alfa Romeo Gt di colore grigio presso il distributore Mobil ubicato in Via Ostiense 401, angolo con Via Laurentina, località chiamata «Ponticello». A seguito della mia telefonata personale della Squadra Mobile della Questura di Roma mi veniva a prelevare presso la mia abitazione per condurmi presso i loro uffici dove venivo sentito a verbale in merito al fatto da me precedentemente riferito confermando loro quanto già detto [...]. Io ho visto solamente Pelosi tenere in mano la pompa di benzina mentre Pasolini era seduto in macchina al posto di guida.

Se però confrontiamo questa recente dichiarazione con quanto De Angelis aveva riferito nel 1975, è facile riscontrare alcuni aspetti che necessitano ulteriore approfondimento.

Alle ore 14.30 del 2 novembre 1975, infatti, interrogato proprio nel suo bar al 124 di via Chiabrera, De Angelis aveva dichiarato:

Ieri sera verso le 24, dopo aver chiuso il mio bar in Via Chiabrera 124, mi sono portato a bordo della mia autovettura presso il distributore «Self-Service» Mobil sito in Via Ostiense, 401 per fare rifornimento. Ivi giunto, potevano essere le 00,15, ho dovuto attendere qualche minuto in quanto stava facendo benzina una Alfa Romeo Gt targata Roma K6.... Fuori dall'auto vi erano due persone. Uno era il regista cinematografico Pier Paolo Pasolini mentre con lui vi era un giovane di circa 17 anni, alto 1,70-1,75, corporatura media, capelli ricci e indossava un paio di pantaloni attillati [...]. Riconosco senza ombra di dubbio nella fotografia che mi mostrate e che firmo insieme a voi il giovane da me visto questa notte alle ore 0,15 circa al distributore Mobil sito in Via Ostiense, 401 in compagnia di Pier Paolo Pasolini.

Innanzi tutto il primo dato che balza agli occhi è che nel 1975 la polizia si era recata presso il bar gestito da De Angelis per raccogliere la sua testimonianza e non lo aveva accompagnato presso la questura di Roma con l'auto di servizio, come riferito dallo stesso nel 2012.

Anche in questo caso, come per Panzironi, al testimone veniva fatta firmare una foto che non è allegata al verbale. E di nuovo torna l'interrogativo: se De Angelis è stato sentito alle 14.30 del 2 novembre, gli agenti dove potevano aver reperito una foto di Pelosi?

Inoltre, grazie alla giornalista Martina Di Matteo, è emerso che il bar gestito da De Angelis era famoso perché il suo retrobottega veniva utilizzato dalla Banda della Magliana per organizzare dei periodici scambi di armi, provenienti da un deposito situato in uno scantinato del ministero della Sanità.[6]

Il fatto è confermato da Claudio Sicilia, un pentito della Banda della Magliana ucciso il 18 novembre 1991 nella zona popolare di Tor Marancia, mentre cercava di rifugiarsi in un negozio di scarpe. In un suo interrogatorio del 1986, infatti, Sicilia parlava di uno scambio di armi tra Maurizio Abbatino, boss della Banda meglio noto come Crispino, e l'agente di polizia Italo Walter Chilelli avvenuto in «un bar ubicato al 122 di Via Chiabrera, gestito da tal Ubaldo De Angelis».

La serie di coincidenze comincia a farsi preoccupante quando, sfogliando un libro,[7] mi imbatto in una foto della scena del delitto. Tra la piccola folla che si è accalcata attorno al cadavere di Pasolini, sarebbe ritratto Maurizio Abbatino, che in quel periodo stava completando la sua ascesa ai vertici della Banda. Che ci faceva Maurizio Abbatino, di prima mattina in un giorno di festa, in quello sterrato nascosto fra le baracche che ben pochi conoscevano?

Nonostante la grande quantità di elementi emersi nel corso di questi sei anni di ricerche, il 25 maggio del 2015 il giudice per le indagini preliminari Maria Agrimi ha disposto l'archiviazione del procedimento. Nell'ordinanza, il gip non ha reputato utile la vicenda di Panzironi e De Angelis, affermando che:

> Pelosi sin dal primo interrogatorio – il 2/11/75 alle ore 12,40 – rendeva, circa le predette due soste, dichiarazioni precise (e coincidenti con quelle acquisite nell'immediatezza dai predetti Panzironi e De Angelis) così da non indurre a ritenere necessarie ulteriori indagini volte a saggiare l'attendibilità di quanto dagli stessi appreso.

Anche la presenza di Abbatino sulla scena del delitto è stata considerata «priva di realistico impulso investigativo». E, di conseguenza, Abbatino non è stato interrogato come invece secondo noi sarebbe stato opportuno.

Chiusa la strada giudiziaria, l'unica via rimasta per far luce su questo omicidio era quella di richiedere l'istituzione di una commissione parlamentare di inchiesta. Si tratta di un percorso altrettanto difficile, ma fortunatamente la nostra richiesta è stata immediatamente accolta dalla deputata Serena Pellegrino che, nei primi giorni del giugno 2015, si è impegnata a istituire la commissione entro i quarant'anni dalla morte di Pasolini.

In fin dei conti, il delitto Pasolini è con ogni probabilità un delitto «politico» complesso. Come hanno già scritto Giuseppe Lo Bianco e Sandra Rizza nel loro *Profondo nero*, l'omicidio è stato effettuato su commissione, ordinato dagli stessi ambienti che hanno voluto la morte di Mattei e depistato le indagini su De Mauro. Per comprenderne la dinamica bisogna fare ricorso alla «teoria dei cerchi concentrici», più volte utilizzata per spiegare i delitti eccellenti, quelli in cui non c'è un rapporto diretto, un vero e proprio contatto tra mandanti ed esecutori, ma un sistema di cerchi concentrici, che, partendo dall'interno, trasmette l'ordine (o, meglio, la «volontà») all'esterno per l'esecuzione, in una compartimentazione di informazioni che tutela i livelli più alti ed espone solo la «manovalanza».

Le indagini in questi quarant'anni si sono limitate esclusivamente alla «manovalanza». Ecco perché non possiamo condividere la frase liquidatoria in calce all'ordinanza di archiviazione del 25 maggio 2015:

> In sostanza tutte le indagini che appaiono allo stato ragionevolmente possibili sono state svolte e non hanno avuto un esito suscettibile di proficuo sviluppo procedimentale, tanto sul punto dell'incontrovertibile accertamento circa la presenza di altri soggetti oltre al Pelosi al momento dell'omicidio (presenza la cui probabilità può peraltro ritenersi più elevata attesi i sopra richiamati esiti delle indagini scientifiche) sia per quanto attiene alla identificazione di ulteriori soggetti coinvolti.[8]

Non tutte le indagini «ragionevolmente possibili» sono state svolte, tant'è che la stessa ordinanza ribadisce che le analisi effettuate dal Ris sui reperti trascurati all'epoca dei fatti hanno aperto un nuovo scenario. Gli esami del Dna hanno infatti rilevato cinque profili genetici diversi da quelli di Pasolini e Pelosi, decretando così un'altissima probabilità che sulla scena del delitto ci fossero molte più persone.

Il dovere di non compromettere la futura attività di indagine della commissione parlamentare di inchiesta mi ha costretto a non esporre in queste pagine tutti gli elementi significativi emersi nel corso delle indagini. In chiusura, però, voglio rilevare un ultimo dato importante.

La sera del 2 novembre 1975 il Tg1 delle ore 20.00 parlò diffusamente dell'omicidio con vari servizi. L'aspetto tuttavia incredibile è che il conduttore lesse quasi integralmente l'interrogatorio reso poche ore prima da Giuseppe Pelosi e diffuso dall'Ansa.

Perché si consentì di violare il segreto istruttorio in maniera così evidente? Non si era mai assistito (né mai più si assisterà) nel corso di un telegiornale alla lettura di un interrogatorio di un arrestato per omicidio. Perché avvenne per Pasolini?

Quante coincidenze sono emerse in questa storia? Non si è trattato altro che di pure casualità oppure c'è stata una macchinazione per coprire la verità? E se è andata così, chi sono i responsabili di questa macchinazione? Fugare qualsiasi tipo di dubbio è il modo migliore per impedire dietrologie prive di alcun fondamento.

A distanza di quarant'anni dall'omicidio, anche l'ultima archiviazione non chiarisce in alcun modo due aspetti cruciali della vicenda: il movente e le modalità di esecuzione del delitto. A questo punto soltanto il parlamento potrà cercare di fare luce su uno dei delitti più controversi nella storia del nostro Paese.

Note

2. La confessione di Pelosi

1 Interrogatori del 2 e del 5 novembre 1975, http://www.pasolini.net/processi_pelosi_interrog2novembre75.htm e http://www.pasolini.net/processi_pelosi_altriinterrogatori.htm. Questi e innumerevoli altri documenti relativi allo scrittore sono reperibili nel ricchissimo sito pasolini.net creato ed esemplarmente curato da Angela Molteni.

2 Corrado De Rosa, *La mente nera. Un cattivo maestro e i misteri d'Italia: lo strano caso di Aldo Semerari*, Sperling & Kupfer, Milano 2014. La vicenda è descritta nel quarto capitolo.

3. Quali fascisti?

1 Mario Passi, *In corso a Venezia le trattative per una mostra più libera e democratica*, «l'Unità», 27 agosto 1968.

2 Franco Calderoni, *Sequestro per un Teorema troppo svestito*, «Il Giorno», 14 settembre 1968.

4. I funerali di Pasolini

1 *Cos'è questo golpe?*, «Corriere della Sera», 14 novembre 1974, poi pubblicato su *Scritti corsari* come *Il romanzo delle stragi*.

2 L'orazione funebre di Moravia (mercoledì 5 novembre 1975) è ampiamente reperibile in rete.

3 L'edizione di *Scritti corsari* qui usata è Garzanti, Milano 2013.

5. Aspettando il processo

1 Gian Carlo Mazzini, *I sei errori della polizia*, «L'Europeo», 21 novembre 1975.
2 Oriana Fallaci, *Un marxista a New York*, «L'Europeo», 13 ottobre 1966.
3 Oriana Fallaci, *Lettera a Pier Paolo*, «L'Europeo», 14 novembre 1975, pp. 25-32.
4 *Oriana Fallaci: la mia verità negata sulla morte di Pasolini*, intervista a «La Stampa», 12 maggio 2005.

6. L'ultima censura

1 Cfr. Laura Betti (a cura di), *Pasolini: cronaca giudiziaria, persecuzione, morte*, Garzanti, Milano 1977, p. 216.
2 Intervista di Pasolini a Gideon Bachmann, in *Pasolini prossimo nostro*, film di Giuseppe Bertolucci (2006).
3 Intervista a Marco Olivetti, «Sipario», giugno-luglio 1975.
4 *Così Pasolini previde l'Italia di B.*, «L'Espresso», 16 dicembre 2011.

7. Un lungo, intollerabile oblio

1 Luisella Re, *Pasolini: il nudo e la rabbia*, «Stampa Sera», 10 gennaio 1975.
2 Pier Paolo Pasolini, Appunti 20-30 in *Petrolio*, Oscar Mondadori, Milano 2014, p. 127.
3 Mary B. Tolusso, *L'amico-pittore Zigaina: «Pasolini in codice annunciò la sua morte»*, «Il Piccolo», primo novembre 2005.
4 Federico Fellini, *L'arte della visione. Conversazioni con Goffredo Fofi e Gianni Volpi*, Donzelli, Roma 2009, pp. 33 e 34.
5 Elio Scribani, *Tagliai io la testa a Semerari, aveva tradito un nostro accordo*, «la Repubblica», 25 maggio 2010.

8. La belva del sesso

1 Matteo Collura, *Il maestro di Regalpetra. Vita di Leonardo Sciascia*, Longanesi, Milano 1996, p. 137.

9. Estraneo al delitto

1 Paolo Berti, *L'incredibile reo confesso*, «L'Europeo», 21 novembre 1975.
2 http://www.pasolini.net/processi_pelosi_periziamedicolegale.htm.
3 Merlino è il «trasformista» ideologico, il personaggio più sordida-mente emblematico di tutta la vicenda della strage del 12 dicembre 1969 in piazza Fontana.
4 David Grieco, *Fuori il regista*, Napoleone Editore, Roma 1979, pp. 71-79.
5 http://www.pasolini.net/processi_pelosi_arringacalvi01.htm.
6 http://www.pasolini.net/processi_pelosi_sentenza01.htm.

10. Una sentenza sconcertante

1 http://www.pasolini.net/processi_pelosi_sentenza02.htm.

11. Sergio Citti

1 Dalla rubrica di Pasolini *Il caos*, «Tempo illustrato», n. 33, 13 agosto 1968.

13. Questo è Cefis

1 Guglielmo Ragozzino, *Cefis, Pasolini e mio zio Corrado*, «il manife-sto», 10 novembre 2005.
2 Cit. in Giuseppe Lo Bianco, Sandra Rizza, *Profondo Nero*, Chiarelet-tere, Milano 2009, p. 262.
3 Rita Di Giovacchino, *Il libro nero della Prima Repubblica*, Fazi, Roma 2012, p. 98.
4 http://www.pasolini.net/am_enigma13.htm.
5 Per questa circostanza, comunque negata da Cefis, si veda *Non ho mai capito di che golpe parlasse Cuccia*, intervista di Dario Di Vico a Cefis, comparsa postuma sul «Corriere della Sera» il 5 giugno 2006.
6 Agli atti dell'inchiesta del pm Calia; cit. in Giuseppe Lo Bianco, San-dra Rizza, *Profondo Nero*, cit., pp. 258 e 259.

7 Ivi, pp. 256 e 257.
8 Dalla richiesta di archiviazione sul caso Mattei firmata dal pm di Pavia Vincenzo Calia. Cfr. *Profondo nero*, cit., p. 238, n. 3 e p. 254.
9 Pier Paolo Pasolini, Appunto 22a in *Petrolio*, cit., p. 106.
10 Ivi, p. 599, n. 14. Nell'edizione Oscar Mondadori la pagina bianca è la 102.
11 Si veda per esempio l'intervista a Carlotta Tagliarini, «Il Mondo», 26 dicembre 1974.
12 http://www.pasolini.net/indagini2010_Oggi–1–giu2010.htm.
13 Ivi.
14 Felice Cavallaro, *Dell'Utri: «Sull'inedito di Pasolini ho fatto una fesseria»*, «Corriere della Sera», 6 dicembre 2011.

15. La rana e il fantasma

1 http://antarchia.com/tag/pecetto/.
2 Giulio De Santis, *Omicidio Pasolini, svolta dal Dna. E Pelosi: «Fu ucciso da tre persone»*, «Corriere della Sera», primo dicembre 2014.
3 «Il Messaggero», 21 luglio 2010.

18. L'ultima verità, la più inquietante

1 http://www.pasolini.net/processi_pelosi_sentenza01.htm.
2 Stefano Maccioni, Domenico Valter Rizzo e Simona Ruffini, *Nessuna pietà per Pasolini*, Editori Internazionali Riuniti, Roma 2011, p. 50.
3 Daniele Mastrogiacomo, *Maletti, la spia latitante. La Cia dietro quelle bombe*, «la Repubblica», 4 agosto 2000.

19. Ritorno al futuro

1 Si vedano, in *Petrolio*, le pp. 577, 582 e 583.
2 *G8 Genova, Cestaro: «Ho visto l'orrore dello Stato»*, «la Repubblica», 7 aprile 2015.
3 Giovanna Vitale, *G8, Sabella nella bufera*, «la Repubblica», 10 aprile 2015.
4 *Fascista*, intervista a cura di Massimo Fini, in *Scritti corsari*, cit., p. 235.

Postfazione

1 *Pasolini: avviso di reato per Johnny lo Zingaro*, «la Repubblica», 7 maggio 1987.

2 Paolo Di Stefano, *Il* Petrolio *al veleno di Pasolini*, «Corriere della Sera», 7 agosto 2005.

3 Nota n. 1290 della richiesta di archiviazione del processo penale 181/84 mod. 44 della procura della Repubblica presso il tribunale di Pavia.

4 Ivi.

5 Dichiarazioni rese il 2 e 5 novembre del 1975.

6 Interrogatorio di Claudio Sicilia del 20 e del 29 ottobre 1986, contenuto in Aa.Vv., *Dossier Banda della Magliana*, Kaos Edizioni, Milano 2009, pp. 292, 293, 424 e 425.

7 Carmelo Abbate, *Bolero. Una perfetta storia italiana*, Piemme, Milano 2014.

8 Ordinanza di archiviazione del 25 maggio 2015.

Ringraziamenti

Giunti a questo punto, mi corre l'obbligo di ringraziare. L'elenco di coloro che hanno in qualche modo contribuito a questo libro sarebbe interminabile ma li ho già citati tutti nel corso della narrazione.

Le persone che intendo ringraziare in particolare adesso sono soltanto tre.

Un enorme grazie a Manuela Galbiati della Rizzoli, che forse meriterebbe la dedica in prima pagina perché l'idea di questo libro è stata sua.

Un grazie meravigliato e commosso a Pasquale La Forgia, collaboratore della Rizzoli, che mi ha dimostrato concretamente a cosa serve un editor.

Un grazie fraterno a Guido Bulla, che ha già scritto con me la sceneggiatura del film *La Macchinazione* e ha voluto generosamente offrirmi il suo preziosissimo aiuto anche in questa sede.

Indice

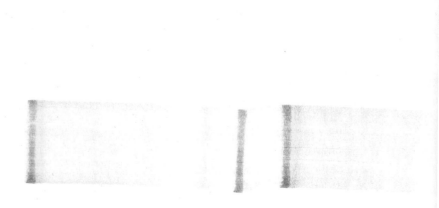

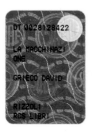

Finito di stampare nel mese di agosto 2015
presso il Nuovo Istituto Italiano d'Arti Grafiche – Bergamo

Printed in Italy